国家社会科学基金教育学一般项目
“大学行政权力清单制度研究”
（BIA170185）最终成果

# 大学行政权力清单制度研究

李从浩◎著

## Research on the List System of University Administrative Power

POWER

科学出版社
北京

## 内 容 简 介

2015年3月，中共中央办公厅、国务院办公厅印发《关于推进地方各级政府工作部门权力清单制度的指导意见》，指出推行地方各级政府工作部门权力清单制度，是党中央、国务院部署的重要改革任务，是国家治理体系和治理能力现代化建设的重要举措，对于深化行政体制改革，建设法治政府、创新政府、廉洁政府具有重要意义。在全面依法治国以及大学治理体系和治理能力现代化的过程中，规范大学行政权力运行是应有之义，建立大学行政权力清单制度是探索之举。该制度的合法建立需要外依国家教育行政权力清单的规定，内依大学章程的制约。通过梳理中外大学行政权力内外规制的演变、我国教育行政部门权力清单制度的现状以及教育部直属高校大学章程有关行政权力的规定，提出建立大学行政权力清单制度要在明确大学治理目标、治理基础、基本原则和现实治理体系等基础上确定制定的基本原则、清单的基本构成及制定的基本程序。

本书主要适用于高等教育管理领域的专家学者以及研究生，也可用于政府有关部门制定政策参考。

**图书在版编目（CIP）数据**

大学行政权力清单制度研究/李从浩著. —北京：科学出版社，2022.9
ISBN 978-7-03-073119-7

Ⅰ.①大… Ⅱ.①李… Ⅲ.①高等学校-学校行政-行政权力-研究-中国
Ⅳ.①G647.2

中国版本图书馆CIP数据核字（2022）第168848号

责任编辑：崔文燕 / 责任校对：杨 然
责任印制：赵 博 / 封面设计：润一文化

科学出版社出版
北京东黄城根北街16号
邮政编码：100717
http:// www.sciencep.com
北京虎彩文化传播有限公司印刷
科学出版社发行 各地新华书店经销
*
2022年9月第 一 版 开本：720×1000 1/16
2023年6月第二次印刷 印张：16 3/4
字数：300 000
**定价：99.00 元**
（如有印装质量问题，我社负责调换）

# 前 言

我国高等教育和大学治理正随着国家实力和国家影响力的增强发生着深刻的变革，这种变革既是推进国家治理体系和治理能力现代化的必然要求，也是大学主动回应社会转型、完善内部治理结构的必然选择，这种选择的最终结果就是建立适应国情的中国现代大学制度。在这个复杂而艰难的选择过程中，权力结构和权力运行机制是一个必须面对并且要解决好的问题，而要解决好这个问题并非易事。一方面，我国大学不是一个可以独立观照的场域，而是一个典型的资源依赖型组织，这种依赖让大学的权力结构和运行机制在不同程度上变成了政府权力结构和运行机制的一个缩影；另一方面，由于我国大学特殊的出身、使命和目标，大学内外各种不同群体通过不同权力类型在大学中形成复杂的“利益-权力”纠葛，往往出现大学运行和治理“理不清”“理还乱”的状况。面对这种复杂的状况，学术权力和行政权力的对立和冲突成为长期的关注焦点，行政权力在大学的“无边界感”带来的问题让大学“行政化”和大学“去行政化”成为社会热点。

仔细观察，在这个“人人皆有发言权”的热点问题上却存在许多看似矛盾的有趣现象：一方面，人人都明白大学行政权力的作用和问题，但提出的解决办法看似有理却效果有限；大学行政权力为国家、社会和大学的发展承担着应尽之责，但在不满和责难声中却很少见其申辩。行政权力与学术权力的冲突是大学发展永恒无解的悖论，还是本身就不存在的“假问题”？另一方面，随着依法治国理念的深入和政府简政放权政策的频出，“法无禁止即可为”“法无授权不可为”的理念形成广泛共识，由权力清单和责任清单为主构成的权力清单模式得到广泛认可，大学行政权力对此趋势却往往无动于衷。现阶段“谁治理”和“如何治理”哪个更应该被关注？建构怎样的大学权力结构和权力制约机制才能更好“扎根中国大地办中国特色社会主义大学”？大学行政权力如何才能关进制度的笼子？大学行政权力能否仿效政府权力实行清单制度？

大学的日常运行过程、解决问题的方式、政府与大学的关系等都建立在一系列制度基础和文化传统之上。这些看得见的制度安排和看不见的文化传统形塑了大学理解问题的角度和解决问题的思路，从而决定了大学治理的决策和行为。如果我们把这些制度背后的动态机制称为大学治理的制度逻辑，那么大学纷杂多样但稳定出现的各种现象以及似可预料但又变动不居的结果正是这种逻辑的具体表现。

如果我们拨开历史的迷雾观察我国近代百余年的大学发展进程，就会发现一些稳定存在的东西：政府与大学的关系在权力的收放中蹒跚前行，自上而下的微观管理在大学中不断深入，然而大学治理总难形成稳定的制度和文化环境。同时，一些大学的共谋与变通、管理的无序低效致使大学治理痼疾难除，使得大学逐渐形成僵化和保守的形象。这些不同的问题尽管各有场景、内在逻辑和形式内容，但其重复再现提醒我们：这些纷繁复杂的现象背后是否隐藏着我国大学治理和大学权力结构演变的深层密码？这些密码背后是否存在一个稳定共享的制度逻辑？这个制度逻辑是否有助于我们进一步把握大学的治理走向？换言之，是否可以把大学这些现象和问题放在某个分析框架中，探究我国大学的组织如何决定治理，制度如何决定组织，历史如何决定制度，以期既见树木又见森林。

大学治理制度主要涉及大学权力结构和权力制约的各种制度规定，其内在逻辑决定了大学的使命和职能以及作用的发挥。大学的权力结构涉及行政权力、学术权力、政府权力、学生权力、市场权力等诸多种类，各有不同的内在逻辑和制度规定，而我国近现代大学的权力结构主要涉及大学行政权力和学术权力。纵观我国大学的发展历史可以发现，能够左右甚至决定大学进程和发展方向的主要是行政权力，而不是学术权力，这是我国与西方大学的不同之处。因此，本书研究思路是：从政府推行权力清单制度和大学行政权力的现实关系出发，由现实观察及于历史进程，由我国大学场景及于比较视野，从大学行政权力的制度制约寻找我国大学治理的制度逻辑。

笔者深知这些问题会因研究视角的不同、占有资料的不同甚至是研究立场的不同带来不同的结论，也深知自己无法提供让各方满意的答案，姑且以不自知之态，以问题为动力，求教方家。

李从浩

2021 年 12 月于武汉南湖之畔

# 目　录

# 第一章　绪　论

## 第一节　大学行政权力为什么需要制定权力清单

可能很多人会问：政府推行权力清单制度，大学就要跟随吗？大学与政府的不同是否能为规制大学行政权力提供其他的路径？清单制度适合大学行政权力吗？这些问题事关制定大学行政权力清单的前提，本节因循为什么—是什么—怎么办的思路，尝试从我国大学治理的独特性、大学行政权力为何物以及大学治理的自我提升等方面进行回答。

### 一、研究背景及价值

#### （一）我国大学治理的独特性

纵观大学的发展史可以发现，随着大学功能从最初纯粹追求“闲逸的知识”扩张为学术研究、人才培养、社会服务和文化传承与创新，在这个功能还将不断加总、扩张的过程中，大学从最初的纯私人事务逐渐演变成愈来愈“公”的机构。随着国家日渐以积极姿态介入大学和大学功能的不断扩张，国家和大学之间的关系也从平行变为包含，大学自治也从纯粹的“薄”自治转向包含多元利益主体的“厚”自治。尽管学术自由和大学自治仍然是现代大学的理论支点，但社会的发展已经彻底改变了“教授大学”“学生大学”的旧有面貌，带来了大学与政府、民主与专业、大学内与外等诸多关系治理的复杂化，而这种复杂化由于中国独特的国情和中国大学独特的肇始和发展历程而使大学治理更加“剪不断，理还乱”。

第一，大学与政府关系复杂化。其一，从中世纪大学只需从世俗皇权和教权处获得特许状就可以享有事实和法律上的自治，到随着现代民族国家的建立和工业革命、新技术革命的兴起，大学从“学术共同体”演变成“学术-行政共同体”，乃至今日世界各国大学自治都面临的大学与国家立法权、行政权、司法权的协调问题。这种大学与政府关系的变化必然带来大学治理的复杂化。其二，学术权力与行政权力的紧张关系。大学最初作为一个学者行会组织，是基于学者的专业知识，因此，学术权力就成为学者独享的天然权力，这是学术自由的起点，也是大学自治的合法性来源，但随着大学的世俗化、科学进入大学、大学规模扩张、大学事务增加、大学关系日益复杂等诸多因素，行政系统开始诞生并逐渐成长为一支影响力日益增大的力量，处理学术权力与行政权力的冲突就成为大学治理必须要解决的复杂问题。其三，随着大学从社会的边缘走向社会的中心，社会各群体和各种组织都希望通过合作、捐赠等各种方式加强对大学的影响、控制和主导，这必然反映在大学治理结构之中，而知识全球化和高等教育的全球化又要求大学在满足本国需求之外还需与国际接轨。诸多变化已改变大学的本来面貌以及大学作为学术组织和“象牙塔”的各种关系，随之而来的则是大学治理的复杂化。

反观我国大学治理，在面临上述大学治理普遍复杂性的同时，还面临自身治理性质、治理目的、治理模式等多种独特性。首先，我国大学治理既不是共同治理，也不是分享治理，而是授权治理[①]。众所周知，欧美国家的大学一般有两种性质的治理：一种是共同治理，即大学是一个学术共同体，各种治理机构互不隶属，协商决定但又各自独立处理大学事务；另一种是分享治理，即大学是一个复杂的利益共同体，是校内外各种利益群体基于维护自身利益需要而在不同利益群体中形成的共同分享大学治理权力的结构体系。我国的社会环境、大学诞生的起源和高等教育体制等多种因素决定了我国大学治理的权力既不是来自学术共同体的专业权力，也不是来自利益相关者的利益权，而是来自外部党政组织的授权。也就是说，大学治理的合法性来源于外部党政组织的赋予，与治理相关的范围、内容、形式、程序等都由相关政策法规文件规定，没有规定的治理不具备合法性，也不具有影响力。这种不同于国外大学的治理性质决定了我国大学治理只能是党政领导下的治理，舍此任何治理都不具备合法性和独立性。进言之，我国大学治理只能是在不改变、不影响或不弱化任何党

① 别敦荣. 论我国大学治理. 山东高等教育，2016（2）：1-7.

政领导体制基础上的对现行体制机制的补充治理。这种完全不同于国外大学的治理性质也决定了我们不能照搬国外大学的治理，也不能想当然地以此界定我国的大学治理。

第二，我国大学治理的目的是形成治理的平衡体系。尽管任何大学治理在宏观层面都涉及包括政府在内的社会组织与大学的关系，微观层面涉及大学内部各群体的关系，但这些关系在不同治理背景下有些是原生的，有些是后发的。欧美国家调解大学内外部关系的基本原则主要是学术自由、大学自治、学术自律等，这些原则是欧美大学从中世纪肇始之日起就存在并在大学数百年的历史演变中逐渐确立并内化在大学治理之中。我国特殊的社会文化以及大学诞生和发展的环境，决定了大学治理需要“构建以党委领导下的校长负责制为核心，以职能部门为依托，以学术委员会、教代会、理事会等为支撑的现代化大学内部治理体系。坚持和完善这个治理体系，才能形成‘党委领导、校长负责、教授治学、民主管理’的治理格局，释放办学活力，激发办学动力，不断提升高校办学治校的治理能力”①。然而，一些大学由于自身办学的主动治理动力不强，更多的是按照上级党政部门的政策文件来被动落实，甚至有时还是形式落实，实质较少。这种动力不足必然传导到职能部门和各二级学院，导致被动应付多，积极作为少。因此，在这种背景下，我国大学治理的目的是在充分调动各治理主体的参与度和积极性的基础上，建立党、政、学各自权力的平衡治理体系，最终实现按照大学规律办学，真正实现立德树人。制定大学行政权力清单制度正是要通过确定、规范和限制大学行政权力的运行，以期建立各权力，特别是学术权力与行政权力的治理平衡体系。

第三，我国大学治理宜采用嵌入式模式。欧美大学治理之所以采用共同治理和分享治理的模式是因为欧美社会长期将大学视为一个学术共同体和利益共同体的认知基础，并在大学的发展和演变中逐渐探索和建立起来的，而我国大学授权治理的基础和逻辑与此大相径庭。我国大学治理不是要用新机制取代现体制，而是要在现行体制下探索建立若干新的治理机制，以弥补现行体制机制的不足，完善现行体制机制。要解决我国大学治理面临的大学与党政、大学与社会、学校与院系、大学党政与学术等复杂关系，采取“推倒重来”的办法，

① 杜玉波. 加快推进大学治理体系现代化. http://theory.people.com.cn/n1/2020/0407/c40531-31663270.html.（2020-04-07）[2021-12-26].

不管从历史、逻辑还是现实来看，都是行不通的，而嵌入式模式才是一种面对实际的实事求是的选择。当然，即使采用这种嵌入式模式，我们也要以批判精神，合理学习和借鉴欧美大学的治理经验和治理优势，整体移植是不合适的。只有在现有体制机制基础上，在学校层面更加完善学术治理机制，在院系层面建立真正的自主办学机制，在权力的平衡和制衡上有更多适合各自不同类型和定位的大学的具体制度安排，我们的大学治理才能更加有效。

### （二）我国大学行政权力为何物

实行大学行政权力清单制度的前提是弄清楚大学行政权力为何物，大学行政权力在大学是否拥有存在的合法性。只有弄清楚这些基本问题，才能谈得上对其进行规范和制衡，否则就会给大学行政权力带来许多误读，不利于大学行政权力清单制度的施行。澄明误读，说明其合法性，对大学行政权力和大学行政权力清单制度都有重要价值。

#### 1. 大学行政权力的单向度误读

梳理有关大学行政权力的研究发现，目前大多数研究基本上从大学内外两个方面描述，研究结论也基本一致。从大学行政权力的外部来说，主要是国家和政府权力过大①②。从大学内部来看，大学权力结构和治理结构行政化倾向让行政权力与学术权力发生冲突，大学去行政化的声浪日益高涨。为此，2010 年发布的《国家中长期教育改革和发展规划纲要（2010—2020 年）》提出“随着国家事业单位分类改革推进，探索建立符合学校特点的管理制度和配套政策，克服行政化倾向，取消实际存在的行政级别和行政化管理模式”。可见，从国家层面来说，整体取消学校的行政级别将是未来发展的大趋势③。

值得注意的是，大学行政权力是连接各方的“节点”和“焦点”，但本身又是几乎没有深入研究的“盲点”。即使对大学行政权力本身的寥寥研究④，

---

① 冯向东. 大学学术权力的实践逻辑. 高等教育研究，2010（4）：28-34.

② 韩水法. 世上已无蔡元培. 读书，2005（4）：3-12.

③ 杜羽. 光明日报：高校去行政化势在必行. http://opinion.people.com.cn/n1/2016/1114/c1003-28858289.html.（2016-11-14）[2021-12-26].

④ 李从浩. 中国大学行政权力的合法性限度. 高等教育研究，2012（5）：16-21，44；王世权，刘桂秋. 大学治理中的行政权力：价值逻辑、中国语境与治理边界. 清华大学教育研究，2012（2）：100-106；张勇军. 大学行政权力的再辩护：基于权力合法性的视角. 高教探索，2015（5）：11-15，28；李从浩. 中国大学行政权力的合法性辩护. 中南民族大学学报（人文社会科学版），2015（1）：173-177.

也大都淹没在张扬学术权力的洪流中。单向度的视角和现实产生的许多误读有待我们厘清和追问：大学行政权力在大学是否具有合法性？大学行政权力之于大学到底有何价值？大学行政权力的本质和边界何在？大学去行政化到底要去什么？大学行政权力“任尔东西南北风”是否有解？

### 2. 我国大学行政权力的范畴、来源和合法性基础

如果我们能够超越“以西为宗”和“二元对立”的视角，从环境和遗传的角度客观地观察和分析我国大学行政权力，从范畴、来源和合法性等多角度全面理解大学行政权力，就可以更加客观理性地认识我国大学行政权力。

（1）大学行政权力的范畴

我国学者对于西方大学的理解基本上还是来自伯顿·克拉克对大学学术权力的 10 种类型[①]细分中由董事权力（来自院校）、官僚权力（来自院校）和官僚权力（来自政府）所构成的行政权力，而对中国大学行政权力的研究则从主体、客体、来源、职能等多角度进行了界定[②]，这种不同从一个侧面反映了我国大学行政权力的特点。同时，我国大学权力又与“美国教育法只谈学术权力，不谈行政权力；而德国教育法只谈行政权力，不谈学术权力”[③]的做法大相径庭，“中国大学的权力结构兼具欧洲大学的特点和美国大学的特点的同时更多具备着两类大学的缺点”[④]。这种“缺点”就是我国大学行政权力不但包含自身，还将政治权力、政府权力以及部分学术权力、市场权力、学生权力涵盖其中。我们应正视这种不同，并在此基础上谈论如何规制大学行政权力，这样才能从根本上坚持实事求是的基本立场。

（2）大学行政权力的来源

中西方大学呈现迥异的路径。众所周知，大学作为欧洲中世纪独特的既分权又分裂的社会的偶然产物和主要由学者组成的行会组织，在肇始之初由于规模较小、职责单一，学者权力、学术权力和行政权力处于一体不分的状态，并

---

① 约翰·范德格拉夫，等. 学术权力：七国高等教育管理体制比较. 2 版. 王承绪，张维平，徐辉，等译. 杭州：浙江教育出版社，2001：186-198.

② 谢安邦，阎光才. 高校的权力结构与权力结构的调整：对我国高校管理体制改革方向的探索. 高等教育研究，1998（2）：20；别敦荣. 学术管理、学术权力等概念释义. 清华大学教育研究，2000（2）：44-47；周光礼. 重构高校治理结构：协调行政权力与学术权力. 中国高等教育，2005（19）：8-9.

③ 韩水法. 世上已无蔡元培. 读书，2005（4）：3-12.

④ 克拉克·科尔. 大学的功用. 陈学飞，陈恢钦，周京，等译. 南昌：江西教育出版社，1993：18.

无我们如今谈论的看似泾渭分明的各种权力。如果非要赋予当时大学的权力一个名称的话，称之为“学者权力”或“大学权力”似乎较为合适。“近代大学的世俗化和科学教育，不仅导致大学功能的世俗化和学科结构的复杂化，而且带来了大学规模的不断扩大，以及维持大学运行的事务性工作日益复杂”①。“由于机构变大了，所以行政管理作为一种特殊的职能变得更加程式化和更为独立出来了；由于机构变得更为复杂，行政管理的作用在使大学整体化方面变得更加重要了。”②于是，行政管理成为任何一所大学都必须面对而且要不断解决好的重要问题，行政权力日益在大学和大学发展中占据重要位置。

反观我国大学演变史，尽管关于大学起源有不同看法，但现代意义上的大学起源于京师大学堂仍是基本共识。清末大学在中西剧烈冲突、民族内忧外患的背景下产生，目的就是“培植非常之才，以备他日特达之用”③。救亡图存是大学最大的产生动因和存在价值，尽管其背后是知识的支撑，但知识本身并没有成为它的逻辑起点。这是中西方大学诞生的最大不同，也从源头上决定了中西方大学行政权力的不同。中国大学为完成使命，成为政府机构的同构和延伸，行政权力一统大学就成为历史的必然选择。民国时期，学术权力开始萌芽，在经历与行政权力的此消彼长之后，逐渐在大学取得自己的一席之地。中华人民共和国成立后，大学的使命是为建设新中国培养人才服务，知识和学术依然不是它的本质，大学权力结构与政府再次同构、行政权力再次主导大学依然是历史的必然。尽管此后有几次高校管理体制的收放改革，但并没有从本质上改变行政权力主导大学的局面。

（3）大学行政权力的合法性基础

中国大学与西方大学是同中有己。“同”是基于大学的一般特性而具有的普遍性，“己”是基于自身发展的特殊性，二者共同构成了中国大学行政权力的合法性基础。西方大学行政权力从学者权力中分化和授权而来，在适应和满足大学发展中承担了必然职责而取得合法性。我国大学行政权力更是自大学肇始之日起就与大学同生同构，享有类似西方大学学术权力在大学的天然合法性。笔者在拙作《中国大学行政权力合法性研究》中运用理想类型

① 潘懋元. 多学科观点的高等教育研究. 上海：上海教育出版社，2001：334.

② 克拉克·科尔. 大学的功用. 陈学飞，陈恢钦，周京，等译. 南昌：江西教育出版社，1993：18.

③ 陈学恂. 中国近代教育史教学参考资料（上）. 北京：人民教育出版社，1986：25.

法*构建了中国大学行政权力的公共责任、政治合法、科层管理、资源依赖和国家主导、政党领导的合法性基础①，从行文的严谨性出发再次进行阐述。

政治合法是当今任何大学都无法回避而必须直面的问题，不管是以学术自由为由还是以办学自主权为理，因为“高等教育越卷入社会的事务中，就越必要用政治观点来看待它。就像战争意义太重大，不能完全交给将军们决定一样，高等教育也相当重要，不能完全留给教授们决定”②。“今天，在世界上的大多数国家，高等教育主要是中央政府组织的一部分。高等教育的性质因而取决于中央各部门的性质，受到一般政治权力的影响。”③而我国的体制、历史和文化使得国家对大学的积极管理和深度介入，也决定了政治合法是大学首先必须考虑的因素，而大学行政权力则承担起政治合法的责任。

大学作为肩负培养人才、科学研究、社会服务、文化传承创新和国际交流合作使命的学术与社会兼备的组织，在任何使命的履行中必然承担着公共责任，而公共责任的主体除了行政组织别无他途。同时，国家和政府管理大学的责任必须通过行政权力才能实现，行政权力作为政府权力的延伸承担着政府公权力在大学内部的实行。另外，大学作为松散联合的组织同时又要面对各种复杂的公共管理事务，把各种松散力量有效整合成大学发展合力至关重要，大学行政组织由于其公共性自然承担起内部公共管理和协调各种松散力量的职责。于是，大学行政权力就以其公共性和超越性通过肩负起大学公共责任而赢得合法性。

随着大学从松散的学者行会变成正式社会组织，受科层制理论以及社会组织普遍科层化的影响，科层管理在大学中得到迅速发展。随着大学成为社会的中心，政府对大学的管理越来越多，大学对社会和政府的依赖越来越强，大学与政府和社会打交道的机会越来越多，客观上要求大学建立相应的机构承担与社会和政府打交道的职责。当科层制作为高效率的组织形式被广泛应用于政府

* 所谓理想类型就是将某一现象的基本特征在理论上加以抽象概括，以供分析概念之用。一个理想类型在现实生活中并不完整存在，也就是说，大学行政权力实际运行的合法性基础可能具有某一理想类型的主要特征但同时兼有其他类型的成分。

① 李从浩. 中国大学行政权力合法性研究. 北京：中国社会科学出版社，2018：78-93，164-168.

② 约翰·S.布鲁贝克. 高等教育哲学. 王承绪，郑继伟，张维平，等译. 杭州：浙江教育出版社，1987：15.

③ 伯顿·R. 克拉克. 高等教育系统——学术组织的跨国研究. 王承绪，等译. 杭州：杭州大学出版社，1994：133.

和各类社会组织之中时，当“组织的科层化已经变得如此的普遍以至于我们很难想象科层制的替代形式”[①]时，大学也逐渐演变成科层组织，以适应政府和社会的需要。大学行政权力由于大学的科层化及其与科层制的内在契合而获得合法性。

大学生存和发展离不开各种资源，而所需资源数量之大、种类之多和关键资源的替代程度之少（比如政策、经费等）等又决定了大学对资源依赖之深，持续获得资源事关大学生存和兴旺，若没有社会组织（包括政府）持续的资源投入，大学的发展难以为继。而资源并不是无偿提供的，资源的提供方必然对大学提出要求，由此产生了大学的外部管理和资源依赖，而依赖程度主要取决于资源对组织维持运营和生存的重要性、持有资源的群体控制资源分配和使用的程度以及替代资源的可得程度[②]。大学作为依赖程度较高方，为了满足自身生存和发展，往往要满足依赖程度较低方的要求，这必然产生资源提供方的外部管理，并影响大学内部的权力结构。大学依赖的资源主要是大学正常运行和职能发挥所需资源，而这些资源主要掌握在政府手中，资源的分配也主要是行政行为。于是各种资源通过大学行政权力被逐级分配到大学内部各个层级，从而让大学行政权力获得合法性。

在国家主导的合法性上，中西方大学行政权力程度各异。西方国家对大学的管控从无到有、从弱到强，但还没有到赋予大学行政权力合法性的程度。中国大学则不然。观察中国近现代意义的大学发轫和发展的历史可以发现，清末大学产生的根本原因是挽政权于即倒，图民族于将亡，尽管前有太学、国子监和翰林院的基础，但本质上还是教育行政部门。这种外源性动力决定了晚清政府是把大学作为挽救自己摇摇欲坠的政权的工具和手段，根本无暇顾及大学的本质、特点和发展，采取行政管理的方式和政府同构的设置来管理大学实属必然。自然，行政权力在中国大学肇始之初就具备天然的合法性。民国初期，国家处于新旧世界的转换和新秩序的初创期，大学制度的建立主要采取移植的方式，《大学令》《修正大学令》《壬戌学制》《国立大学校条例》等都是以国家名

① 彼得·布劳，马歇尔·梅耶. 现代社会中的科层制. 马戎，时宪民，邱泽奇译. 上海：学林出版社，2001：10.

② 杰弗里·菲佛，杰勒尔德·R. 萨兰基克. 组织的外部控制——对组织资源依赖的分析. 闫蕊译. 北京：东方出版社，2006：51-56.

义颁布施行的，大学行政权力自然占据优势，尽管有蔡元培、郭秉文等受西方大学思想影响的实践者，但只能是此消彼长，并没有根本改变国家主导大学的局面。到了国民政府时期，国共两党为争夺不同的民族振兴道路而进行的斗争和随后为挽救国家民族危亡而进行的抗日战争，都决定了中国大学只能在国家政治制度之下开展工作。大学院、大学区制的实验和《大学组织法》《专科学校组织法》的颁布都是国家主导的体现，至于所谓“中国大学发展的最好时期”，固然有一批坚守大学之道和大学制度的先贤的努力，但从国家层面而言，之所以相对放松对大学的管制，非不为也，乃实不能也。中华人民共和国成立以来，不管是初期国家强力主导对大学的改造和大学制度的设计，还是后来随着社会经济发展的需要对高等教育管理体制的分分合合的改革，以及对于大学内部关于党委领导还是校长负责的不同管理体制的划分，都是国家意志的体现，都是国家主导大学的发展。由此可见，国家意志和国家主导无所不在，贯穿中国大学整个发展历程，由此也赋予大学行政权力的合法性。

根据“中国共产党领导是中国特色社会主义最本质的特征”[①]的宪法规定，大学行政权力作为政党权力、行政权力、学术权力甚至是市场权力的杂糅混合体，在服务政党治国体制、符合宪法规定中获得了自身的合法性基础。这种中国共产党领导治国的体制反映在大学的治理中就是大学要坚持社会主义办学方向，“坚持为人民服务，为中国共产党治国理政服务，为巩固和发展中国特色社会主义制度服务，为改革开放和社会主义现代化建设服务”[②]（以下简称“四个服务”）的办学定位，体现在大学制度设计上就是党委领导下的校长负责制，权力结构上就是党的系统和行政系统的领导与合作，执行层面就是政党治国的各种要求都通过政党权力和行政权力的分工与共治来实现。这既是中国大学与其他国家大学管理体制的区别之所在，也是中国大学行政权力合法性的又一“中国基础”。

### （三）大学治理的自我救赎

不管是建设世界一流大学还是办好大学，大学治理都是基础。我国大学治

---

① 中华人民共和国宪法. 北京：人民出版社，2018：7

② 使高校成为坚持党的领导的坚强阵地——习近平总书记在全国高校思想政治工作会议上的重要讲话引起强烈反响. http://cpc.people.com.cn/n1/2016/1211/c64387-28940090.html.（2016-12-11）[2021-12-26].

理作为授权性质的嵌入式治理，主要焦点不是争论“教授治学”还是“教授治校”的问题，不是论证哪些是行政权力、哪些是大学权力、学术权力究竟具备何种价值、学术权力和行政权力如何冲突等问题，甚至也不是治理要更专业还是更民主的问题，重点是依规治党、依法治国和放管服的背景下大学治理如何依法依规“接”好政府的放权问题。大学只有通过“接”好政府放权的自我救赎，才能打消政府“一放就乱”的顾虑，避免“一收就死”的历史循环，逐步探索出适应中国国情、具备中国特色的现代大学治理之道。制定大学行政权力清单制度某种程度上就是大学“接”权的治理自我救赎之路，需要我们从现实层面回答为什么要走这条路、从逻辑层面回答为什么这条路走得通。

**1. 时代所需**

纵观人类发展史，由于“一切有权力的人都容易滥用权力，这是万古不易的一条经验。有权力的人们使用权力一直到遇有界限的地方才休止”①，所以权力制衡已成为各类组织的基本共识，大学概莫能外。不管是政治权力、行政权力还是学术权力，只有协调均衡、相互制约，才能实现大学治理能力和治理水平的提升，进而实现大学目标和自身健康发展。从技术路线来讲，只有实行大学行政权力清单制度，对大学行政权力进行清单管理，实现“法无授权不可为”，才能从根本上解决大学行政权力的规范运行。

从权力清单本身来看，党的十八届三中全会通过的《中共中央关于全面深化改革若干重大问题的决定》中首次提出“推行地方各级政府及其工作部门权力清单制度，依法公开权力运行流程”；党的十八届四中全会通过的《中共中央关于全面推进依法治国若干重大问题的决定》再次强调要“推行政府权力清单制度，坚决消除权力设租寻租空间”，“各级政府及其工作部门依据权力清单，向社会全面公开政府职能、法律依据、实施主体、职责权限、管理流程、监督方式等事项”。于是，这项先期在部分区域试点并取得良好成效的制度开始在全国范围内实行。2015 年中共中央办公厅、国务院办公厅印发的《关于推行地方各级政府工作部门权力清单制度的指导意见》（以下简称《指导意见》）同时也明确“依法承担行政职能的事业单位、垂直管理部门设在地方的具有行政职权的机构等，也应推行权力清单制度”。截至目前，所有省份都公布了省

① 孟德斯鸠. 论法的精神（上册）. 张雁深译. 北京：商务印书馆，1961：154.

级政府部门行政权力清单，大学不能对此趋势无动于衷、无所作为。

就教育系统而言，教育部早在2014年研究部署教育系统党风廉政建设反腐败会议中就明确提出，要推进教育行政管理部门、各级各类学校权力清单制度建设以及信息公开力度，也印发了《高等学校信息公开事项清单》，为推行高校权力清单制度奠定了基础。近年，高校频发的涉及基建、招生等腐败案件日益引起党和国家领导人、主管部门和社会各界的高度关注，从制度设计的角度也在倒逼和呼唤高校权力清单制度的出台。从实际情况来看，根据笔者的查证，提出建立权力清单制度的高校有两种情况：①学校综合改革文件、“十三五”规划或年度工作重点提出要建立权力清单制度，如北京语言大学、江南大学、武汉理工大学等。武汉理工大学出台了《武汉理工大学关于全面清理部门职责，实施清单制度的通知》，明确了建立权力清单的基本要求，制定了实施权力清单制度的时间路线图，建立由管理责任清单、服务职能清单和负面清单组成的部门清单，建立健全相关制度依据并明确办事流程，及时公开执行清单。同时，将清单制度实施情况纳入二级目标责任制考核，实行问责机制①。②从建立健全惩治和预防腐败体系的角度提出建立权力清单制度，如中国石油大学（北京）、浙江大学、重庆大学、合肥工业大学等。中国石油大学（北京）在廉政风险防控重点领域探索实行了权力清单制度，提出了建立权力清单的基本思路，完成了重点领域权力的梳理与配置，形成了《廉政风险防控重点领域决策权明晰表（试行）》和《廉政风险防控重点领域执行权明晰表（试行）》以及运行流程图，并在网上公布②。然而，大多数部属高校还没有将建立权力清单制度纳入议事日程，更遑论其他类型的高校。在高校建立权力清单制度任重道远，而探索建立作为高校权力清单制度组成部分的大学行政权力清单制度的价值由此而生。

### 2. 自身所要

政府之所以推行权力清单制度，是希望通过权力清单的形式让政府权力在“法无授权不可为”的理念下守住权力的边界，同时通过清单公布的形式实现权力在透明和监督下运行，进而推进法治政府和依法治国的实现。中国大学不

---

① 刘祖源. 怎样优化内部治理结构. 中国高等教育，2016（19）：11-13.

② 中国石油大学（北京）探索建立廉政风险防控重点领域权力清单制度. https://www.cup.edu.cn/jiwei/gzdt/104446.htm.（2014-09-03）[2021-12-25].

仅要承担普遍意义上的大学职责，同时作为社会主义大学更要坚持“四个服务”。换言之，大学治理不仅要满足普遍意义上的大学要求，还要在坚持社会主义办学方向的基础上满足“四个服务”的要求。从权力治理来说，就是不仅要满足一般意义上的大学职责的实现，还要满足中国共产党的“权为民所用”和“有权必有责，用权受监督”的要求。自然，政府权力清单的理念和思路必然适用于中国大学治理。

目前学界普遍认为，大学治理现代化的重要标准是大学办学自主权的实现程度，关于大学办学自主权的认识从教育学和法学两个视角也基本达成共识，即大学办学自主权是大学作为一种公共组织和学术组织，由利益相关者共同享有的，为达成大学使命、构建大学内外部法律关系、保证大学正常运行、依法享有的各种权力的综合体。也就是说，大学办学自主权是一种基于法律授权和大学内在逻辑结合的混合权力，其合法性基础是大学使命，其价值在于构建大学与政府、社会以及大学与内部成员的法律关系。因此，大学办学自主权并不是大学共同体独享的“特权”，接受大学内外部力量的监督是题中之义。换言之，大学办学自主权应在其使命和职责、范围和程序、监督和追责等方面进行明确的自身规定，以回应其承担的社会责任和享有的公共资源，这与权力清单制度的内在旨趣有一致性。同时，我们还要注意到，目前大学办学自主权落实难除了各方对办学自主权存在认识误区以外，一个重要的原因就是大学自主办学能力建设不足，其表现之一就是权力运行的“任性”和不规范，甚至有时以“学术自由”和“办学自主权”为名为权力的任性和乱用张目，这与依法治国的理念和依法治理的实践存在较大差距，也折射出权力清单制度在规定和规范大学办学自主权中的价值。

关于大学权力的冲突，除了极少数学者认为学术权力与行政权力是“同一个东西”，二者的分立在逻辑、法理、制度和实务层面不成立[①]外，绝大多数学者认为学术权力与行政权力存在冲突，其中既有两种文化的冲突，也有资源分配的冲突。我们可以看到，这些冲突背后的实质是学术权力和行政权力没有找准各自的定位和范围，没有在各自的领域内真正做到实质合法和形式合法，因此，关键问题是处理好行政权力和学术权力之间的关系。也就是说，为行政权

① 周光礼. 问题重估与理论重构——大学“学术权力”与“行政权力”二元对立质疑. 现代大学教育，2004（4）：31-35.

力和学术权力按照各自使命和职责划定范围，规定权力主体、权力内容、权力行使程序和权力监督等，是解决中国大学长期存在的学术权力和行政权力冲突的客观选择，这与政府希望通过推进权力清单制度实现确权、限权和督权的目的和目前采取公布清单明确范围、接受监督明确责任的推进程序是一致的。当然，学术权力作为学者基于知识本质和探索知识所必需的自由所享的私权力，应该遵循学术自由和“法无禁止即可为”的原则，但学术权力作为学术共同体管理大学内部各种学术事务的公权力从法理上也应遵守公权力的基本规定，只是要把因学者学术权力而享有的私权力性质的学术权力，与履行学术管理职责的公权力性质的学术权力很好地区分开来。行政权力由于本质使然、内在的扩张冲动以及现实集政治权力、行政权力、学术权力、学生权力和市场权力等于一身的特点，从“公权力更应受限”出发，以限权、确权和督权为出发点的清单制度是大学行政权力的必需选择。只有通过清单形式对大学行政权力进行规范，才能从根本上解决大学长期存在的行政权力独大带来的各种问题和乱象，才能从根本上回归大学本质。

## 二、研究思路及方法

### （一）研究思路

在国家推行权力清单制度的背景下，大学实行行政权力清单制度不仅是探索符合我国国情和领导体制机制的大学治理之道，也是努力寻求解决大学行政权力强势的可行办法。要制定好大学行政权力清单，外要依靠国家教育行政权力清单，内要依靠大学章程，二者共同为大学行政权力清单提供合法性依据。国家教育行政权力清单在为大学行政权力清单提供合法性依据的同时，其制定过程中的确权依据、权力形式、权力内容、权力监督以及目前存在的问题等都可为制定大学行政权力清单提供参考和借鉴。大学章程作为大学治理“宪法”性质的文本，其规定的权力结构、权力运行和权力制约等为大学行政权力清单提供了内部合法性依据。只有在内外依据合法、遵守大学规律和满足清单基本要素的基础上制定的大学行政权力清单才能在大学治理中发挥作用。当然，具体到每所高校都有基于自身历史传统和满足现实需要的各种具体管理制度，这些制度在不同层面和领域也会具体规定和规制大学行政权力，也构成了大学行政权力清单的制度依据，但就一般和操作而言，本书研究不关注具体制度层面的内容。

### （二）研究方法

为了实现上述思路，解决有关问题，得出有关结论，本书研究在方法论层面坚持历史与逻辑相统一，在具体方法上主要用到历史分析法和政策内容分析法。

社会形态理论就是马克思运用历史与逻辑相同统一的方法论把握人类社会发展一般规律的结晶，恩格斯在介绍这一方法论原则时说：“历史常常是跳跃式地和曲折地前进的，如果必然处处跟随着它，那就势必不仅会注意许多无关紧要的材料，而且也会常常打断思想进程……因此，逻辑的研究方式是唯一适用的方式。但是实际上这种方式无非是历史的研究方式，不过摆脱了历史的形式以及起扰乱作用的偶然性而已。”[①]就教育问题研究而言，“历史与逻辑的统一”就要求采用事实描述的形式，实现对教育历程的“原生态式的把握”[②]，同时又要采取理论论证与哲学思辨的形式揭示教育的内在规律。两种方式各有利弊，只有把二者统一起来，“从历史中发现逻辑，用逻辑去考察历史”[③]，才能真正揭示教育的内在规律。

本书研究之所以要遵循历史与逻辑相统一的方法论，是因为我国大学行政权力是在国家历史发展和大学历史发展中逐渐从与政府权力同构演变成政府授权乃至成为如今政府权力“链条”的延伸。从历史演变的角度，如今大学行政权力的结构和样态乃至运行规则和过程既是国家历史发展的必然，也是大学历史发展的必然。从大学逻辑的角度，正是由于我国大学独特的发源、独特的使命和独特的制度环境等造就了如今大学行政权力的形态和实践。只有清醒认识这种历史演变与大学发展逻辑的必然，才能深刻认识历史与逻辑对大学行政权力的形塑，才能深刻认识对大学行政权力实行清单制度的必要。按照“历史与逻辑统一于历史实践”的观点，我国大学行政权力的合法存在和目前样态既不

① 中共中央马克思恩格斯列宁斯大林著作编译局. 马克思恩格斯选集（第 2 卷）. 北京：人民出版社，1972：122.

② 申国昌，周洪宇. 论教育史研究中历史与逻辑的统一. 湖北大学学报（哲学社会科学版），2007（1）：113-116.

③ 张岱年. 中国哲学史方法论发凡. 北京：中华书局，2003：64.

完全是按照大学逻辑演绎的结果，也不完全是大学按照历史发展的结果，而是在大学历史实践中逐渐演变成“存在即合理”的结果，这种结果本身就是历史与逻辑的统一。同时，从大学逻辑出发，大学行政权力只有在大学这个“学术-行政共同体”中按照自身逻辑行使才具有合法性，也只有在此基础上制定的大学行政权力清单才能“统一”于历史实践，才能赋予制度以生命和效力。

1）历史分析法。对于历史的重要价值，涂尔干曾经提醒我们，“我们不仅将有能力更好地理解现在，还有机会重新回顾过去本身，将那些我们很必要予以认识的失误揭示出来，因为继承这些失误的正是我们自己”①。历史分析法主要通过对研究对象历史资料的收集和分析，试图回答对象在历史上是怎样产生的又是如何演变到如今的状况以及什么因素在其间起何种作用。它强调回到具体的历史中去客观地评价与阐释历史事实与现象，注重研究对象的历史渊源以及它们的发展过程，以获得历史问题的答案。关于历史研究，克罗齐曾说过，“不管进入历史的事实多么悠远，实际上它总是涉及现今需求和形势的历史，那些事实在当前形势下不断震颤”②。按照克罗齐的观点，一切历史研究必须指向当下，只有对现实的多样性生活有意义，历史研究才有价值。换言之，就是要通过历史的分析，搞清楚研究对象过去和现在是一致还是不一致，是什么影响了这种变化，以期在弄清楚事物发展变化的“来龙去脉”的基础上解释当下，预测未来。

就大学行政权力清单制度而言，用历史分析法就是要弄清楚大学行政权力是如何产生以及如何演变发展的，在这个发展演变过程中社会环境、历史条件、权力结构、制度安排等又是如何规定和制约大学行政权力的。一切过往皆为序章。今天大学行政权力所有的形态、优劣皆由历史而来，都是历史的体现，也必将进入历史。从这个角度来看，制定大学行政权力清单制度既不能回避大学行政权力的历史，也无法脱离大学行政权力的历史。只有将大学行政权力厚植在历史的土壤中，才能真正深刻理解当下的大学行政权力，也只有在历史与现实结合的基础上才能制定出相对合理合法的大学行政权力清单。当然，在历史分析法中，还存在研究对象的纵向历史和横向历史的比较问题。就我国大学行政权力而言，由于其特殊的历史背景、文化传统、管理体制等，大学行

---

① 涂尔干. 教育思想的演进. 李康译. 上海：上海人民出版社，2003：21.

② 克罗齐. 作为思想和行动的历史. 田时纲译. 北京：中国社会科学出版社，2005：6.

政权力有其独特的历史。正是由于其独特性，从价值层面决定了本国的纵向历史分析大于横向的世界历史分析。基于此，本书研究主要侧重我国大学行政权力的历史演变。

2）政策内容分析法。自林德布洛姆（Charles E. Lindblom）于 1958 年首先明确提出“政策分析”这个词以来，政策分析法作为一种专门的政策研究方法，经过长期演变，从研究范围上大致形成了三种解释：第一种是政策科学的开创者拉斯韦尔（Harold D. Lasswell）提出的政策分析等同于政策科学的观点，即政策分析是“以制定政策规划和政策备选方案为焦点，运用新的方法对未来的趋势进行分析的学问”①。第二种认为政策分析是综合运用各种知识和方法来对政策过程进行分析，以提高公共政策的质量的应用型学科。如《政策科学》（*Policy Sciences*）的创刊者奎德（Edward S. Quade）认为，“政策分析是应用研究的一种形式，是用来获得对社会技术问题的更深刻理解，以提出更好解决办法。政策分析试图利用现代科学技术来解决社会问题，寻求可行行动过程，产生信息，排列出有利证据，并推导得出这些行动过程的可能结果，其目的是为了帮助决策者选择最优的行动方案”②。国内学者陈振明认为，“政策分析是一个跨学科的、应用性的研究领域，它采用各种研究或论证方法，产生和转变与公共政策相关的信息，以便帮助决策者或当事人发现和解决公共政策问题”③。第三种认为，政策分析主要是研究备选方案的评估和选择，以此供决策者参考。如吴定认为，“政策分析可以界定为：决策者或政策分析者为解决某公共问题，应用科学知识与推理方法，采取分析的理论与技术，系统性地设计、评估、比较各备选方案，以供决策者判断以及作决定之参考的相关活动”④。政策分析既要立足文本，又要不拘泥于文本，要通过与文本相关的历史、制度和政策实践的对话来揭示文本的深层意涵。⑤

本书研究主要在第二种理解上运用政策分析方法。本书中的政策文本主要分为省级教育行政部门公布的权力清单和教育部核准公布的大学章程两大类。通过研究教育行政部门（主要是教育部和省级教育行政部门）公布的行政权力

---

① 转引自陈振明. 政策科学——公共政策分析导论. 2 版. 北京：中国人民大学出版社，2003：15.

② 转引自陈振明. 政策科学——公共政策分析导论. 2 版. 北京：中国人民大学出版社，2003：16

③ 陈振明. 论政策分析. 岭南学刊，1995（1）：103-108.

④ 吴定. 公共政策辞典. 台北：台湾五南图书出版公司，2005：201.

⑤ 涂端午. 教育政策文本分析及其应用. 复旦教育论坛，2009（5）：22-27.

清单的依据、内容、运行和监督等因素和环节，分析存在的问题，提出可行性建议，一方面为大学行政权力清单提供外部法律依据，另一方面希冀通过研究教育行政部门的权力清单为更好制定大学行政权力清单提供借鉴。研究教育部核准公布的大学章程文本，主要是基于大学章程对于大学治理的“宪法”性质和主要规定大学内外部关系的内容，希望通过对大学章程进行具体文本的分析，以此获取大学与政府权力关系、大学内部权力配置和制约的共同信息，一方面为制定大学行政权力清单提供大学内部的合法性依据和权力规制依据，另一方面希望通过大学章程管窥大学治理。在研究大学章程时，主要对章程文本内容的关键词语进行结构性编码处理，找出某一具体大学章程和某类大学章程在权力结构和权力制约方面的共同特征。

当然，为了全方位、多角度研究大学行政权力的规制问题，除了上述两种主要研究方法外，本书还采用了比较研究法，希望通过研究中外不同大学权力配置、大学行政权力规制的比较，为我们认知大学行政权力提供更广阔的视野，以期更客观地理解我国大学的权力结构和大学行政权力的规制。

需要说明的是，本书研究特别关注“是什么”的问题，即在能力所及的范围内试图认识理解大学行政权力是怎样的，进而解释“为什么”的问题，而不聚焦和关注“应该怎样”的规范性问题，这一问题已经在清单制度中做了回答。这一思路与目前不少关于大学权力的研究稍有不同。后者更多的是从“应然”的规范化角度讨论：大学学术权力对大学如何重要，应该享有何种地位，大学行政权力应该如何为大学和学术权力服务，应该如何调适大学行政权力和学术权力的冲突等。就笔者有限的理解，学术研究关注“是什么”和“为什么”的问题，更多的是知识和逻辑的必然，如果没有对“是什么”和“为什么”，甚至是“为什么不是这样”的问题做出探索和回答，只见现象不见本质，只见表象不见原因，那么关于“应该怎样”的研究可能是空中楼阁，也可能流于空洞无物的清谈说教，或者成为哗众取宠的工具。

## 第二节 大学行政权力清单制度的两个核心概念

研究大学行政权力清单制度自然离不开大学行政权力和权力清单制度这两个核心概念，但要说清楚这两个概念及其相关内容又非易事，因为大学行政权力作为一个广为熟悉的概念，涉及大学行政权力、学术权力、去行政化、权力结构、权力关系等诸多复杂内容和国内外不同研究，而权力清单制度作为一个新生概念更是众说纷纭。

## 一、大学行政权力

总体而言，关于大学行政权力的专门研究，国外聚焦较少，大都隐藏在行政权力、学术权力、高等教育管理体制等研究之中。比如伯顿·克拉克的《高等教育系统》、约翰·范德格拉夫等的《学术权力》、伯顿·克拉克等的《高等教育新论》、托尼·布什的《西方教育管理模式》等都是专门针对某个或某类高等教育机构，从政府与大学的权力关系、高等教育系统等介绍和研究其整体权力、学术权力或行政权力的运行机制，而威廉·伯格奎斯特的《学术机构的四种文化：改善学院组织领导权的认识和策略》、罗伯特·伯恩鲍姆的《大学运行模式：大学组织与领导的控制系统》等著作则聚焦大学内部运行模式和内部学术权力与行政权力的运行机制及其理论设想，并且国外的相关著作和研究中较少直接使用“行政权力”这个概念，也较少见对其进行具体的定义。就笔者手头可资利用的文献，将大学行政权力涉及的研究大致归为两个方面。

### 1. 大学或学院的权力结构研究

这一学术探讨肇始于民族国家兴起，直至现代仍在不断深化。20 世纪 60 年代，对大学内部权力配置进行结构化研究和运用“结构-功能”视角进行研究一度成为显学。欧美国家关于大学权力的研究在 20 世纪 60—70 年代进入高峰期，产生了众多深入、全面的研究成果，如雷恩对 1600 个大学内部决定在表面维、组织维、参与维等不同维度上的组织机构影响和参与情况的分析带来的大学权力具体分布的描述[①]；伯顿·克拉克的系或讲座、学部或学院、整所大学或学院、多校园的学术组织、州（省、市）政府、国家的政府及其有关的部局与立法机构等六层次权力结构[②]；范德格拉夫等通过结构的等级性和决策的内聚性来描述的权力结构特征和 10 种权力类型[③]；伯恩鲍姆提出由管理体

---

① Lane J. Power in the university. European Journal of Education，1979，14（4）：389-402.

② 伯顿·R. 克拉克. 高等教育系统——学术组织的跨国研究. 王承绪，等译. 杭州：杭州大学出版社，1994：121-123.

③ 约翰·范德格拉夫，等. 学术权力：七国高等教育管理体制比较. 2 版. 王承绪，张维平，徐辉，等译. 杭州：浙江教育出版社，2001：2-3，186-198.

系、专业体系、责任体系构成的权力结构[①]等。进入20世纪80年代，学界更多地开始从反歧视或学生在权力结构中的地位等视角去研究，大学或学院本身的权力结构的研究开始减弱。进入21世纪，由于一些国家新自由主义政策的推行，一些大学在日益被卷入市场以及市场与政府的关系中丧失独立性，而行政机构作为天然与政府联系紧密的实权分支和“链条末端”在某些国家的部分大学开始膨胀。特别是撰写本书期间全球正遭遇新冠肺炎疫情，人类历史上的“2020年之前”和“2020年之后”势必进一步改变全球治理结构和各国大学内部的权力结构和运行机制。换言之，关于大学权力结构及其运行机制的影响因素分析才刚刚起步。

就国内研究而言，学者对大学行政权力的研究具有明显的问题意识，更多聚焦大学行政权力过多浸入学术领域的担忧和反思，随着实际情形的变化，经历了平衡大学内部权力的温和态度[②]到直陈去行政化的迫切需要[③]的转变。通过梳理众多文献，大致呈现两条比较明显的路径。

1）大学权力结构。关于大学权力结构，学界基本上认为大学存在学术权力和行政权力两种权力[④]，或学术权力、行政权力、市场权力或学生权力三种权力[⑤]，甚至是学术权力、行政权力、政党权力、学生权力、市场权力等多种权力[⑥]。尽管国内学者对大学内部权力有不同划分，但大多认为行政权力和学术权力是一对范畴，并且认为二者存在冲突。但也有个别学者认为二者之争是一个逻辑上不存在，现实中缺乏依据的假问题，二者其实“指的是一个东

---

① 罗伯特·伯恩鲍姆. 大学运行模式：大学组织与领导的控制系统. 别敦荣主译. 青岛：中国海洋大学出版社，2003.

② 例见：谢安邦，阎光才. 高校的权力结构与权力结构的调整：对我国高校管理体制改革方向的探索. 高等教育研究，1998（2）：20；陈玉琨，戚业国. 论我国高校内部管理的权力机制. 高等教育研究，1999（3）：38-41.

③ 例见：钟秉林. 关于大学“去行政化”几个重要问题的探析. 中国高等教育，2010（9）：4-7；别敦荣，唐世纲. 我国大学行政化的困境与出路. 清华大学教育研究，2011（1）：9-12，24；王建华. 中国大学转型与去行政化. 清华大学教育研究，2012（1）：23-32.

④ 例见：谢安邦，阎光才. 高校的权力结构与权力结构的调整——对我国高校管理体制改革方向的探索. 高等教育研究，1998（2）：20；眭依凡. 论大学学术权力与行政权力的协调. 现代大学教育，2001（4）：7-11；张德祥. 高等学校的学术权力与行政权力. 南京：南京师范大学出版社，2002.

⑤ 例见：费坚，巫丽君. 我国大学行政权力的重新配置——基于“三权制衡”模式的思考. 扬州大学学报（高教研究版），2005（1）：37-41.

⑥ 例见：林荣日. 论高校内部权力. 现代大学教育. 2005（2）：69-74；陈玉琨，戚业国. 论我国高校内部管理的权力机制. 高等教育研究，1999（3）：38-41；别敦荣. 我国高等学校管理权力结构及其改革. 辽宁高等教育研究，1998（5）：38-42.

西”，是英美法系和大陆法系对同一种权力的不同称谓，系我国学者误引。[①]至于大学权力结构的性质，学者基于不同的视角，提出了不同层级和科层制的层次说[②]，教师、管理人员、学生的主体说[③]，权力在大学内部各组群中的分配说[④]，内部制度生态环境的生态结构说[⑤]等不同观点。

2）大学去行政化。实事求是地说，大学去行政化的研究在国内很长时间内不是学界关注的重点，直到学者在不同场合大声疾呼后，在2010年通过《国家中长期教育改革和发展规划纲要（2010—2020年）》和《国家中长期人才发展规划纲要（2010—2020年）》这两个文件将其上升为国家意志后才开始成为焦点，直至今日成为一个只要讨论大学似乎就怎么也绕不开的话题。梳理学界关于大学去行政化的研究，主要在其表现、危害、成因和措施等方面进行了广泛研究。有学者认为大学行政化主要是行政力量在大学管理中被泛化或滥用，把大学当作行政机构来管理，把学术事务当作行政事务来管理[⑥]，表现为大学管理的行政科层化、大学行政权威的绝对化、学术在大学被边缘化[⑦]以及学术事务的行政化、资源分配的行政化、高校及其人员的行政化、人事任命和聘用的行政化[⑧]，主要分为外部行政化（高校办学自主权）和内部行政化（高校内部的官本位）[⑨]。大学行政化必然使大学异质化，行政化必然导致大学核心价值的转移，行政化必然使大学权力错位，行政化终归导致学术腐败[⑩]，有可能导致一些大学教授无权利、无尊严，进而无气节、无学问，一些大学生无志向、无品德、无修养，一些大学教育精神和文化传播徒有虚名的现象，大学

---

① 周光礼. 问题重估与理论重构——大学“学术权力”与“行政权力”二元对立质疑. 现代大学教育，2004（4）：31-35.

② 例见：姚锡远. 关于高校学术权力问题的思考. 黑龙江高教研究，2003（6）：11-12；柯森. 高校内部管理改革：观察与思考. 高教探索，1999（4）：42-45；王志成. 高等学校管理中几个问题的组织行为学分析. 扬州大学学报（高教研究版），2002（3）：31-35.

③ 例见：刘亚敏. 大学内部权力结构及其调整. 现代大学教育，2004（2）：95-97；李福华. 对高等学校学生权力的探讨——学生主体地位的政治学视角. 教师教育研究，2004（2）：15-21.

④ 例见：周光礼. 问题重估与理论重构——大学“学术权力”与“行政权力”二元对立质疑. 现代大学教育，2004（4）：31-35；黎琳. 中国现代大学制度中的权力制衡问题. 现代大学教育，2001（1）：34-36.

⑤ 贺祖斌. 高等教育制度生态环境及其优化. 现代大学教育，2004（3）：16-19.

⑥ 钟秉林. 关于大学“去行政化”几个重要问题的探析. 中国高等教育，2010（9）：4-7.

⑦ 别敦荣，唐世纲. 我国大学行政化的困境与出路. 清华大学教育研究，2011（1）：9-12，24.

⑧ 龙献忠. 治理理论视野下的政府与大学关系研究. 长沙：湖南大学出版社，2007：107.

⑨ 张建林. 高校去行政化需要找准平衡点. 学习月刊，2009（11）：33.

⑩ 彭道林. 大学行政化的外在表现及其危害. 高等教育研究，2010（10）：19-23.

价值和意义无从产生[①]，从而对大学组织的合法性造成威胁[②]。究其原因，政府权力、现行干部管理制度、现行资源配置方式等对大学行政化产生深刻影响[③]，而大学的政治化改造、学者的双重所有制和大学的高度复杂化[④]和历史文化背景、社会心理基础等因素[⑤]也是大学行政化的重要成因。因此，大学去行政化就要从取消大学行政级别入手[⑥]，制定大学章程[⑦]，减少大学被政府行政化[⑧]，防止大学内部行政管理过度化[⑨]。

**2. 大学行政运行机制的研究**

20 世纪初就有学者介绍某一大学的行政机制[⑩]，也有学者提出包括权力配置和委任问题的大学行政体制[⑪]，还有学者指出，如果行政权过分集中，或采用不适当的大学理念，就会窒息教职群体的活力[⑫]。这种对大学体制和大学行政的讨论一直持续到第二次世界大战前。战中和战后，关于大学行政的问题一度几乎被遗忘，1966 年前几乎被视为一片“研究荒漠”[⑬]。20 世纪 70 年代，有关大学行政权力运行机制的讨论基本被淹没或夹杂在大学权力结构或大学决策过程的研究之中。随着大学权力结构研究热潮的退却，学界关于大学行政运行机制的研究热情也开始减退。实际上，至少在英美国家，对大学行政运行机制的研究一直不占主流，这与其一直奉行的学术自治有较大关系。欧洲一些国家（如德国、法国）关于大学行政权力的研究较多，但基本上不讨论“学术权力”。这些国家的大学行政权力受行政法约束，涉及学术判断方面的行政机制

① 王长乐. 大学“去行政化”争论的辨析. 教育发展研究，2010（9）：30-33.

② 王飞，王运来. 制度拯救：大学“去行政化”及其合法性的复归——基于组织社会学角度的分析. 现代大学教育，2012（2）：51-55.

③ 杨东平. 治理教育行政化弊端的思考. 教育发展研究，2010（19）：50-55.

④ 别敦荣，唐世纲. 我国大学行政化的困境与出路. 清华大学教育研究，2011（1）：9-12，24.

⑤ 文明. 我国大学行政化的深层背景与根源探析. 国家教育行政学院学报，2010（4）：14-16.

⑥ 杨德广. 关于高校“去行政化”的思考. 教育发展研究，2010（9）：19-24.

⑦ 宣勇. 外儒内道：大学去行政化的策略. 教书育人（高教论坛），2011（6）：4-7.

⑧ 王建华. 中国大学转型与去行政化. 清华大学教育研究，2012（1）：23-32.

⑨ 马健生，孙珂. 高校行政化的资源依赖病理分析. 北京师范大学学报（社会科学版），2011（3）：40-46.

⑩ Kemp G. The administration at the University of Illions. Science，New Series，1908，28（719）：483-488.

⑪ Kent W. The university administration.Science，New Series，1908，28（705）：8-10.

⑫ Paton S. University administration and University Ideals.Science，New Series，1911，34（882）：693-700.

⑬ Kolson C J，Lowell K R E. College administration：A research desert. Improving College and University Research Teaching，1966，14（1）：6-7.

则往往成为行政法学的难点问题。[①]

总体来看，国内学者对这个问题已经进行了广泛、深入的研究，大多数学者认为我国大学管理体制存在一定问题，需要从管理体制、资源分配、人事机制等多方面入手，破除大学行政化。这些研究为我们进一步深入研究大学行政权力打下了坚实的基础。

国外学界对大学行政权力的定义较少而使用颇多，国内学界比较熟悉的还是伯顿·克拉克在对西方七国高等教育管理体制进行全面考察和比较的基础上，将大学学术权力划分为个人统治、集团统治、行会权力、专业权力、魅力权威、董事权力（来自院校）、官僚权力（来自院校）、官僚权力（来自政府）、政治权力以及高等教育系统的学术寡头权力等 10 种。[②]从语义上来看，在诸多权力类型中，董事权力和官僚权力的界定就属于行政权力范畴，只不过没有明确说明而已。

国内学者则从大学行政权力的主体、内容、性质等不同角度进行了定义。有学者认为“行政权力是以行政管理体制为基础，以行政管理职能为依据，由行政机构（如学校有关职能处室）中行政人员（如处长、科长、主任等）行使的法定权力，这种权力来自学校或上级的法规制度，因而是种授予权力”[③]。有学者认为“行政权力是大学行政机构及行政人员依据国家法律、政府政策、学校规则的授权而拥有的影响和支配内部成员和机构的一种权力形式，植根于层级组织，其合法性在于法律的明确授权和组织的正式任命”[④]。也有学者认为，大学行政权力是指大学为有效实施教学与科学任务而需要运用的管理人事变动、财务收支、非学术性活动等不直接包含学术判断内容的事务的权力[⑤]。可以看出，我国学者对大学行政权力的界定除更加具体之外，也从侧面反映了大学行政权力明显的科层制特征和政府作用。从某种意义上来说，我国学者对行政权力的界定，“与其说是一个‘事实’概括，倒不如说是一种‘价值’诉

① 湛中乐. 高校行政权力与学术权力运行机制研究. 北京：北京大学出版社，2018：前言：5.

② 约翰·范德格拉夫，等. 学术权力：七国高等教育管理体制比较. 2 版. 王承绪，张维平，徐辉，等译. 杭州：浙江教育出版社，2001：186-198.

③ 别敦荣. 学术管理、学术权力等概念释义. 清华大学教育研究，2000（2）：44-47.

④ 周光礼. 重构高校治理结构：协调行政权力与学术权力. 中国高等教育，2005（19）：8-9.

⑤ 湛中乐. 高校行政权力与学术权力运行机制研究. 北京：北京大学出版社，2018：前言：2.

求，其背后蕴含着中国学者的愿景”①。

鉴于此，本书依然沿用拙作《中国大学行政权力合法性研究》中的定义，将大学行政权力定义为大学及其组织中按照制度规则赋予处在一定层级或职位上的组织或成员的权力。②如此定义既避免了目前通过主客体或来源方式定义带来的混淆，也较为客观地反映了行政权力的基本特征。

## 二、权力清单制度

权力清单制度作为建设“职能科学、权责法定、执法严明、公开公正、廉洁高效、守法诚信”的法治政府的一项重要制度安排，在2013年党的十八届三中全会上首次明确提出；2014年，李克强总理在省部级主要领导干部专题研讨班上指出“逐步建立各级政府的权力清单制度”③；2015年的政府工作报告中再次强调，同年3月中共中央办公厅和国务院办公厅印发《指导意见》具体布置，同年12月习近平总书记主持召开中央全面深化改革领导小组第十九次会议，通过了《国务院部门权力和责任清单编制试点方案》（以下简称《试点方案》）开始试行。至此，权力清单制度在全国范围内铺开。

权力清单制度从无到有、由点到面的进程折射出中国共产党执政理念从统治到管理、从管理到治理的变化过程：①1949—1979年是统治理念主导的时期。新中国成立之初，受苏联的影响，认为可以用计划手段实现国民经济按比例协调发展，从而建成一个全能政府。同时，由于从革命党向执政党转变过程中对国家治理和自身执政理念认识不足，将阶级斗争置于国家治理的优先地位，视国家为阶级斗争的工具，由此政府的统治功能被无限放大，政治权力和政府权力处于无上和主导地位，权力制约的观念和制度自然难以产生和实行。②1979—2012年是管理理念主导的时期。伴随着全能政府无法全能的系列问题，我党开始反思和探索，经过30多年的改革开放，伴随着思想观念、社会阶层、利益调整等剧变带来的新情况和新问题，让原有的理念和政策都无法适应新的形势和需要。于是，2004年党的十六届四中全会上首次提出“加强社会

---

① 寇东亮. 学术权力：中国语义、价值根据与实现路径. 高等教育研究，2006（12）：16-21.

② 李从浩. 中国大学行政权力合法性研究. 北京：中国社会科学出版社，2018：4.

③ 李克强在省部级主要领导干部专题研讨班上作报告. http://www.gov.cn/ldhd/2014-02/18/content_2612545.htm.（2014-02-18）［2021-12-25］.

建设和管理，推进社会管理体制创新”的思路。2007年，党的十七大报告明确提出“社会管理格局”，让“管理”的理念在我党历史上得以确立。此阶段，尽管对政府权力的认识有很大进步，但基本处于“我主你辅”“我说你听”“我管你干”的阶段，对政府权力的认知基本处于政府主体视角的单向度阶段。③2012年以来治理理念的践行。在推进社会管理体制改革的过程就必然产生依靠什么的问题，于是依法治国和依法行政就成为必然，与之相伴的权力制约就随行而至。2013年，党的十八届三中全会首次提出“国家治理体系和治理能力现代化”的目标，并为此设计了权力清单的具体制度，标志着“治理”开始成为我党新的执政理念，这也就意味着以前单主体、管理的模式向多主体、协商的治理转变。政府既然不再是社会治理的唯一主体，那为其行为划定边界也就成为必然。

实事求是地说，权力清单制度是一种新型具体管理制度，其推行制度的动力和制度实践都来源于政府，学界对此缺乏相应的深入研究，致使不仅在执行层面上存在不少问题，理论研究也远未达到能够指导实践的程度。目前学界关于权力清单制度的研究主要侧重“是什么”和“怎么干”两个方面，前者主要涉及权力清单的内涵和法理，后者主要涉及清单编制的实践问题，至于与大学行政权力清单制度密切相关的高校权力清单制度基本上还处于萌芽状态。

## （一）权力清单制度的理论研究

### 1. 内涵

学界目前对其内涵的理解还没有达成共识，对概念的界定也还没有一个权威公认的定义。金雪花认为，权力清单是“对国务院部委、地方政府及职能部门等行政机关的权力管辖事项逐一列出，形成清单。根据清单制定的宗旨，清单以外的事项各机关都不得行使管辖权”①。陈向芳和邓薇认为，权力清单“是指政府及其部门采用清单的方式，清理并公布自身享有的各项行政权力及其实施依据，清单之外不得行使行政权力”②。田进等认为，权力清单制度是“政府及其职能部门依法以清单公开的形式对行政权力事项进行清理，锁定职

① 金雪花. 行政权力清单制度基本法理问题研究. 法制与社会，2015（29）：22-24.

② 陈向芳，邓薇. 行政权力清单制度评析及完善——以制度价值为研究视角. 广东行政学院学报，2015（3）：9-15.

权边界、责任及流程的一种权力制约机制”[①]。贾源和金雅楣认为，“权力清单”通过明确政府及政府部门行政权力的范围和边界，规定政府部门以及工作人员应该做什么、不应该做什么以及应该怎么做等事项，严格规定了权力运行的边界和运行过程，避免政府和政府机构在行政过程中出现授权不清和职权交叉互相推诿的情形。[②]李慧艳认为“权力清单”通过厘清各部门职责和权力边界，优化权力运行流程，“晒”出政府权力，实现政府决策公开、权力公开和责任公开。[③]瞿芃认为，权力清单也是责任清单，任何滥用权力或是懈怠履职的行为都应承担相应的法律责任。[④]可见，学者对于通过清单实现权力的清理、界定、规范和公开以及清单之外不能行权等是基本共识，至于权力清单和责任清单是否同单还有待商榷。

### 2. 权力属性

权力清单的核心是“权力”，清单只是一种权力的公开形式。因此，弄清楚权力清单中的权力意指什么就尤为重要。众所周知，从权力主体角度看，权力可分为国家权力、政党权力、政府权力、公众权力、个人权力等，而国家权力又分为立法权、司法权和行政权；从权力存在形态看，权力可分为应有权力、法定权力和实有权力等。就前述我国权力清单制度出台的背景、目的、内容和方式等看，权力清单中的权力特指国家权力中的行政权力是毫无疑义的。①从权力的出处来看，党的十八届三中全会明确提出的是“推行地方各级政府及其工作部门权力清单制度”，党的十八届四中全会重申的也是“推行政府权力清单制度”。在我国，政府及其部门就是指行政机关，其权力就是行政权力。②从制度提出的背景看，简政放权是最大的时代背景。简政简的是政府机构，放权放的是政府权力。在这个时代背景下提出权力清单制度，目的就是要规范政府行政权力。③从权力内容看，在党的十八届三中全会和四中全会的决定中，权力清单制度是作为构建决策权、执行权、监督权相互制约与监督的权力运行体系的重要制度手段提出，而行政三权均是国家行政权力的具体表现形

① 田进，卓文婧，朱利平. 权力清单制度：概念、过程及调适——以武汉市“三联”权力清单制度为例. 中国机构改革与管理，2015（5）：10-15.

② 贾源，金雅楣. 我国实行权力清单制度的可行性分析. 淮阳职业技术学院学报，2014（5）：12-15.

③ 李慧艳. 我国权力清单制度运行路径——以义乌市为例. 天水行政学院学报（哲学社会科学版），2014（3）：61-65.

④ 瞿芃. 权力清单：改革新起点. 中国纪检监察报. 2014-02-28.

式。④在权力作用方式上，正是因为这种权力的社会公众性、方式的主动性和强制性等特征易对社会公众私权利产生侵害，只有通过制度化才能加以控制，而这正是行政权力的一般特征。

### 3. 权力的外在表现

关于行政权力，不同历史时期、不同学者有不同的定义，但基本认为行政权力是以政府及其部门为代表的行政主体执行国家权力机关意志，以实现国家和社会公共利益为目的，为维护经济、社会、文化、对外交往等秩序而进行管理社会事务和增进社会福利的行政职权。[①]也就是说，行政职权是行政权力的具体化，二者是具体与抽象的关系。总体的行政职权构成行政权力，行政权力分解为行政职权的具体化，表现为行政机关主管事项的范围。[②]从权力看，行政权力可分为立法权、审批权、命令权、处理权、裁决权、强制权、监督权、制裁权等，而职权则主要包括制定规范权、许可权、确认权、检查权、奖励权、处罚权、强制权、合同权、裁决权、复议权、委托权等。[③]自权力清单制度施行以来，就各级政府及其组成部门晒出的权力清单来看，尽管也分了很多类型，但主要还是审批权和许可权。

### 4. 制度的法理依据

在法理依据上主要回答了清单制度的目的性、正当性和合法性问题。一是目的性。权力清单制度的直接目的就是对行政权力进行监督和制约，而对权力的监督和制约符合人类的基本需要。二是正当性。制度的正当性取决于制度追求的价值目标的正当性和制度过程的正当化，而过程的正当化主要是以制度的公布或公示为起点。权力清单制度将合法权力以清单形式向社会公布公示，其本身既是制度程序合法的要求，也是制度程序正当性所在。没有公开，就没有制度的正当性。三是合法性。权力清单制度从本质上说就是将各单行法律法规授予政府的权力进行汇总，明确其范围、边界、运行和监督，为其具体行政行为提供法律依据。因此，权力清单中的权力是国家法律法规规定的权力，依据国家现行法律法规制定的权力清单当然有合法性。

---

① 康良辉. 相对集中行使行政权制度研究. 北京：中国政法大学出版社，2014：25-28；王学辉，宋玉波，等. 行政权研究. 北京：中国检察出版社，2002：108-116.

② 肖蔚云，姜明安. 北京大学法学百科全书：宪法学 行政法学. 北京：北京大学出版社，1999：621.

③ 王学辉，宋玉波，等. 行政权研究. 北京：中国检察出版社，2002：115，126.

在学界，权力清单制度中的“权力”意指政府行政权力，其具体表现为行政职权，同时从法理依据上制度本身合目的性、正当性和合法性等方面还是具备基本共识，但对于制度本身的性质、与法律法规的衔接、权力的监督、制度的效力等研究相对较少。可见，就权力清单制度的理论研究而言，它还是一个研究不充分、不全面、不系统、不深入的领域。

### （二）权力清单的编制研究

《指导意见》和《试点方案》从操作层面对权力清单的编制提出了明确的任务、编制程序和工作要求，学者在此基础上从理论层面对编制进行了进一步研究。比如，程文浩和杨诗哲认为，清单编制要实现层级、部门和领域的全覆盖，要注意规范化、具体化和透明化。[①]娄芸认为，权力清单的内容应当包含每项权力的名称、来源、行使部门、行使规则、监督投诉渠道等。[②]李和中和刘孋毅认为权力清单编制的关键是清理，要明确兜底职责，弥补职责缺失，解决权力交叉和权力缺失的问题。[③]阎桂芳和张立峰认为，编制的前期准备、科学分类、权力依据、合法性论证、理论与实际相结合、互学互鉴等也很重要。[④]学者除了关注编制的整体情况外，还对权力清单编制的主体和权力的合法依据进行了重点研究。

从权力清单中的权力指国家权力中的行政权力出发，政府及其工作部门是权力清单的当然主体，但从有效实现权力清单功能和行政法关于行政主体的分类角度，权力清单的权力主体除政府及其部门外，其派出机关和机构、其他法律法规授权的组织等也应纳入权力清单的编制范围。清单编制中非常重要的环节是清理梳理和依法确权，这两个环节都涉及对“法”的理解问题，也就是行政职权法定的“法”的理解问题。按照行政法原理和《中华人民共和国行政许可法》《中华人民共和国行政处罚法》等法律规定，法律、法规、规章和规范性文件都应被视为权力清单中权力来源的法定依据，只不过要根据行政行为的侵益性和受益性具体判定。本书基本认同上述观点。

---

① 程文浩，杨诗哲. 国家治理过程的“可视化”如何实现——权力清单制度的内涵、意义和推进策略. 学术前沿，2014（9）：90-95.

② 娄芸. 反腐败的经济学分析框架及政策建议——论国内首份市长权力清单. 经济论坛，2006（8）：6-7.

③ 李和中，刘孋毅. 加强建立和完善行政权力清单制度. 广州大学学报（社会科学版），2014（9）：10-14.

④ 阎桂芳，张立峰. 论行政权力清单的编制. 山西省政法管理干部学院学报，2016（1）：4-7.

## （三）高校权力清单制度的研究与实践

和政府权力清单制度从理论研究到具体实践都有一定程度的起步状况比，高校权力清单制度基本还处于萌芽状态。有学者从“放管服”改革的角度，提出借鉴政府的“三单”管理模式，即建立教育行政管理部门的权力清单、责任清单和高校的负面清单①。负面清单又由权力清单、程序清单和责任清单构成，以《中华人民共和国高等教育法》（以下简称《高等教育法》）、中国特色现代大学制度建设和大学章程建设为重要依据②。也有学者明确指出高校应公布权力清单，认为是高校提升办学透明度、防止腐败的有效措施之一。③有学者认为，高校权力清单制度推行中存在认识不清、重视不够、法律基础薄弱等问题，要加大政策解读、明确重点领域、规范推进步骤、注重内容协调等④，可以借鉴政府权力清单的模式，厘清高校权力的属性及边界，以相关法律法规为依据，进行系统的清理和审定，明确制定原则和程序，加强监督和问责等路径，实现高校权力清单制度法治化⑤。极少数学者较为全面阐述了高校权力清单应当包含权力行使主体、权力的来源依据、权力的运行流程以及权力的监督方式等内容，制定应遵循合法性原则、程序性原则、可操作性原则和公开性原则，应按照清理、登记、审核、公布、备案的程序来制定。⑥总体而言，高校权力清单研究目前还处在小范围研究，学者主要是在讨论大学治理、学术权力与行政权力的冲突和监督高校权力等时偶尔提及，基本谈不上深入、系统研究，至于高校权力清单应包含的内容、制定的程序以及如何规范制定等问题基本处于空白，还有很大的研究空间。

尽管如此，本书依然在借鉴政府权力清单和有限的高校权力清单研究的基础上，给高校权力清单下一个定义：高校权力清单是指按照“法无授权不可

---

① 刘业进. 高等教育“放管服”改革的三张清单：权力清单、责任清单与负面清单. 南京师大学报（社会科学版），2020（2）：53-67.

② 李鸿雁. 论高校负面清单管理的依据来源与政策演进. 浙江工业大学学报（社会科学版），2015（4）：384-390.

③ 殷忠勇. 程序公平还是价值公正：高校学术委员会运行的取向. 江苏高教，2015（2）：54-56.

④ 阎登科. 治理现代化视野下高校权力清单制度建设的现状及对策研究. 黑龙江高教研究，2017（9）：34-36.

⑤ 李牧，关帅锋. 法治视野下高校权力清单制度探究. 江汉大学学报（社会科学版），2019（2）：21-31，124.

⑥ 张姣. 高校权力清单制定及其法制化研究. 武汉理工大学硕士学位论文，2016.

为”和“有权必受监督”理念，为提高大学治理体系和治理能力现代化，服务大学善治，将高校权力的来源依据、行使主体、运行流程、监督形式等内容梳理罗列并公布的形式。高校权力清单制度是指围绕高校权力清单的制定、实施、监督制定形成的系列规则制度。至于大学行政权力清单，目前尚未看到有关研究。若要给它下一个定义，也就是将高校权力清单置换为大学行政权力清单即可。

通过上述对政府权力清单和高校权力清单的简要梳理，可以发现二者的不同：①制定主体不同。政府权力清单的制定主体是政府及其工作部门，高校权力清单的制定主体是高校及其组织机构。②规制对象不同。政府权力清单的规制对象是政府行政权力，高校权力清单规制的对象是高校权力，二者从理论到实践都处于不同状态。③相关基础不同。政府行政权力从理论到实践都相对成熟和完整，为有序顺利制定清单奠定了较为扎实的基础。高校权力则不然，其组织的特殊、内容的丰富、结构的复杂等致使理论探讨长期存在争议，实践中由于各种复杂原因，高校权力界限不清、权力重叠现象严重。这种理论的争议性和实践的复杂性使得高校权力清单的制定工作具有极强的艰巨性和挑战性。这也是本书研究试图“化繁为简”“先易后难”，确定研究大学行政权力清单的考量之一。④目的不同。政府权力清单是为了简政放权，建设法治型政府，推动政府治理体系和治理能力现代化的自我革命。高校权力清单则是为了厘清高校权力边界，规范权力运行，服务大学治理，是高校进行自我管理、建立现代大学制度的自我创新。⑤进展不同。在政府强力推动下，学界对政府权力清单做了一些研究，实践中也基本按照国务院要求完成了清单的编制和公布，而高校权力清单在理论研究上基本处于萌芽状态，实践中除了少数高校外，尚未看到大多数高校有此行动或成果。可见，在高校权力清单制度的推进中，自身的制度建设还有很长的路要走。

# 第二章　规制中的中国大学行政权力钩沉

翻开大学的历史和任何国别的大学史，阿什比所说的“任何类型的大学都是遗传和环境的产物”①的结论都显而易见。既然大学是遗传和环境的产物，那么大学的治理结构和大学行政权力在不同的历史阶段和不同的社会背景中呈现既有内在联系又有不同状态就是题中之义。因此，研究中国大学行政权力清单制度不仅要着眼于当下行政权力本身，也要从历史和大学的发展和演变中追根溯源，尽可能地在客观事物的有效性条件中还原中国大学行政权力本身，也只有在此条件下制订的中国大学行政权力清单才能符合历史实际和客观现实。

关于中国现代大学的起源，学界有不同的看法，远者上溯至孔子，近者追溯至书院，但大多数学者认为，1895 年建立的北洋大学（天津大学前身）是现代意义上的第一所大学，京师大学堂（北京大学前身）则是我国现代综合性大学的起源。②此后，中国在相当一段时间内处于战争洗礼和政治变革之中，大学在不同的社会、政治和制度环境中演变，大学治理结构和大学行政权力也随之发生变化。在不同的历史阶段，国家如何管理大学？大学治理结构如何随国家管理体制的变化而变化？大学行政权力如何在外依国家法律和制度、内靠大学章程中找到自己的位置并依此而行？穿过历史的迷雾，中国大学行政权力是否存在一以贯之的东西？这些问题的回答有助于我们认清中国大学行政权力的真实面目，有助于我们在“历史与逻辑的统一”中理解大学行政权力清单。

如前所述，制订中国大学行政权力清单的主要依据，外来源于国家法律法规，内依据大学章程。所以，本章主要从清末、民国和中华人民共和国成立以来这三个历史阶段，从国家管理大学的法律法规角度对大学治理结构和大学行

① 阿什比. 科技发达时代的大学教育. 滕大春，滕大生译. 北京：人民教育出版社，1983：7.

② 郑登云. 中国高等教育史（上）. 上海：华东师范大学出版社，1994：49.

政权力进行考察，从大学章程的角度选取北京大学*作为个案，研究大学内部治理结构和大学行政权力运行，并在此基础上提炼影响中国大学治理结构和大学行政权力清单制订的主要因素。

## 第一节　清末时期的大学行政权力

作为“中学为体，西学为用”的洋务运动和“废科举、兴学堂”的维新变法运动的重要内容，一批学习“西文”“西艺”的语言学堂、技术学堂和军事学堂诞生，其中就包括1898年光绪帝颁布《明定国是诏》，批准创立的京师大学堂。自此以后，清政府先后颁布了三个大学堂章程，即1898年梁启超负责拟定的《奏拟京师大学堂章程》、1902年管学大臣张百熙主持修订的《钦定京师大学堂章程》（史称“壬寅学制”）以及1904年张之洞主导重订的《奏定京师大学堂章程》（史称“癸卯学制”）。这三个大学堂章程既规定了京师大学堂的基本框架，同时相较于略早的京师同文馆、天津中西学堂、南洋公学等章程，在体现中体西用的思想上达到了新的高度，具备了现代大学章程的基本要素，为后来的其他大学章程提供了基本的遵循依据。

尽管这三个章程均由最高学务当局**为京师大学堂而制，加之当时还没有其他大学可供清政府管理，因此，这三个章程不仅是京师大学堂的办学纲领，也是全国大学堂的规范，在当时具有国家教育法规的意义，研究其治理结构和权力规制基本上可以管窥全国高校。相关具体规定如下：

《钦定京师大学堂章程》①第一章的相关规定有：

第四节　京师大学堂主持教育，宜合通国之精神脉络而统筹之。现奉谕旨，一切条规，即以颁行各省。将来全国学校事宜，请由京师大学堂将应调查各项拟定格式簿，分门罗列，颁发各处学堂，于每岁散学后，将该学堂各项情形，照格填注，通报京师大学堂，俟汇齐后，每年编订成书，

---

* 选取北京大学作为个案主要理由有三：一是从京师大学堂到北京大学，其本身具有内在的延续性；二是北京大学在中国和中国大学史上具有举足轻重的价值和地位，对其他大学具有重要的参考和借鉴价值；三是北京大学的治理结构和行政权力规制的演变很好地代表了中国大学在不同时期的状况。

** 清政府管理大学的体制直到1906年才建立：将原来国子监和京师大学堂所兼管事务划归学部，置于六部之下，内设5司12科，其中专门司具体负责核办大学堂、高等学堂、各专门公私立学堂及留学生工作。

① 张国有. 大学章程（第1卷）. 北京：北京大学出版社，2011：12-19.

恭呈御览。

第五章的相关规定有：

第一节　设管学大臣一员以主持全学，统属各员，由特旨派大臣为之。

第二节　设总办一员，副总办二员，以总理全学一切事宜，随事禀承管学大臣办理。

第三节　设堂提调四员，以稽查学生勤惰出入，并照料学生疾病等事。遇学生因事争讼，堂提调应随时排解，有大事会同总办申理。司事、杂役人等，有不按定章办事应差，并在堂内滋事者，堂提调查明分别轻重办理。

第十节　以上各员，自总办以下，皆受考成于管学大臣；除管学大臣外，皆须常川驻堂。

第十一节　自副总办以下，供职勤惰，应由正总办按照章程严密稽查，年终出具考语，报明管学大臣查核。

第六章的相关规定有：

第一节　设总教习一员，主持一切教育事宜；副总教习二员，佐总教习以行教法，并分别稽查中外各教习及各学生功课。

第四节　设西学功课监督一员，如外国教习有不按照此次所定功课教授者，监督得随时查察，责成外国教习照章办理。

第七节　各教习如有教课不勤，及任意紊乱课程上之规约等事，无论中外教习、年满与否，管学大臣均有辞退之权。延聘外国教习时，应将此条注明合同之上。

第八节　学问之与宗教本不相蒙，西教习不得在学堂中传习教规。

第九节　自副总教习以下，教课勤惰，均由正总教习按照章程严密稽察，年终出具考语，报明管学大臣查核，自总教习以下，皆受考成于管学大臣。

由上可见，京师大学堂基本建立了皇帝委派管学大臣负总责、总办负责日常一切事宜、堂提调负责稽查纪律、文案提调负责往来文件、支应提调负责银钱出入、杂务提调负责饮食后勤、藏书楼提调负责图书、博物院提调负责仪器、医学提调负责医学馆学生功课及学堂卫生诊治、总教习负责教学等从上到下、各负其责的治理结构以及政治、文学、格致、农学、工艺、商务、医术等七科的学科结构。在这个结构中，基本涵盖了京师大学堂办学的方方面面，职责规定比较明晰，上下关系界定清楚，学科分类相对完整。管学大臣代表国家行使管理权和决定权，对大学堂的事务、人员等一切事宜具有最终裁决权，其他各职按照职责分负其责，对上负责。大学堂作为国家政治体制的组成部分，是典型的行政全权主导的体制，尽管内部有不同的学科设置，但主要从教的方面着眼，还看不到学术、学者或学术机构的影子。

从中我们还可以发现两个特别有意思的规定。一是专设西学功课监督员负责监督外国教习照章教授事宜，这在当时“西学东渐”的社会环境中殊为难得，一方面反映了当时张百熙等清末知识分子学习西方大学制度时难得的制度清醒和文化自卫，另一方面对于目前部分高校在教学和研究中存在的“唯西是举”“唯西是范”“唯中是缺”的现象是一个莫大的讽刺。二是特别规定“西教习不得在学堂中传习教规”，这对于现今高校坚持“宗教与教育相分离”的原则、抵御宗教思想和西方意识形态渗透具有重要的历史借鉴意义。以清末当时的社会环境、思想认识和大学认知，尚能在大学治理结构和制度设计中学习而又警惕西方，目前的大学治理结构和治理能力应有更高的要求。

1904 年，在《钦定京师大学堂章程》的基础上，张之洞、张百熙等主持修订《奏定京师大学堂章程》[①]，有关治理结构和权力规制的规定如下。

立学总义章第一规定的相关规定有：

第一节　设大学堂，令高等学堂毕业者入焉，并于此学堂内设通儒院（外国名大学院，即设在大学堂内），令大学堂毕业者入焉……大学堂以各项学术艺能之人才足供任用为成效。通儒院以中国学术且有进步，能发明新理以著成书，能制造新器以利民用为成效……

第二节　大学堂内设分科大学堂，为教授各科学理法，俾将来可施诸实用之所。通儒院为研究各科学精深义蕴，以备著书制器之所。通儒院生但在斋舍研究，随时请业请益，无讲堂功课。

第三节　各分科大学之学习年数，均以三年为限；惟政法科及医科中

① 张国有. 大学章程（第 1 卷）. 北京：北京大学出版社，2011：22-28.

之医学门以四年为限。通儒院以五年为限。

教员管理员章第五规定的相关规定有：

第一节　大学堂应设各项人员如左：大学总监督，分科大学监督，教务提调、正教员、副教员、庶务提调、文案官、会计官、杂务官，斋务提调、监学官、检察官、卫生官，天文台经理官、植物园经理官、动物园经理官、演习林经理官、医院经理官、图书馆经理官。

第二节　大学总监督受总理学务大臣之节制，总管全堂各分科大学事务，统率全学人员。

第三节　分科大学监督，每科一人，共八人，受总监督之节制，掌本科之教务、庶务、斋务一切事宜。凡本科中应兴应革之事，得以博采本科人员意见，陈明总监督办理。每科设教务提调一人、庶务提调一人、斋务提调一人以佐之。提调分任一门，监督统管三门。

第四节　教务提调每科一人，共八人，以曾充正教员之最有学望者充之，受总监督节制，为分科大学监督之副，诸事与本科监督商办，总管该门功课及师生一切事务；正教员副教员属之。

第七节　庶务提调每科一人，共八人，以明学堂规矩之职官充之，受总监督节制，为分科大学监督之副，诸事与本科监督商办，管理该科文案、收支、厨务及一切庶务；文案官、会计官、杂务官属之。

第十一节　斋务提调每科一人，共八人，以曾充教员又有学望者充之，受总监督节制，为分科大学监督之副，诸事与本科监督商办，管理该科整饬斋舍、监察起居一切事务；监学官、检察官、卫生官属之。

第二十一节　堂内设会议所，凡大学各学科有增减更改之事，各教员次序及增减之事，通儒院毕业奖励等差之事，或学务大臣及总监督有咨询之事，由总监督邀集分科监督、教务提调、正副教员、监学公同核议，由总监督定议。

第二十二节　各分科大学亦设教员监学会议所，凡分科课之事，考试学生之事，审察通儒院学生毕业应否照章给奖之事，由分科大学监督邀集教务提调、正副教员、各监学公同核议，由分科监督定议。

第二十三节　事关更改定章、必应具奏之事，有牵涉进士馆、译学馆、师范馆及他学堂之事，及学务大臣总监督咨询之事，应由总监督邀集各监督、各教务提调、正教员、监学会议，并请学务大臣临堂监议，仍以总监督主持定议。

第二十四节 凡涉高等教育之事，与议各员，如分科监督、各教务提调、各科正教员、总监学官、总卫生官意见如有与总监督不同者，可抒其所见，径达于学务大臣。

从上可以发现，在学历层次和学科结构上，《奏定京师大学堂章程》较《钦定京师大学堂章程》已在原大学堂的基础上在其内设“通儒院”，构建了类似于当今大学从本科生到研究生的教育体系，并且对各自的入学条件、学习年限、学习内容等进行了较为详细的规定。同时，在原来的七科基础上增加了经学科，将理学置于经学之内。在治理结构上，由《钦定京师大学堂章程》时各提调分别负责全校各自事务改为八科分别各自负责，由各分科大学监督负责各自本学科教务、庶务、斋务一切事宜，在各分科教务提调、庶务提调、斋务提调下分设正副教员及各类官员各司其职，同时，格致科所属天文台、植物园、动物园以及农科所属演习林、医科所属医院归总监督直辖，由《钦定京师大学堂章程》时的一统到底改为按八个学科各自负责，类似于如今部分大学的“学校办学”的治理结构到部分大学“学部办学”或“学院办学”治理结构的转变，同时对哪些事项由哪些人议定做了明确规定。其大致组织结构如图 2-1 所示。

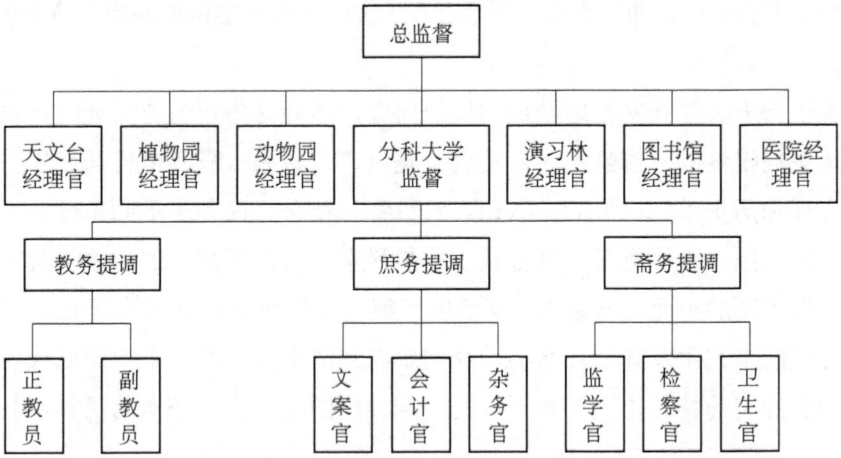


图 2-1 京师大学堂组织结构

《奏定京师大学堂章程》在今天看来也有两个非常有意思的规定：一是规定教务提调由“曾充正教员之最有学望者充之”，卫生官由“格致农工医各科正教员各一人及监学兼任”，天文台经理官、植物园经理官、动物园经理官由“格致科大学正教员或副教员兼任”，演习林经理官由“农科大学正教员或副教员兼任”，医院经理官由“医科大学正教员兼任”，图书馆经理官由“各分科大学中正教员或副教员兼任”，而庶务提调由“明学堂规矩之职官者充之”，斋务提调由“曾充教员又有学望者充之”，监学官由“教员兼充”，文案官、会计官、杂务官、检察官则没有明确规定。从中我们可以发现，不同职位的不同任职资格甚至是不同的细微措辞，一方面反映了张之洞、张百熙等对大学堂制度以及大学不同岗位的不同要求的深入理解，另一方面也反映了学术权力在大学中的萌芽以及学者在大学地位的开始，这恐怕与目前部分学者认为清末大学无学术、学者无地位的判断有一定的出入。二是规定了“事关更改定章、必应具奏之事，有牵涉进士馆、译学馆、师范馆及他学堂之事，及学务大臣总监督咨询之事，应由总监督邀集各监督、各教务提调、正教员、监学会议，并请学务大臣临堂监议，仍以总监督主持定议”，而“凡涉高等教育之事，与议各员，如分科监督、各教务提调、各科正教员、总监学官、总卫生管意见如有与总监督不同者，可抒其所见，径达于学务大臣”。[①]这一方面体现了制度设计中对事涉大学堂关键之事的重视程度，另一方面体现了大学堂内部不同意见调处机制的安排，参与人的不同意见皆可直达学务大臣，这不仅对身处政府等级分明甚至森严的体制之中的大学堂殊为难得，而且对今天大学内部矛盾调处的治理能力也有借鉴意义。

关于清末大学及其治理结构的认识问题，学界有肯定历史贡献的，也有放大其历史局限性的，褒贬不一，莫衷一是。笔者认为，只有坚持马克思主义的唯物史观和历史唯物主义的方法论，对事物、社会、问题从不同角度、不同层面、不同范围、不同意义上进行认识才是科学、全面和辩证的，才符合“马克思主义最本质的东西，马克思主义活的灵魂，具体地分析具体的情况”[②]。

对于清末大学及其治理结构，我们要看到清末大学产生于中国近代内忧外患、中西冲突的特殊历史背景下，是国家救亡图存、抵御外侮的工具，其目的

---

① 张国有. 大学章程（第 1 卷）. 北京：北京大学出版社，2011：28

② 中共中央马克思恩格斯列宁斯大林著作编译局. 列宁选集（第 4 卷）. 北京：人民出版社，1995：290

是“培植非常之才，以备他日特达之用”[①]，尽管它表面上师从日本，其源头则是德国和法国，但在“出身”上天然地与国家、社会和政治紧密联系在一起，是明显的后发外生、制度移植的结果，与西方大学产生于既分裂又分权的独特的中世纪，由当时社会普遍存在的行会组织基础上自发而生必然带来的权力分散、松散联合大相径庭。这种特殊的社会环境和起源决定了清末大学从产生之日起就是一个高度集权、等级森严的科层制结构，其内部决策权高度集中于组织顶部，管学大臣和大学总监督总理全学，由朝廷官员担任，代表朝廷行使行政管理权。虽然普通教习对大学堂内部学术事务，如学科增减、教师晋升、通儒院学生毕业资格审查、大学堂规章制度的修订等有参议权，但决策权在总办、总监督和分科监督手中。这种机构定位和组织结构决定了政府对大学内部事务的强大行政干预和决定权，行政权力占据绝对核心地位，并且得到体制制度以及组织机构的保证，总揽大学内部全部事务。这是客观历史的必然选择，与中世纪大学的管理权力主要掌握在学者手中不仅不同，也没有比较的可能性。

对于清末大学及其治理结构，我们还要看到，清末大学从肇始到发展尽管处境艰难，但是具备了现代大学的一些基本特征，仍然是大学而不是别的社会组织。这主要表现在：①知识的教和学仍然是大学堂最主要的活动和存在价值，并且在主要学习西方“技”和“术”的同时，对中国传统文化保持了坚守，对西方宗教渗透保持了戒备；②建立了修业年限明确、呈阶梯上升的高等学堂、大学堂和通儒院的学制规定，基本形成了大学的基本分层结构；③形成了高等学堂分三类、大学堂和通儒院分八类[②]的学科规制，为学科的萌芽和分类奠定了基础；④聘请了具有较高知识水平、享有较高待遇的各类教习，并且在当时特定的历史条件下给予教员基本的权利保障，这也为学者权力和学术权力的萌芽打下了基础；⑤建立了机构，制定了制度，积累了经验，探索了大学管理。这些都是清末大学的历史进步，我们应该对此给予肯定。

对于清末大学及其治理结构，我们更要看到，中国大学产生时尽管由于“西学东渐”，传统社会思想基础出现了松动，国家和社会对知识的认识和渴求有了一定的改变，但基本上还是基于“中学为体，西学为用”的器物层面和“救亡图存”的工具层面，社会层面还谈不上形成了民主和自由的思想基础，

① 陈学恂. 中国近代教育史教学参考资料（上）. 北京：人民教育出版社，1986：25.

② 曲士培. 中国大学教育发展史. 北京：北京大学出版社，2006：226-227.

也谈不上形成了对知识的基本认识。同时，学者在思想和行动上还缺乏学术权力的意识和要求，并且学术权力和行政权力是合为一体的，以行政权力的形式表现出来。而作为学习日本大学制度的清末大学明文规定："所有学堂人等，自教习、总办、提调、学生诸人，有明倡异说，干犯国宪，及与名教纲常显相违背者，查有实据，轻则斥退，重则穷办。"[①]可见，清末大学堂没有也不能接受西方和日本关于学术自由"有利于国家长远利益"的观点，更不可能在大学堂进行"有违封建伦理名教"的"闲暇自由知识"的探究，只是进行了简单的形式移植，并没有学到大学的精髓。尽管中国大学后来随着社会变化和政权更迭又经历了种种变革，但这种"出身"的遗传从精神到行为深深地烙刻在中国大学身上。这与中世纪大学产生时的社会思想基础以及中世纪大学在长期的发展过程中利用教会和世俗政权的矛盾争取到很多自主权，从而形成了学术自由和大学自治的传统，学术权力得到体制和组织机构的有力保障也大相径庭。这正是影响中国大学治理结构和行政权力规制的深层次内因。

## 第二节　民国时期的大学行政权力

目前学界关于民国时期的大学治理大致有两种情怀：一种是通过列举蔡元培带领下的北京大学、郭秉文带领下的东南大学、特殊时期的西南联合大学的治理结构以及诸多先贤令人神往的个人风采，寄图从"美好"的过往中彰显学术权力和教授治校，以此寻求对当下大学去行政化和大学行政权力的制衡之道；另一种则认为当下国内高等教育发展成绩斐然，大学承担的使命和责任不可与之相比，大学行政权力对于现代大学治理作用之大亦非当年可比，而以此比较新中国成立前后高等教育和大学治理的优劣，进而为大学去行政化开具药方，势必陷入"关公战秦琼"的困境。既然执此两端皆不可取，以国家立法和大学章程为据就有助于我们放下怀旧的情绪，努力穿过历史的迷雾，找寻真正能够以资借鉴的思路和办法。

民国自 1912 年肇始，先后经历了政局不稳、无暇教育，政局稳定、试图控制，战事再起、控制不济。在大学外部治理上，表现为宏观法令控制、试图微观控制和事实无力控制的阶段；在大学内部治理上，表现为根据各自章程

---

① 朱有瓛. 中国近代学制史料（第 2 辑上册）. 上海：华东师范大学出版社，1987：753.

（组织大纲）各内部机构各司其职，实现内部基本按大学规律治理；在行政权力的外部依据上，政府治理高校的权力基本恪守在合理边界；在内部规制上，则形成了行政权力和学术权力的相对平衡。我们需要注意两点：一是民国时期的大学开始受到西方大学的影响，“大学自治”“教授治校”理念影响下的大学治理主要规范的是大学与政府以及大学内部学术与行政的关系，与清末大学作为政府的直接组成部分相较有较大区别；二是从政府控制大学的强度来说，就当时的公立大学、私立大学和教会大学三类大学而言，公立大学远较私立大学和教会大学为甚，私立大学和教会大学经济独立，加之教会大学还有国外教会势力的影响，尽管政府试图加强控制，但抵制和抗争控制也较强。从行政权力规制的角度审视大学治理，更多的是指公立大学，这具有法理和逻辑上的合理性。

## 一、大学行政权力的外部法制依据

民国时期，国家逐步建立起通过法律法规管理大学的体制，政府相继颁布了大学《大学令》（1912 年）、《大学规程》（1913 年）、《修正大学令》（1917 年）、《国立大学校条例》（1924 年）、《大学组织法》（1929 年）、《大学法》（1948 年）等，为大学治理和大学行政权力的行使提供了外部的法律依据。同时，在治理结构上，国家层面成立教育部代替清末学部，下设 6 个平行机构，其中专门教育司负责管理高等教育。各省设教育司，设司长一人，下设第一、第二两科，分别管理大学及留学生和高等专门学校。

1912 年颁布的《大学令》具有划时代的意义，它规定了“大学以教授高深学问，养成硕学闳材，应国家需要为宗旨”，设立了校长和评议会、学长和教授会，并规定了各自的权限，为大学治理和权力运行奠定了法律基础，打破了清末以来大学内部权力总揽于行政权力的状况。其中与大学治理结构和大学权力有关的规定主要有[①]：

第一条　大学以教授高深学问，养成硕学闳材，应国家需要为宗旨。

第六条　大学为研究学术之蕴奥，设大学院。

第十二条　大学设校长一人，总辖大学全部事务；各科设学长一人，主持一科事务。

---

① 张国有. 大学章程（第 1 卷）. 北京：北京大学出版社，2011：381-382.

第十四条　大学遇必要时，得延聘讲师。

第十六条　大学设评议会，以各科学长及各科教授互选若干人为会员。大学校长可随时齐集评议会，自为议长。

第十七条　评议会审议左列诸事项：

一、各学科之设置及废止。

二、讲座之种类。

三、大学内部规则。

四、审查大学院生成绩及请授学位者之合格与否。

五、教育总长及大学咨询事件。

凡关于高等教育事项，评议会如有意见，得建议于教育总长。

第十八条　大学各科各设教授会，以教授会员。学长可随时召集教授会，自为议长。

第十九条　教授会审议左列诸事项：

一、学科课程。

二、学生试验事项。

三、审查大学院生属于该科之成绩。

四、审查提出论文请授学位者之合格与否。

五、教育总长、大学校长咨询事件。

1917 年颁布的《修正大学令》主要修正了三条：改变大学设科数量规定，各科评议员可自行决定有关事项，废止《大学令》中设立“教授会”的规定。具体相关条文规定有[①]：

第三条　设二科以上者，得称为大学；其但设一科者，称为某科大学。

第十四条　大学设评议会，以各科学长、正教授及教授互选若干人为会员。大学校长可以随时齐集评议会，自为议长，遇必要时，得分科议事。

第十五条　评议会审议左列诸事项：

一、各学科之设立、废止。

二、学科课程。

三、大学内部规则。

① 张国有. 大学章程（第 1 卷）. 北京：北京大学出版社，2011：383-384.

四、学生试验事项。

五、学生风纪事项。

六、教育总长及校长咨询事件。

前列事项如仅涉及一科或数科者，得由各该科评议员自行议决。

1924 年颁布的《国立大学校条例》废除了《大学令》和《修正大学令》，重新规定了大学的组织结构，具体相关规定有①：

第十一条　国立大学校设校长一人，总辖校务，由教育总长聘任之。

第十二条　国立大学校设正教授、教授，由校长延聘之。国立大学校得延聘讲师。

第十三条　国立大学校得设董事会，审议学校进行计划及预算、决算暨及其他重要事项，以左列人员组织之：

（甲）例任董事，校长。

（乙）部派董事，由教育总长就部员中指派者。

（丙）聘任董事，由董事会推选呈请教育总长聘请者。第一届董事由教育总长直接聘任；

国立大学校董事会议决事项。应由校长呈请教育总长核准施行。

第十四条　国立大学校设评议会，评议学校内部组织及各项章程暨其他重要事项，以校长及正教授、教授互选若干人组织之。

第十六条　国立大学校设教务会议，审议学则及关于全校教学、训育事项，由各科各学系及大学院之主任组织之。

第十七条　国立大学校各科、各学系及大学院，各设教授会，规划课程及其进行事宜，各以本科、本学系及大学院正教授、教授组织之。各科系规划课程时，讲师并应列席。

第十九条　国立大学校得分设事务各课，办理各项事宜。

随着宁汉合流，东北易帜，国民党建立全国统一的政府，与之相适应的教育管理体制也逐步建立。国民政府于 1927 年撤销教育行政委员会，颁布《中华民国大学院组织法》，规定“大学院为全国最高学术教育机关，承国民政府

① 张国有. 大学章程（第 1 卷）. 北京：北京大学出版社，2011：385-386.

之命，管理全国学术及教育行政事宜”[①]；任命蔡元培为大学院首任院长；下设秘书处、教育行政处、国立学术机关及各种专门委员会等，设大学委员会为最高评议机构。大学院有三个特点：“一、学术与教育并重，以大学院为全国最高学术教育机关；二、院长制与委员制并用，以院长负行政全责，以大学委员会负议事及计划之责；三、计划与实行并进，设中央研究院，实行科学研究。设劳动大学，提倡劳动教育。设音乐院、艺术院，实行美化教育。”[②]同时，国民政府颁布《大学区组织条例》，全国设若干大学区，每个大学区设国立中山大学一所，由学区中山大学校长负责学区内学术和教育行政事务，下设高等教育处负责管理大学本部各学院、区内各大学、专门学校留学事宜，设评议会为学区内最高审议机构。实行一年多后，由于校名、经费、事务管理问题以及蔡元培和李石曾有关北平大学区的人事之争[③]等问题，随着1928年8月蔡元培的辞职，国民政府下令，大学院改为教育部，原有大学院一切事宜改由教育部办理。各省废止大学区制，恢复教育厅设置，1931年颁布的《修正省政府组织法》规定教育厅为省政府下五厅之一，厅长由行政院就省政府委员中提请国民政府任命。各大学区中山大学纷纷改名。至此，历经一年多的大学院制和大学区制改革迅速殇亡。

1929年颁布的《大学组织法》涉及大学治理结构和大学权力的规定主要有[④]：

第二条　国立大学由教育部审查全国各地情形设立之。

第三条　由省政府设立者为省立大学，由市政府设立者为市立大学，由私人或私法人设立者为私立大学。

第五条　凡具备三学院以上者，始得称大学，不合上项条件者，为独立学院，得分两科。

第九条　大学设校长一人，综理校务，国立大学校长由国民政府任命之，省立市立大学校长由省市政府分别呈请国民政府任命之，除国民政府特准外，均不得兼任其他官职。

第十一条　大学各学院各设院长一人，综理院务，由校长聘任之，独

① 夏金元. 近现代中国高等教育的嬗变. 辽宁师范大学学报（社会科学版），2004（6）：76-78.
② 王世儒. 蔡元培先生年谱（下册）. 北京：北京大学出版社，1998：541.
③ 曲士培. 中国大学教育发展史. 北京：北京大学出版社，2006：284-287.
④ 张国有. 大学章程（第1卷）. 北京：北京大学出版社，2011：387-388

立学院各科各设科主任一人，办理各科教务，由院长聘任之。

第十二条　大学各学系各设主任一人，办理各该系教务，由院长商请校长聘任之，独立学院各系主任，由院长聘任之。

第十三条　大学各学院教员分教授、副教授、讲师、助教四种，由院长商请校长聘任之。

第十五条　大学设校务会议，以全体教授、副教授所选出之代表若干人，及校长、各学院院长、各学系主任组织之，校长为主席。前项会议，校长得延聘专家列席，但其人数不得超过全体人数五分之一。

第十六条　校务会议审议左列事项：

一、大学预算。

二、大学学院学系之设立及废止。

三、大学课程。

四、大学内部各种规则。

五、关于学生试验事项。

六、关于学生训育事项。

七、校长交议事项。

第十七条　校务会议得设各种委员会。

第十八条　大学各学院设院务会议，由院长、系主任及事务主任组织之，院长为主席，计划本院学术设备事项，审议本院一切进行事宜。各学系设系教务会议，以系主任及本系教授、副教授、讲师组织之，系主任为主席，计划本系学术设备事项。

第十九条　大学职员及事务员，由校长任用之。

据统计，1930—1945 年，国民政府单就高等教育的立法就有 335 项[①]，按时间先后顺序主要有《大学教员资格条例》《大学组织法》《大学规程》《大学研究所暂行组织规程》《学位授予法》《学位分级细则》《大学法》《青年训练大纲》《中等以上学校导师制纲要》《大学行政组织要点》《大学及独立学院教员资格暂行规程》《大学及独立学院教员聘任待遇暂行规程》《专科以上学校训导处分组规则》《学分制划一办法》《文理法农工商各学院分系必修及选修科目

① 忻福良. 中华民国时期的高等教育立法. 华东师范大学学报（教育科学版），1988（2）：11-20.

表》《专科以上学校学生学业成绩考核办法要点》等[①]，从组织体制、师资建设、科研机构、学位授予、教师待遇、学分管理、课程建构、学生考试等各环节、全方位加强了对大学的管理。即使到了1948年，国民政府还在重新审视前述有关法规的基础上针对大学管理颁布了《大学法》，对大学治理结构和大学权力做出了更为详尽的规定，相关规定有[②]：

第三条　大学由省设立者为省立大学，由直辖市设立者为市立大学，由私人设立者为私立大学。

前项大学之设立、变更及停办，须经教育部核准。

第八条　大学置校长一人，综理校务。国立、省立、市立大学校长简任，私立大学校长由董事会聘任，呈报教育部备案。校长除担任本校教课外，不得兼任他职。

私立大学得置副校长一人，辅助校长处理校务。

第十条　大学各学院各置院长一人，综理院务，由校长聘任之。

第十一条　大学各学系各置主任一人，办理系务，由院长商请校长聘任之。

第十三条　大学设教务、训导、总务三处，置教务长、训导长、总务长各一人，秉承校长分别主持全校教务、训导及总务事宜，由校长聘任之，均应由教授兼任。

第十四条　大学各处得分设各组馆，各置主任一人，办理各组馆事务，由各处主管人商请校长任用之。

大学图书馆规模完备者，得置馆长一人，由校长聘任之。

第十五条　大学校长室得置秘书一人或二人，由校长聘任之。

第十六条　大学设会计室，置会计主任一人、佐理员及雇员若干人，依法律之规定，办理岁计会计事宜。

前项人员之任用，私立大学暂不适用。

第十七条　大学得因教学实习及研究之需要，分别附设各种实习或实验机构，其办法由校拟订，呈请教育部核定之。

第十八条　大学各组馆及附设机构，得各置职员若干人，由校长任用之。

---

① 苗素莲. 中国大学组织特性历史演变研究. 长春：吉林大学出版社，2011：78

② 张国有. 大学章程（第1卷）. 北京：北京大学出版社，2011：389-391

第十九条 大学设校务会议，以校长、教务长、训导长、总务长、各学院院长、各学系主任及教授代表组织之，校长为主席。

教授代表之人数，不得超过前项其他人员之一倍，亦不得少于前项其他人员之总数。

第二十条 校务会议审列左列事项：

一、预算。

二、学院、学系、研究所及附设机构之设立变更与废止。

三、教务、训导及总务上之重要事项。

四、大学内部各种重要章则。

五、校长交议及其他重要事项。

第二十一条 大学设行政会议，以校长、教务长、训导长、总务长及各学院院长组织之，校长为主席，协助校长处理有关校务执行事项。

第二十二条 大学设教务会议，以教务长及各学院院长及各学系主任组织之，教务长为主席，讨论教务上重要事项。

第二十三条 大学各学院设院务会议，以院长及各学系主任及本院教授、副教授代表组织之，院长为主席，讨论本院学术设备及其他有关院务事项。

各学系设系务会议，以系主任及本系教授、副教授、讲师组织之，系主任为主席，讨论本系教学研究及其他有关系务事项。

第二十四条 大学各处分设处务会议，以各处主管人及各组馆主任组织之，各处主管人为主席，讨论各处主管重要事项。

第二十五条 大学得设训育委员会，以校长、教务长、训导长为当然委员，并由校长聘任教授三人至十五人组织之，校长为主席，训导长为秘书，规划有关训导之重要事项。

从以上梳理可以看出，民国时期从《大学令》设评议会、教授会到《修正大学令》废除教授会，从《国立大学条例》增加董事会、恢复教授会到《大学组织法》设校务会、院务会，乃至《大学法》又在校务会的基础上增设行政会议专司校务执行、增设教务会议专理教务、增设训育委员会专规训导，并具体规定大学内设各处、各组馆、各实验机构及会计室等设置，这些变化中的不变和不变中的变化，一方面反映了1927—1937年政权稳定期间政府通过制定法律法规为大学治理结构提供了制度环境，让学术自由和教授治校在中国大学得以萌芽和发展。

1938—1948 年，由于国民党政府无暇顾及大学，加之战时交通和通讯不便带来的管理力度减弱，大学搬迁使其地理远离国民政府而使政府管控“鞭长莫及”，大学已有的自由自治传统和基础等因素，大学的治理结构、自主空间和自主权得到不同程度的延续和巩固。另一方面，从大学治理模式的角度来看，这些变化也反映了当时中国大学在师从德国、法国和美国等不同大学模式之间的探索和尝试，评议会、董事会、教授会、大学院等的起落都是这种学习的反映和体现。

从大学治理结构和大学行政权力来看，《大学令》规定大学实行校长负责制，评议会行使行政权力，统领大学全部行政事务，教授会实行学科学长负责制，负责各科的课程、成绩、学位、实验等学术事务，行使学术权力。校长负责的评议会主要通过“各科学长及各科教授互选若干人为会员”实行行政权力和学术权力的制衡。《修正大学令》在废除教授会的基础上将原本属于教授会的课程、实验等权力收归评议会。《国立大学校条例》为了增强大学与社会的联系增设董事会并明确规定教育部对校长和董事会成员的任命权，在恢复教授会设置的同时又将教授会定格在“各科、各学系及大学院”，并且将其权力限定在课程规划及落实事宜，同时增设教务会议专司学则及教学、训育事项。《大学组织法》则改评议会为校务会，取消董事会和教授会，并将原评议会和教授会的权力全部收归校务会，在其下设置各种委员会分而治之，增设院务会议负责各学院学术及其他院务，而教务会议则由原司全校教学事宜降为各学系设置，专司学系学术。《大学法》则增设教务、训导、总务三处，分处各自事宜，同时增设行政会议专司校务执行，而教务会议再次回归处理全校教学事宜，学系事宜则交由系务会议处理，同时对大学各处、各实习实验机构、各组馆等进行了具体、详尽的规定。

总体而言，这些法令基本遵循了大学自身发展逻辑，开始打破清末大学行政权力一统大学的状态，学术权力开始从行政权力分离出来，两种权力各居其位，各司其职。同时，从评议会、教授会到校务会、教务会、院务会和系务会的变化，呈现大学治理结构随着大学发展逐渐专门化和细化的趋势，逐步新设各种专门机构专司各项事务，同时大学治理权力也由教授治校逐步过渡到校长治校，而自 1924 年《国立大学校条例》颁布，校长的任命权归教育部后也未再发生改变。同时，原来教授会享有的部分治校权力也转为各专门机构拥有，在涉及大学顶层设计的评议会或者校务会组成人员上原来明确规定教授代表占多数或基本保持平衡逐步转为行政管理人员增加，教授代表的学术权力逐渐弱势，行政权力逐渐增强。这一方面是政府加强对大学外部控制的体现，另一方面也是大学从学术共同体向“学术-行政”共同体转变的体现。

## 二、北京大学行政权力的章程规制

民国时期是中国大学章程建设相对活跃的一个阶段。1920 年，《国立北京大学现行章程》获准实施，成为民国时期第一部由大学自行起草、经评议会通过、教育部备案等系列合法程序后颁行的国立大学章程。同年，《国立北京高等师范学校组织大纲》成为第一部以“组织大纲”命名的高校章程。1921 年，教育部核准《国立东南大学大纲》，国立东南大学成为中国公立大学史上第一个设立校董会的大学。1926 年颁布的《清华学校组织大纲》开启了教授治校的先河。1928 年，国民政府大学院核准《国立武汉大学组织大纲》，1930 年又颁布《国立中央大学组织章程》。后因时局动荡，大学亦处于飘摇不定之中，大学章程也就无从修订和制定了。

北京大学作为当时中国大学学习德国模式的典型代表，其治理结构和大学行政权力规制基本反映了当时中国大学的状况。研究这所在中国高等教育史上具有重要地位和深远影响的大学的治理结构，能够管中窥豹，让我们深入理解民国时期大学行政权力的架构和运行。

作为“真正将西方近代大学理念引入中国，并仿照德国模式创建中国现代大学制度”①的蔡元培在 1916 年 12 月至 1927 年 7 月任北京大学校长，在此期间对封建思想和官僚习气十分浓厚的北京大学进行了大刀阔斧的体制改革。正如美国著名哲学家、教育家杜威所言：“拿世界各国的大学校长来比较一下，牛津、剑桥、巴黎、柏林、哈佛、哥伦比亚等，这些校长中，在某些学科上有卓越贡献的，固不乏其人；但是，以一个校长身份，而能领导那所大学对一个民族、一个时代起到转折作用的，除蔡元培之外，恐怕找不出第二个。”②同时，民国成立伊始颁布的《大学令》正是教育总长蔡元培主持制定的。在某种程度上说，《国立北京大学现行章程》既是蔡元培治校思想的体现，也是《大学令》在北京大学的实践成果。其后，北京大学先后于 1932 年和 1947 年修改章程，发布《国立北京大学组织大纲》。

《国立北京大学现行章程》主要规定了学制和组织结构，将其内部组织分为四大部分：评议会议负责立法，行政会议负责行政，教务会议负责学术，总

① 左玉河. 移植与转化：中国现代学术机构的建立. 郑州：大象出版社，2008：70.

② 转引自金林祥. 蔡元培教育思想研究. 沈阳：辽宁教育出版社，1994：1.

务处负责事务。有关治理结构规定如下[①]：

1. 设评议会为全校最高立法机构和权力机构。评议员从各科学长和教授中选举产生，校长是当然的评议会长。每五名教授选评议员一名，一年选举一次。评议会的主要职责：各学系、各机关的设立废止和变更，各种规则制定，各行政委员会委员任命，学位授予，学校预决算费用及其他重要事件。

2. 设教务会议和学系教授会议。教务会议由教务长及各学系主任组成，主要负责全校课程建设、向评议会建议学系增设或废止以及学位授予人选、处理其他教务事件，下设教务处，专司教务执行，由教务长领导，教务长由各学系主任推选，任期一年（后改为固定职务）。学系教授会由各学系教授组成，负责本学系教学事务，由教授会推选学系主任一人，专司执行，任期两年，可以连任。

3. 设行政会议为全校最高行政机关和执行机关，主要负责向评议会建议本校行政事务，审查、督促和评议各行政委员会的任务、规则和执行，由各常设行政委员会委员长、教务长、总务长组成，校长兼任行政会议议长。下设组织委员会（编制大学内部组织）、预算委员会（编制大学预算，必须包括组织、审计、图书、庶务、仪器和出版等委员会的委员）、审计委员会（稽核用途、审查决算及改良簿记法）、聘任委员会（负责聘任教师，成员必须为教授）、图书委员会（图书馆的扩张和进步）、庶务委员会（管理全校房舍、卫生）、出版委员会（审查编译图书、负责出版）、仪器委员会（采购保管仪器）等常设委员会分管各部行政事务，由校长任命教授一人为委员长，从职员中任命七至十三人为委员，委员任期一年

4. 设总务处管理全校事务，下设总务部、注册部、图书部、仪器部、出版部、庶务部，各部增设或裁减须经评议会通过。总务长领导总务处，由校长从教授中任命，任期两年，可以连任一次。由校长任命的总务委员负责各部事宜，委员由教授兼任者任期三年，可以连任。

北京大学实行的是“校长负责制”。从职责和权限上，校长作为评议会和行政会的当然会长，对学校治理结构和具体行政事务负总责，下辖组织、预

---

① 曲士培. 中国大学教育发展史. 北京：北京大学出版社，2006：263-264；张国有. 大学章程（第1卷）. 北京：北京大学出版社，2011：31-33.

算、审计、聘任、图书、庶务、出版和仪器等各常设行政委员会分别各自负责有关行政事务，同时另设总务处（大致相当于如今大学的后勤保障处）负责除组织、预算、审计、聘任外的其他行政事务。可以看出，治理结构与如今的大学相似，各行政委员会的职责权力也和如今大多数大学的职能部门相差不多。

从行政权力的规制看，评议会作为北京大学的最高立法机构和权力机构，主要负责校内机构的废止变更、校内各种管理规则的制定和办学经费的预决算管理，同时，通过任命各行政委员会的委员实现对各类行政事务的监督。其成员只能由教授担任，保证了教授治校和学术权力的主导地位。

校长除了作为行政会议的议长对学校各行政事务进行审查和督促外，还拥有出席各行政委员会会议时作为当然主席的特权，从而实现对各行政委员会事务的具体直接领导。同时，校长还拥有各行政委员会委员人选的建议权和总务长的任命权，通过人事任免履行行政权力，统辖行政事务。在人选和任期上，规定各行政委员会的委员长和总务长只能由教授担任，并且任期分别为一年和两年，而委员可以由职员担任。这不仅保证了行政事务在教授治校的原则下具体落实，而且通过任期限制实现了学术权力与行政权力的相对制衡，对于今天大学“双肩挑”的制度安排具有重要的借鉴意义。

《国立北京大学现行章程》在 1932 年修订为《国立北京大学组织大纲》，在治理结构和行政权力的规制上做了如下修改[①]：①从治理结构上，改评议会为校务会议，增设课业处，主要负责注册、军事训练和体育，增设秘书处及其事务会议，取消总务处，调整组织、预算、审计、聘任、图书、庶务、出版和仪器委员会为考试、图书、仪器、财务、出版和学生事业委员会，改学系教授委员会为院务、系务会议；②从职责权限上，评议会依然行使最高立法权和行政权，而行政会议主要履行校务会议决策事项的拟定权，原部分行政委员会和总务处的职责调整为校长直辖的秘书处负责，学院学系设立废止建议权由教务会议调整为行政会议，而秘书长领导下的事务会议主要行使今天大学的党委办公室和校长办公室职责；③从人员组成和人事任免上，依然延续和坚持了教授治校的基本原则，校务会议、行政会议、教务会议、各类委员会及院系务会议的组成人员主要是教授、副教授，人事任免除了各专门委员会委员外，其他全部由校长聘任。其行政组织结构如图 2-2 所示。

---

① 张国有. 大学章程（第 1 卷）. 北京：北京大学出版社，2011：36-39.

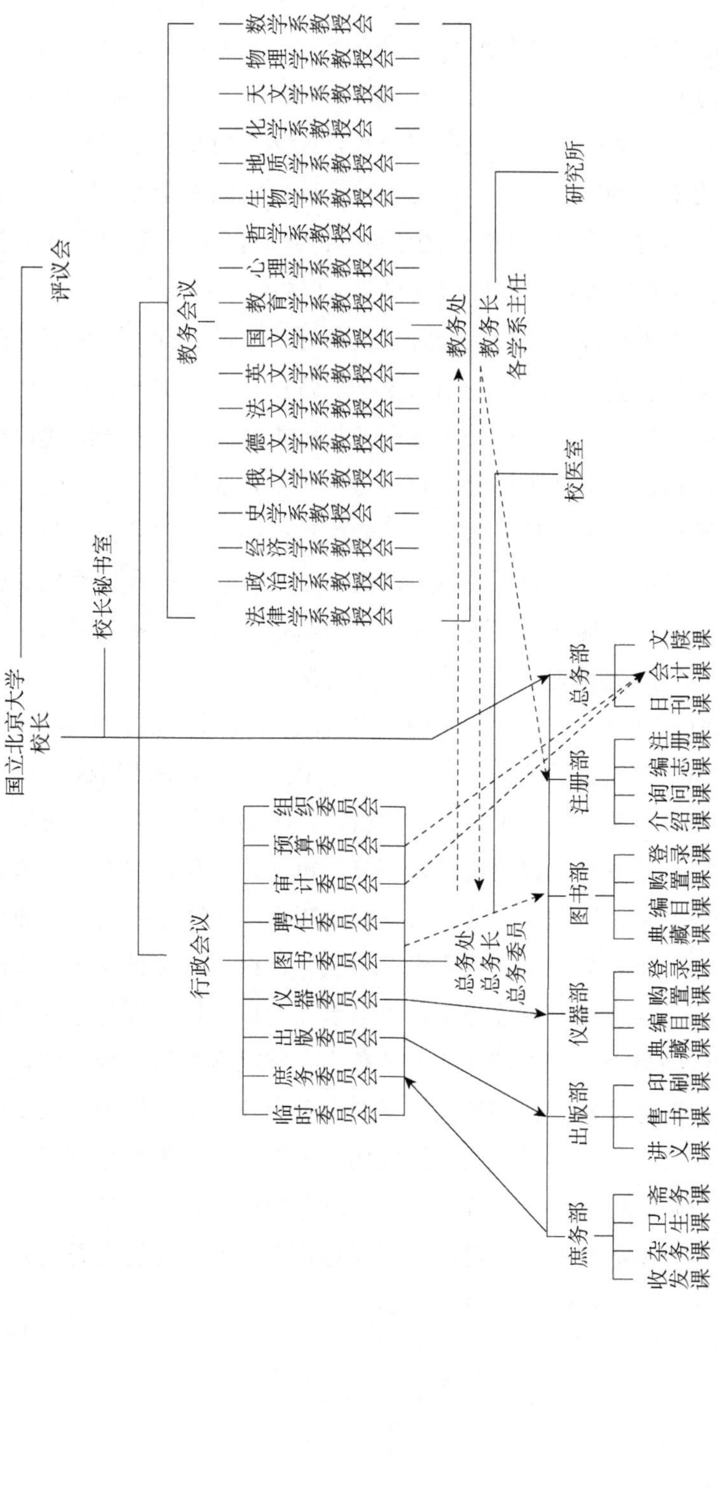


图 2-2 国立北京大学行政组织系统

由图 2-2 可以看出，在治理结构上，在实行校长负责制的同时，行政权力有从各行政委员会分散向校长集中的转变，人员组成有从教授为主向各行政事务负责人和教授、副教授代表各自组成的转变，人事任免上有从评议会的决定权向校长直接聘任权的转变。总体而言，治理结构、职责权限和人员人事有向学校层面、向学校行政事务、向校长集中的趋势。

1947 年，北京大学再次修订《国立北京大学组织大纲》。这次修订基本延续了 1932 年的基本框架，只是做了部分微调[①]：①改课业处为训导处，下设体育委员会、学校卫生委员会及生活指导组、课外活动指导组和斋务组；②行政会议主要由校长、各学院院长、教务长、秘书长、训导长、图书馆馆长、医院院长组成，教授只在“必要时”列席；③在校务会议的组成人员上具体规定了各学院教授代表数（10 人选 1 人，各院至少 1 人，每年改选 1 次）；④全体教授、副教授组成教授会，审议校长或校务会议交议事项。

通过北京大学章程经历了 1920 年—1932 年—1947 年的演变过程，我们可以看出北京大学治理结构基本坚持了学术至上和教授治校的原则，校内各行政机构主要承担后勤和服务职能，各级行政机构负责人主要由教授担任，行政权力受到学术权力的制约。但从演变趋势来看，治理结构有向行政事务转变的趋势，行政事务的处理教授有进一步退出治理结构的趋势，行政事务逐渐开始专门化和专业化。

## 第三节　中华人民共和国成立以来的大学行政权力

中华人民共和国成立以来大学内部权力结构演变较为复杂，许多学者按时间划分为“文化大革命”前十七年、“文化大革命”十年、改革开放时期（也有学者又将改革开放时期分为商品经济时期和市场经济时期[②]）。笔者认为，中华人民共和国成立以来大学内部权力结构演变的最大背景是计划经济向中国特色社会主义市场经济的转变，据此将大学内部权力结构演变分为计划经济阶段和社会转型阶段。至于“文化大革命”时期大学的组织形态只是大学在特殊时期的特殊状态，不具备普遍性，因此对该阶段不进行研究。

---

① 张国有. 大学章程（第 1 卷）. 北京：北京大学出版社，2011：40-44.

② 王飞. 制度突破与文化变迁——透视中国大学发展的百年历程. 昆明：云南大学出版社，2010：142-261.

就北京大学而言，中华人民共和国成立以来高等教育管理体制和制度发生了许多变化，北京大学为适应这种变化，对其内部管理体制和制度进行了新订和修订。就大学章程来说，自1947年《国立北京大学组织大纲》颁行以来，尽管北京大学在1978年上报过《北京大学工作条例（暂行草案讨论稿）》，但未获批准，直到2014年才颁行获得教育部批准的《北京大学章程》。所以，本节有关北京大学行政权力的章程规制研究主要依据2014年《北京大学章程》的有关规定。

总体来说，中华人民共和国成立以来，受政治和政策的影响，大学内部权力经历了从行政权力主导到行政权力与学术权力分化的过程，以及行政权力从一支独大到逐渐专门化和规范化的过程。

## 一、大学行政权力的外部法制依据

中华人民共和国成立后，中国的政治制度、经济体制和文化环境发生了深刻而全面的变化。国家为了适应政权建设和国民经济发展的需要，在学习、借鉴苏联模式的基础上，逐步形成了高度集中的政治体制和计划经济体制。在此背景下，高等教育管理体制和大学也就不可避免地成为计划和集中的领域。计划和集中造成的积弊在后来的社会主义商品经济和市场经济的改革中又必然面临各种的不适应，为此带来的调整也就必然反复波折，而大学及其行政权力也在放-收的循环往复中蹒跚前行。

### （一）计划经济下的大学行政权力依据：从校长负责到党委领导

按照《中国人民政治协商会议共同纲领》定下的“接管旧中国公立大学，改造私立大学为公立大学，为国家建设和政权服务”的方针以及第一次全国教育工作会议上确定的“以老解放区新教育经验为基础，吸收旧教育某些有用的经验，特别要借鉴苏联教育建设的先进经验”[①]的基调，1950年颁布的《关于高等学校领导关系的决定》明确规定：“中央人民政府教育部对全国高等学校（军事学校除外）均负有领导责任，各大行政区人民政府或军事委员会教育部或文教部均有根据中央统一的方针政策，领导本区高等学校的责任。”[②]同年颁

① 金铁宽．中华人民共和国教育大事记（第1卷）．济南：山东教育出版社，1995：11.

② 林荣日．制度变迁中的权力博弈：以转型期中国高等教育制度为研究重点．上海：复旦大学出版社，2007：115.

布的《高等学校暂行规程》第五章“行政组织”中的相关规定有[①]：

第十九条　大学及专门学院采校（院）长负责制；大学设校长一人，专门学院设院长一人，其职责如下：

（一）代表学校；

（二）领导全校（院）一切教学、研究及行政事宜；

（三）领导全校（院）教师、学生、职员、工警的政治学习；

（四）任免教师、职员、工警；

（五）批准校（院）务委员会的决议。

第二十四条　大学及专门学院的系，为教学行政的基层组织，各设主任一人，受教务长领导（在设有学院之大学，则受教务长与院长双重领导）；由校（院）长就教授中聘任，报请中央教育部备案。其职责如下：

（一）计划并主持本系的教学行政工作；

（二）督导执行本系教学计划；

（三）领导并检查本系学生的自习、实验与实习；

（四）考核本系学生成绩；

（五）总结本系教学经验；

（六）提出有关本系教职员任免的建议。

第二十五条　大学设有学院者各院设院长一人，由校长就教授中聘任，报请中央教育部备案。其职责如下：

（一）计划并主持本院教学行政工作；

（二）督导本院各系执行教学计划；

（三）提出本院各系主任人选的建议。

第二十六条　大学及专门学院在校（院）长领导下设校（院）务委员会。由校（院）长、副校（院）长、教务长、副教务长、总务长、图书馆长（主任）、各院（大学中的学院）院长、各系主任、工会代表四人至六人及学生会代表二人组成之，校（院）长为当然主席。校（院）务委员会的职权如下：

（一）审查各系及各教研组的教学计划、研究计划及工作报告；

① 张国有. 大学章程（第1卷）. 北京：北京大学出版社，2011：394-395.

（二）通过预算及决算；

（三）通过各种重要制度及规章；

（四）议决有关学生重大奖惩事项；

（五）议决全校（院）重大兴革事项。

校（院）务委员会得设常务委员会及各种专门委员会。

《高等学校暂行规程》明确规定大学及专门学院实行校、系两级管理，校（院）长负责制。校长对外代表学校，对内设校长领导下的校务委员会以及教务处、总务处、图书馆等职能部门领导学校一切教学科研和行政工作。系是按专业性质设置的教学行政组织，系主任作为行政负责人在校长领导下主持系务委员会和系的教学行政工作，大学内设有学院者则由院务会议代替系主任联席会议，系内设专业作为人才培养的基本单位，专业内设教研组，负责本组的教学研究工作，其组织架构大致如图 2-3 所示。

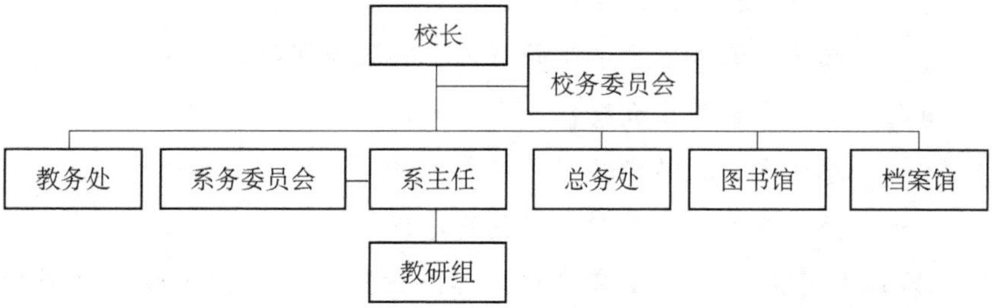


图 2-3　1949—1956 年大学行政机构设置

我们可以看到，此时的大学治理结构是典型的行政首长负责制，校、系的主要工作是教学和行政工作，科学研究则置于教研组层面。校、系层面取消了教授会和评议会并且没有成立新的学术事务决策机构，也没有规定教授等学术人员在大学决策中的地位，而党务方面则采取党组制，党组成员作为行政工作负责人组织贯彻党的路线和方针。从行政权力规制看，此时的大学行政权力只有权力而无制衡。

随着 1956 年《中华人民共和国高等学校章程草案》和 1958 年《中共中央、国务院关于教育工作的指示》的颁布，高校开始实行党委领导下的校务委员会负责制，致使校长地位职责不明、校委会有名无实，取长补短之下，1961 年颁布的《中华人民共和国教育部直属高等学校暂行工作条例（草案）》（简称

“高教六十条”）的相关规定有[①]：

五十一　高等学校的领导制度，是党委领导下的以校长为首的校务委员会负责制。

高等学校的校长，是国家任命的学校行政负责人，对外代表学校，对内主持校务委员会和学校的日常工作。设副校长若干人，协助校长分工领导教学、总务等方面的工作。根据工作的需要，可以设教务长和总务长，分管教务、总务工作。

高等学校设立校务委员会，作为学校行政工作的集体领导组织。学校工作中的重大问题，应该由校长提交校务委员会讨论，作出决定，由校长负责组织执行。

高等学校校务委员会由校长、副校长、党委书记、教务长、总务长、系主任、若干教授和其他必要人员组成。校务委员会的人数不宜过多，党外人士一般应该不少于1/3。人选由校长商同学校党委员会提出名单，报请教育部批准任命。正副校长担任校务委员会的正副主任。

校务委员会在校长的主持下，讨论和决定学校工作中的重大问题：

学校的教学工作、生产劳动、研究生培养、科学研究、物质设备、生活管理和思想政治工作等计划；

各系工作中的某些重大问题；

招生计划、毕业生分配、师资培养、教师职务提升等工作；

制订和修改全校性的规章制度；

审查通过学校的预算、决算；

其他重大事项。

在校务委员会闭会期间，校长可以召集行政会议，讨论和处理学校的日常行政工作。

五十四　高等学校的党委员会，是中国共产党在高等学校中的基层组织，是学校工作的领导核心，对学校工作实行统一领导。高等学校中，党的领导权力应该集中在学校党委员会一级，不应该分散。

至此，高等学校的权力结构开始由行政权力独大转向政党权力和行政权力

---

① 张国有. 大学章程（第1卷）. 北京：北京大学出版社，2011：409-410.

的分野，并且政党权力占据核心地位，掌握最高决策权。同时，系设党总支，教研室设党支部，履行思想教育、党的建设、贯彻执行和监督本级行政的职责，系和教研室依然作为基层教学行政组织和教学组织存在，学术组织仍没有在高校取得合法地位。随着1964年中央批转高等教育部党组《关于加强高等学校政治工作和建立政治工作机构试点问题的报告》，大学开始形成延续至今的管理体制（图2-4）。党委书记与校长成为大学的两个主要领导，由此而来的二者权责关系成为直到今天还在完善的内部治理结构的重要方面。

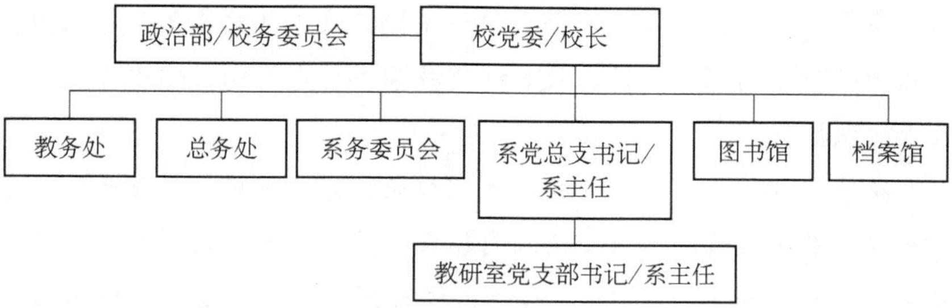


图2-4　1956—1966年大学党政机构设置

### （二）社会转型下的大学组织结构：党委领导下的校长负责制的多重演变

1978年，教育部颁布修订后的《全国普通高等学校暂行工作条例》，将“党委领导下的以校长为首的校务委员会负责制”改为“党委领导下的校长分工负责制”，取消校务委员会，设立学术委员会，党委员会享有决策权，校长和副校长分工负责行政工作，校长不再是首要行政负责人，并接受党委领导，学术委员会在学术事务上有一定的权威和建议权。管理层级上，校、院、系三级或校、系两级并存，以校、系两级为主。系实行党总支领导下的系主任分工负责制，设系主任和副系主任。各层级的职责权限与1956—1966年基本相同。

随着1979年苏步青等4位大学领导在《人民日报》呼吁“给高等学校一点自主权”，以及《关于高等教育体制改革的决定》《高等教育管理暂行规定》《普通高等学校设置暂行规定》的颁布，部分大学开始探索扩大办学自主权，试行校长负责制和党委领导下的教职工代表大学制度，党委从“领导一切”开始回到“保证、监督和支持”以校长为首的行政系统的工作上。随着国内外政治形势的变化，20世纪90年代以来，党对大学的领导不断加强，大学内部管理体制由校长负责制改为党委领导下的校长负责制，设立学术委员会和教职工代表大会（简称“教代会”），并最终以颁布《高等教育法》的形式予以规定：

第三十九条　国家举办的高等学校实行中国共产党高等学校基层委员会领导下的校长负责制。中国共产党高等学校基层委员会按照中国共产党章程和有关规定，统一领导学校工作，支持校长独立负责地行使职权，其领导职责主要是：执行中国共产党的路线、方针、政策，坚持社会主义办学方向，领导学校的思想政治工作和德育工作，讨论决定学校内部组织机构的设置和内部组织机构负责人的人选，讨论决定学校的改革、发展和基本管理制度等重大事项，保证以培养人才为中心的各项任务的完成。

社会力量举办的高等学校的内部管理体制按照国家有关社会力量办学的规定确定。

第四十条　高等学校的校长，由符合教育法规定的任职条件的公民担任。高等学校的校长、副校长按照国家有关规定任免。

第四十一条　高等学校的校长全面负责本学校的教学、科学研究和其他行政管理工作，行使下列职权：

（一）拟订发展规划，制定具体规章制度和年度工作计划并组织实施；

（二）组织教学活动、科学研究和思想品德教育；

（三）拟订内部组织机构的设置方案，推荐副校长人选，任免内部组织机构的负责人；

（四）聘任与解聘教师以及内部其他工作人员，对学生进行学籍管理并实施奖励或者处分；

（五）拟订和执行年度经费预算方案，保护和管理校产，维护学校的合法权益；

（六）章程规定的其他职权。

高等学校的校长主持校长办公会议或者校务会议，处理前款规定的有关事项。

第四十二条　高等学校设立学术委员会，履行下列职责：

（一）审议学科建设、专业设置，教学、科学研究计划方案；

（二）评定教学、科学研究成果；

（三）调查、处理学术纠纷；

（四）调查、认定学术不端行为；

（五）按照章程审议、决定有关学术发展、学术评价、学术规范的其他事项。

第四十三条　高等学校通过以教师为主体的教职工代表大会等组织形式，依法保障教职工参与民主管理和监督，维护教职工合法权益。

从上述法律规定和实践探索可以看出，学校党委重新掌握大学决策权，以校长为首的行政系统就行政工作提出议案，经党委批准后执行。学术委员会主要还是一个咨询机构，尽管《高等教育法》没有规定组成人员，但实际上主要是具有教授职称的党政负责人。基于回归和强化学术委员会在学术事务的决策、审议、评定和咨询等职权，教育部于 2014 年颁布《高等学校学术委员会规程》，明确规定："担任学校及职能部门党政领导职务的委员，不超过委员总人数的 1/4；不担任党政领导职务及院系主要负责人的专任教授，不少于委员总人数的 1/2。"普通教职工通过教代会参与大学管理，但实践中因精力和要求所限，教代会的组成人员以学校党政部门管理人员居多。

随着社会主义市场经济体制的逐步建立、大学规模的扩大、大学研究成果的转化以及政府曾经力推的"高校后勤社会化"回归大学等诸多原因，为学生服务的部门（如大学生心理咨询中心、勤工助学指导中心、就业指导与服务中心等）开始建立；为服务大学科研成果转化的创业园、孵化器等开始设立；为大学运行提供后勤保障的机构日益庞杂；为适应和对接政府职能转变的机构开始运行。大学党政管理系统开始膨胀，大有回归"小社会大系统"之趋势，大致形成了如图 2-5 所示的结构。

总的来说，这一时期是中国特色大学内部管理体制在探索中逐渐成熟的阶段。从校长负责制→党委领导下的校务委员会负责制→党委领导下的以校长为首的校务委员会负责制→党委领导下的校长分工负责制→党委领导下的校长负责制，制度设计的突破和逐渐规范为大学发展提供了比较稳定的环境，使大学发展与社会发展保持了相对一致的步调。国家管理大学逐渐从相对易变的制度管理转变到相对稳定的依法治理。以校长为代表的行政权力从一支独大逐渐稳定为专司行政执行，行政权力开始受政党权力的领导和监督，学术权力逐渐在

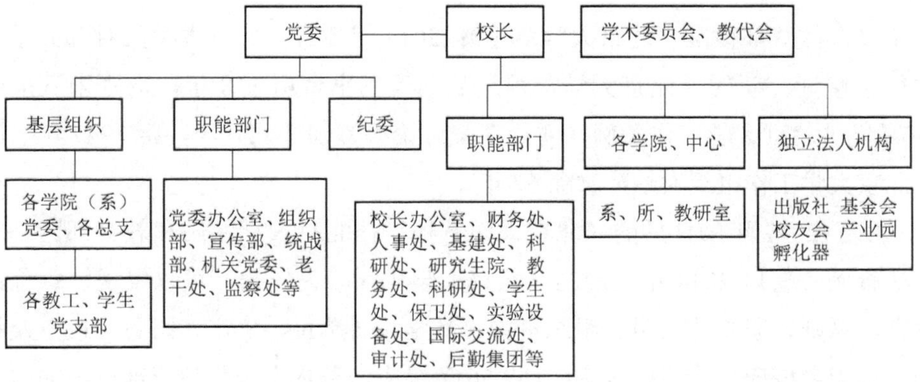


图 2-5　现行大学党政机构设置

高校萌芽和发展，就学术事务开始拥有咨询和决策权。大学行政权力随着大学的发展逐步细化、专门化和规范化，为权力的规制提供了土壤和基础。

## 二、北京大学行政权力的章程规制

中华人民共和国成立以来，国家对于大学章程的建设基本处于“无人问津”的状况，直到 1998 年国家颁布《高等教育法》，才为大学章程建设提供了法律依据。1999 年印发的《教育部关于加强教育法制建设的意见》要求高等学校尽快制订完善学校章程，不少地方高校率先行动。2002 年，《吉林师范大学章程》公布。随后，部属高校开始跟进，吉林大学（2005 年）、上海交通大学（2006 年）、中国政法大学（2007 年）等先后发布各自的大学章程。2011 年，教育部发布《高等学校章程制定暂行办法》，全面推动大学章程的制定工作。截至 2017 年，教育部共公布登记备案 112 所高校章程。

北京大学章程的制定同样伴随中国大学章程建设的诸多艰难。1950 年以后，北京大学根据《高等学校暂行规程》修订和制定了学校的各种管理办法，但在国家高等教育管理体制的不断变动中，很难将章程的修订提上日程。1978 年 1 月，北京大学召开教育工作会议，讨论新的《北京大学工作条例（暂行草案讨论稿）》。同年 2 月，校党委将条例讨论稿上报教育部部长刘西尧并转呈邓小平，提请中央批示同意，未果。2006 年 12 月，北京大学第五届教师代表大会暨第十七次职工代表大会提议启动编制《北京大学章程》；2007 年 10 月成立以党委书记、校长为主任的章程起草委员会，经过几易其稿，若干程序；2014

年9月，教育部核准《北京大学章程》；2017年8月，北京大学又对部分条款进行了修订。新的《北京大学章程》从动议到出台历时8年，而距未获准的1978年《北京大学工作条例（暂行草案讨论稿）》时隔36年，距1947年《国立北京大学工作组织大纲》时隔67年。

由于2017年修订后的《北京大学章程》在北京大学网站和教育部网站均无法查到，暂以2014年核准的《北京大学章程》为依据，可以发现，章程由序言、总则、职能、人员、组织机构、教学科研单位、资产、财务、校友及社会、标识和校庆日、附则等10章共56条组成，基本上按照教育部颁布的《高等学校章程制定办法》规定的框架和内容制定，涵盖了办大学需要规定的所有基本内容，其治理结构具有鲜明的中国特色。学校层面实行中国共产党北京大学委员会领导下的校长负责制：校党委作为学校的最高领导机构和领导核心，主要行使政治权力和支持校长行使行政权力；校长作为学校的法人代表和行政权力的代表，主要全面负责学校的教学、科学研究和其他行政管理工作；其决策形式主要是校长办公会议，由校长、副校长、秘书长、教务长、总务长、总会计师等人员组成，校长召集和主持，主要研究处理教学、科研与行政管理工作以及落实校党委有关决议和提请校党委讨论决定的重要事项。

学校内部治理机构主要包括学术委员会、学位评定委员会、校务委员会、监察委员会和教代会，各自行使相应职权。其中，学术委员会主要行使学术事务的决策、审议、评定和咨询等职权，教代会主要行使涉及学校发展和教工权益的建议权，学位评定委员会负责学位评定工作，校务委员会主要行使社会参与学校治理的咨询和监督职权，监察委员会主要行使对学校机构及人员的检查权、调查权、建议权、处分权，学部、教学科研单位、教学科研辅助机构、职能机构、后勤服务机构和其他机构，分别负责不同层面不同领域的工作。

从《北京大学章程》可以看出，北京大学的内部治理机构较好地体现了各行职权、权力制衡和权力共享的理念，不同机构的成员代表不同利益群体，并且不同利益群体的成员在不同机构的数量不同，这在一定程度上既保证了不同机构各自行使不同职权，又在不同利益群体体现了权力制衡。以校长为代表的大学行政权力在大学治理中主要行使涉及大学运行的8项权力。这些权力一方面是大学行政权力的专属职责，在其权力范围内在遵循实质合法和程序合法的基础上可以自行决定；另一方面，又受到政党权力、学术权力、社会权力、学生权力等监督和制约，不可自行妄定。比如，在其权力范围内涉及办学方向、办学重大事项等要经过校党委会的同意，涉及学术事宜要尊重和听取学术委员会的决策和建议，涉及学校与社会关系、校友工作等要征求和听取校务委员会意见，涉及学校办学重大事情和教职工利益还要征求教代会意见，所有权力的行使还要接受监察委员会的监察。可以看到，《北京大学章程》规定的大学行政权力实际上处于一个各方联系又互相制约的权力网状结构之中。行政权力只有在既恪守实质合法又遵循程序合法的规制基础上，才能合法行使，二者缺一不可。实际存在的主要问题是二者时有逾越各自合法性基础和边界的行为发生。

## 第四节　中国大学治理结构中的行政权力规制

纵观中国百年大学治理结构的演进史，从清朝末年国家管理大学与京师大学堂的同质同构，到民国时期逐步建立国家高等教育管理体制和北京大学章程，再到中华人民共和国成立以来管理和治理大学体制机制的分分合合和北京大学章程制定的起起落落，拨开历史的迷雾我们发现：政府与大学权力的统合与界分是大学行政权力百年规制演进中的历史逻辑，从治理主体到治理规则的转变是大学行政权力规制的发展趋势，确定大学行政权力范围和制定权力清单是从理念到实践规制大学行政权力的必然选择。

### 一、政府与大学权力的界分：大学行政权力规制演进中的历史逻辑

#### （一）观察大学行政权力规制演进的方法论：历史与逻辑的统一

“历史与逻辑的统一”是马克思主义唯物史观的基本观点。马克思主义认为，社会是一个连续不断的历史发展过程，只有在坚持历史与逻辑的统一中才能获取普遍性的历史经验和对事物的本真认识。恩格斯认为：“对经济学的批判，即使按照已经得到的方法也可以采用两种方式：按照历史或按照逻辑。既然在历史上也像在它的文献的反映上一样，整个说来，发展也是从最简单的关系进到比较复杂的关系，那么，政治经济学文献的历史发展就提供了批判所能遵循的自然线索，而且整个说来，经济范畴出现的顺序同它们在逻辑发展中的

顺序也是一样的。”[①]“历史是人类过去的活动，但是人们对于历史的认识却不仅仅是限于要求知道或确定历史事实而已，他们还要求从历史事实中能总结出一种理论观点来即把编年史的记录提升到一种思想理论高度上来，寻求历史发展和变化的某种规律，从历史事实中演绎出义或者是对历史事实赋之以意义，从而把历史事实归纳为一种理论体系。”[②]

具体到大学行政权力规制的研究，我们也要遵守历史与逻辑相统一的方法论。也就是说，我们在研究大学行政权力的规制演变时，研究不同历史阶段、不同国家甚至是不同类型的大学行政权力是如何演变又是如何规制的固然是重要内容，但在研究如何把握纷繁复杂的大学历史演进、如何拨开历史的迷雾去寻找大学行政权力规制的本质时，逻辑的力量就得到彰显，因为只有逻辑的力量才能从历史的发展甚至是具体的历史事件中发现隐藏在历史背后的东西。舍历史顾逻辑，可能陷入“空中楼阁”；舍逻辑顾历史，可能陷入“自说自话”。只有做到历史与逻辑的统一，我们才能既遵循规律又尊重历史。我们运用历史与逻辑相统一的方法观察大学行政权力的规制演变就会发现：政府与大学的统合与界分贯穿大学发展史。大学行政权力规制的演变史就是政府与大学权力的界分博弈史。古今中外大学，概莫能外。

### （二）西方大学发展史就是政府与大学权力的界分博弈史

大学作为独特的、既分权又分裂的中世纪欧洲的偶然产物[③]，从诞生之日起就面临皇权和教权对大学控制的争夺。二者都通过给大学颁发特许状、授予特殊法权、提供自治保护等各种形式，力图加强对大学的影响和控制，以期大学为巩固各自的统治提供思想基础和人才保证，而大学也充分利用了皇权和教权的分裂和各自对大学的需求，通过自身行会组织的力量，以罢课、迁校等方式在与皇权和教权的博弈中取得自身的合法性和维持大学自治。随着历史的进程，国家逐步取代教会，将教权对大学的管理纳入皇权之内。“实际上，在西方各大君主国中，都在实施一种全面限制各种特权，特别是限制教会特权的政

① 中共中央马克思恩格斯列宁斯大林著作编译局. 马克思恩格斯选集（第2卷）. 北京：人民出版社，1972：122.

② 何兆武，陈启能. 当代西方史学理论. 上海：上海社会科学院出版社，2003：3.

③ 伯顿·克拉克. 高等教育新论——多学科的研究. 2版. 王承绪，徐辉，郑继伟，等译. 杭州：浙江教育出版社，2001：5.

策，并将这些特权纳入由皇家司法确定并实施的皇家‘共同法律’之中。”[①]15世纪的欧洲大学已经开始从13世纪独立的行会组织以及知识研究和传播的发源地转变为“服务于国家的职业培训中心”，开始受到国家的严密控制。

随着大学的世俗化和大学对社会和国家发展日益重要的作用，政府与大学进入了一轮又一轮的权力界分和博弈之中。在此过程中，西方经济发达国家逐渐形成了伯顿·克拉克概括的大陆型模式、英国型模式和美国型模式。[②]大陆型模式的典型代表是法国，代表政府的教育部和大学区拥有高等教育宏观政策的至高权力，甚至制衡大学的管理结构、课程、学位和教师任命程序等本该属于大学办学自主权的诸多事项。英国型模式则经历了从“自下而上、不干涉”的政策到“自上而下、干涉”的政策转变。大学的管理结构从本质上把自下而上的决策变成了自上而下的操纵和调节。[③]在管理体制上从二元制向一元制转变，在执行层面上则经历了从大学拨款委员会（1919年成立）到大学基金委员会（1988年成立）至高等教育基金委员会（1992年成立）的转变。正如范富格特所言：英国“正令人满意地沿着国家监督的高等教育模式的道路走”[④]。美国是分散性权力模式的典型代表，联邦政府对各级各类教育没有管辖权，主要提供咨询服务和部分资助，政府管理大学的权力主要在州政府层面和其他社会组织，并且联邦政府高等教育部与州政府高等教育管理部门并无领导与被领导的关系。随着社会和大学的发展，联邦政府也逐渐通过改革中央教育行政机构和职责、加大财政拨款和财政资助力度、加强评价和信息服务等方式加强对大学的控制和影响，而州政府更是在以前的基础上通过经费控制、对高校的采购、人事和津贴、校舍、设施的管理、治理的集中化与整合、废除州的协调与规划机构，把监督功能转移至州政府部门和州立法部门等方式进一步加强对高校的控制和管理。[⑤]

通过简要梳理大学与政府间关系的演变，可以发现：政府与大学的控制与

---

① 雅克·韦尔热. 中世纪大学. 王晓辉译. 上海：人民出版社，2007：41，110，133，136.

② 伯顿·克拉克. 高等教育系统——学术组织的跨国研究. 王承绪，徐辉，殷企平，等译. 杭州：杭州大学出版社，1994：154-162.

③ 张建新. 高等教育体制变迁研究——英国高等教育从二元制向一元制转变探析. 北京：教育科学出版社，2006：111.

④ 弗兰斯·F. 范富格特. 国际高等教育政策比较研究. 王承绪，等译. 杭州：浙江教育出版社，2001：416.

⑤ 徐小洲. 自主与制约——高校自主办学政策研究. 杭州：浙江教育出版社，2007：60.

反控制的博弈贯穿大学发展。正是在这种博弈中，不同国家的政府和大学逐渐划分了各自的权力边界，逐渐探索形成了符合各自传统和实际的、相对稳定的权力制衡。政府逐渐明确对大学该管什么、该如何管，大学也逐渐明白该接受政府什么样的管理、自身该坚持什么。同时也要看到，政府与大学权力界分和博弈的总体趋势是政府对大学的管理逐渐加强，政府管理大学的权力逐渐扩大。正如英国比较教育学家埃德蒙·金所认为的那样："大概只有一件事情可以自信地说：所有国家现在都同样认为在高等教育方面需要做出深入和广泛的努力，同时，必须把这种发展置于整个国家政策不断的指导之下。"[①]而范富格特对美国、英国等 11 个国家政策的国别研究表明，"没有一个国家的政府打算放弃它驾驭高等教育系统的责任"[②]。范德格拉夫等在对西方发达七国自 20 世纪 50 年代以来的高等教育发展比较分析中发现："几乎所有国家，决策权力都在从较低的层次移向较高的层次，不管在全国还是在州的范围内，政府的作用越来越重要。在大学中（有时在联合大学那一级），配有专职学术管理人员、主要行政管理和规划的官僚机构扩大了，他们承担着相当一批制定和实施决策的职责。虽然许多最初的工作仍然在基层进行，但实际决策的地点却在上移。"[③]英国学者珀金甚至断言："大学的规模发展到最大时，正是社会越来越依靠政府全面控制之日。"[④]

### （三）中国大学在政府与大学行政权力的规制中前行

如前所述，中国现代意义上的大学诞生于清朝末年的京师大学堂。国家内忧外患、政权摇摇欲坠的飘摇之境为中国大学的肇始提供了特殊而独特的"产床"，注定了以为民族、国家、政权提供救亡图存的人才为使命的大学必定与政府紧密地捆绑在一起，政府权力与大学权力成为高度同构的浑然一体势所必然。这种大学"混沌初开"就遭遇的特殊局面决定了此时言政府行政权力与大学行政权力的相互规制是一种奢谈。

---

① 转引自博伊德·金. 西方教育史. 任宝祥，吴元训主译. 北京：人民教育出版社，1985：433.

② 弗兰斯·F. 范富格特. 国际高等教育政策比较研究. 王承绪，等译. 杭州：浙江教育出版社，2001：415.

③ 约翰·范德格拉夫，等. 学术权力：七国高等教育管理体制比较. 2 版. 王承绪，张维平，徐辉，等译. 杭州：浙江教育出版社，2001：177.

④ 转引自伯顿·克拉克. 高等教育新论——多学科的研究. 2 版. 王承绪，徐辉，郑继伟，等译. 杭州：浙江教育出版社，2001：26.

民国初年，以蔡元培等为首的各路精英基于民主共和的理想和个人的留学经历，先师德法、后仿美国，在国家管理大学的政策、体制等方面进行了富有远见、卓有有效的探索，确保了大学在建立之初“有章可循”，在为大学的发展奠定了制度基础的同时，又能够基于对大学的理解和岗位职责的便利主动控制政府权力的边界，给大学的最初发展留下一定的自主空间。这种政府和大学权力规制的良性互动是历史机遇、特定人才等各方契机的难得际会，固然创造了中国大学发展史上诸多的风景和传奇。但从历史的长河和政府与大学规律性的互动来说，这只是一种良机，而不能被视为一种发展常态，这也许就是后人“身不能至，心向往之”的缅怀之情的主要动因。其后随着国家政权的稳定，政府开始成为大学的主导力量。国家在规范大学发展的同时必然深度介入大学治理，而大学在借助国家力量获得发展的同时，基于前期制度基础和大学传统，必然又对政府的过度干预形成各种抵制。于是，政府权力与大学行政权力在博弈中开始进行新的规制和磨合。

中华人民共和国成立后，为了加快国家建设和维护政权，成立之初即全面推行党组制度，理顺国家工作中的领导关系，实现党对国家工作的集中统一领导。随着改革开放，放权搞活带来了政府与大学的关系全方位深层次的调整与重塑。政府为适应新的形势和需要，在继续保持对大学的管理的同时开始为大学提供适度的发展空间，而大学也迅速适应这种转变，开始探索自主办学的空间。整体上，政府适度放权、大学努力接权的方向基本没有改变。

总体来看，百余年间，从清末政府同构大学，国民政府与大学尝试适度确立各自边界，国民政府和大学权力此长彼消，中华人民共和国成立后政党和政府包揽大学，改革开放后政府适度放权与大学尝试接权，政府与大学之间权力界分的复杂互动始终贯穿中国大学发展，二者权力的规制特别是政府权力的界分和规制始终是影响中国大学发展的核心问题。回望历史，展望未来，只有在基于政府和大学各自立场、使命和特点基础上就各自权力的规制达成良性稳固的平衡，中国大学才能行稳致远。

## 二、治理主体到治理规则的转变：大学行政权力规制的发展趋势

关于大学能否去行政化以及如何去行政化、大学行政权力为什么不能“安

其位”又如何“安其位”，一直是众说纷纭而又扑朔迷离、似乎难而无解的问题，之所以呈现这种状态，既有理论研究不够的问题，也有思想认知不清的问题，更有实践操作缺乏的问题。诸多问题的纠结和交织让本来相对简单的问题复杂化，让大学行政权力规制在现实中成为一个难解的悖论。

### （一）学术权力与行政权力二分对立的认识掣肘大学行政权力规制

在关于大学治理的研究中，存在两个似乎普遍接受的假设。①大学治理存在两个主体：一个是以学校及其职能部门为代表的行政权力，主要履行学校公共治理方面的职责，捍卫大学公共利益，回应国家、政党、政府和社会对大学的要求；另一个是以教授、教师、学术委员会为代表的学术权力，主要行使学术事务管理职责，捍卫大学天然的学术自由和学者天然的学术权力。②大学治理的最大问题和最大矛盾是行政权力过大，学术权力过小。大学中的诸多问题是由行政权力与学术权力争当谁是大学治理主配角引起的，故大学要去行政化。翻阅有关研究我们即可发现，除了极少数学者认为二者之争是一个逻辑上不存在、现实中缺乏依据的假问题，“是英美法系和大陆法系对同一种权力的不同称谓，系我国学者误引”[①]外，持二元并且二元对立观点的学者比比皆是。这种认知符合大学目前的实际和发展趋势吗？

第一，从知识生产模式来看。大学是以知识生产和知识传播才成为世界上尚存的两个最古老的组织之一[②]，大学在发展中衍生出来的各种职能、组织结构和评价标准等都基于此，但随着知识生产与传播模式的转变，大学正在从以知识的闲暇好奇为目的、以学科为基础、以学术共同体为单位的传统知识生产模式正在向以实用为目的，以跨学科为基础，以政府、学界、企业等多主体参与的知识生产模式转变。这种转变必然带来知识生产的优先排序由基础科学、应用科学、技术知识变化为技术知识、应用科学、基础科学，而大学也开始由注重学术本位到重视社会本位，由注重知识生产到注重知识生产与应用并重，日益强调知识的应用价值和自身为社会所做现实贡献。在大学内部，传统的学科专家主导、机构与方式同质稳定、同行评议控制质量等也向大学与非大学的

① 周光礼. 问题重估与理论重构——大学“学术权力”与“行政权力”二元对立质疑. 现代大学教育，2004（4）：31-35.

② 克拉克·克尔. 高等教育不能回避历史——21世纪的问题. 王承绪译. 杭州：浙江教育出版社，2001：5.

研究机构、政府部门、企业的实验室、社会咨询机构、智库等网络式结构组织、机构与方式异质多样、多维度控制评价等转变。这种由知识生产模式变化带来的诸多转变必然导致大学治理主体的复杂化和多元化，原来所谓行政人员、行政组织、行政权力以及学者、学术共同体、学术权力的固有认知已越来越不符合大学的实际。如果说传统大学行政权力与学术权力泾渭分明，现在至少这条界线不再那么清晰。甚至有时互相交织、难以分清，以此来认知和规制大学行政权力难免“文不对题”。

第二，从大学发展趋势看。大学规模的扩张、知识生产模式和传播模式的变革、教师群体的变化和专业管理团队的增强，意味着大学治理主体正走向多元化，教师、行政职能部门、企业、社会、政府部门参与到大学治理中，大学已经由纯粹教授治理大学变革为群治大学，主体多元化成为现代大学治理的基本特征。治理的主体多元化意味着大学已经从弗莱克斯纳所说的有机体转变成克拉克·克尔所说的大无机体。大学不再是“象牙塔”式的自我封闭机构，而是日益开放的社会组织，大学的管理正由“正教授统治”向“群治大学”转变。这种趋势产生三个方面的变化：①决策机构人员构成多元化。大学内的各种委员会，尤其是具有权力与决策职能的委员会、董事会、议事会，都扩展了来源和构成面。美国大学董事会强调外部人士参加的同时，近年来也强调教师代表和学生代表的加入，如康奈尔大学董事会确立有两名学生代表参加。欧洲大学则在各种委员会中增加了青年教师和学生代表以及校外人士。人员构成多元化，有利于各类决策机构更好地代表利益相关者的利益诉求。②决策机制科学化。各级委员会大都采用委员会集体决策的机制，吸收了委员会负责制在制定政策方面的优点和个人负责制在执行方面的长处。③管理中的变革。从大学的学科与组织特性出发，强化院系的管理权限和自主权，改变了传统大学教授个人权力过大的局面，扩大了民主，增强了组织活力，从而增强了学校和学院层面的行政权力，制约了少数教授权力过大、缺乏监督的局面。从各大学的探索来看，传统的大学行政权力与学术权力在实践中各行其是已经逐步被多元共治取代，自然行政权力与学术权力二元对立的观点也成为历史，以新的视角来重新认识和审视大学行政权力及其规制已经提上了大学治理日程。

### （二）法律法规与治理实践的背反影响大学行政权力规制

中华人民共和国成立以来，在现代大学制度建设过程中先后经历了各种制度探索，逐步形成了目前的“党委领导、校长办学、教授治学、社会参与”的治理结构，在形式上确立了多元主体共同治理模式。《高等教育法》《关于坚持和完善普通高等学校党委领导下的校长负责制的实施意见》等已明确规定我国大学实行党委领导下的校长负责制。党委统一领导学校工作，校长主持学校行政工作，健全党委与行政议事决策制度，完善协调运行机制，加强组织领导。领导权力、决策权力在党委会和党委常委会，行政权力在学校的校长办公会，学术权力在学术委员会，民主办学体现于教职工代表大会和学生代表大会的制度设计，理事会（董事会、校务委员会）是社会机制在高校治理制度中的反映。同时，制订与颁布大学章程，通过建章立制，确保学校依法办学、依法行政、依法治校。党委会及其常委会、校长办公会、学术委员会、教职工代表大会及学生代表大会、董事会（理事会、校务委员会）构成了大学治理的制度体系，形成了较为完善的大学内部治理结构。应该说，国家从法律制度层面对大学行政权力规制的依据、内容等已经进行了明确规定，主要问题在于如何理解和如何操作。不同的权力主体按照各自的立场和利益去理解法律制度的规定，进而付诸实践，而行政权力主要侧重操作层面，相对较大的自由裁量权可能导致其不断逾越合法性。

从治理实践看，以行政权力与学术权力的二元对立来判断治理主体身份标识，并由此判定和论证治理行为的合法性与正当性还是一种常态，但这种常态既不准确，也难以反映大学治理的系统性、复杂性、多维性。学术权力与行政权力治理者的身份属性固然对治理产生影响，但这种推理只是对应然状态的一种描述与想象，缺乏对治理实际状态的把握，忽视了治理规则的建构、应用和治理实践的复杂性、多维性。在学术权力与行政权力的分析中，有些学者总是有意无意地放大或强调符合自身利益诉求的规则以影响治理，抵制不符合自身利益的规则，以改变治理，如果这样，就难以呈现大学治理的多向性的实践状态。例如，我国高等教育界讨论热烈的管理负责人退出学术委员会的问题，其实就是一个假问题。学校管理负责人是否参与学术委员会？从美国经验来看，大致有四种模式：管理负责人参与但无表决权、管理负责人参与且有表决权、管理负责人参与且构成评议会全部成员、管理负责人不参与。[①]可见，管理负责人参与与否并不是关键问题，正确的解决之道还是健全学术委员会的组织管理制度，让学术权力和行政权力都在自己的范围内按照明确既定的规则行使，而不是在去行政化的思潮下让管理负责人一退了之。后者是典型地简单用行政与学术二分法的理解来处理，既不能解决学术委员会的公平公正问题，也无助于大学行政权力的规制。

### （三）从治理主体到治理规则的转向是大学行政权力规制实践脱困的必由之路

梳理以学术权力与行政权力为核心的治理主体的研究可以发现，对治理主体的构成、身份地位、行为特征，特别是通过推理和演绎他们应该具有的治理行为有较多分析，主要采用思辨和演绎的方式。这种方式对于我们认知学术权力和行政权力固然有帮助，但其弊端也是很明显的，就是简化了治理实践的复杂性，让有关研究成为“空中楼阁”，无法与实践结合，也无法解决实际问题。以学术权力、行政权力的二元对立为路径的研究赋予他们的行为明显的工具性色彩，以治理主体的身份角色来判定治理行为的性质与正当性。由此，治理行为内在的张力以及行为生成过程的复杂性被研究者人为简约化，行为仅成为治理主体行使者身份的辨识工具。

治理之所以要从规则与实践入手，主要是因为治理的有效性。如果制定了制度文本，但在运行中却是无效的，就是无效治理。在制度与规则建设中，如果只讲单纯的学术治理、协商民主、参与民主，而忽视现实中最重要、最基础的治理形式（如依法治校、权力制约等），就可能使这些治理形式走向现实的反面，演变为无效治理。程序性、正当性必须与具体情境相适应，如果工具性形式不能为实质性治理服务，那么这种形式就值得质疑。

当大学治理呈现多元化的治理主体时，试图分辨谁是治理主体并实施何种行为可能是无效的。解析大学治理的路径应从治理主体的辨析转向支配治理实践的规则，由探讨“谁在治理”转向研究“如何治理”“怎样治理”，由探讨从以主体为中心的“表层结构”转向以实践为中心的“深层结构”。在高校治理实践中，学术权力与行政权力两大群体可能基于特定的目的，跨越制度界限与

① 李立国. 大学治理：治理主体向治理规则的转向. 江苏高教，2016（1）：8-12，18.

日常工作界限而结成各种或长期或短期的联盟。如在评聘职称中，教师可能更相信校方的公正性，而不信任学院和学术委员的公正，他们在遇到不公正待遇时会找行政职能部门而不会去找评审委员，人们宁可相信行政力量的进入有可能制约不公正与不公开，希望行政权力的介入与监督。各种学术评价与课题评奖也是如此，少数所谓“学术大佬”操纵资源，为己所用，把学术公器变为一己私利。人们对这些行为的批判与声讨，就是迫切希望改变评审规则、制度，加强监督与公开透明化，减少暗箱操作。

大学治理实践具有复杂性、多维性，必须超越传统的用学术权力与行政权力二分法的治理主体来分析和推导大学治理实践的研究模式。在治理规则中，不仅要看到正式制度的作用，还要看到治理规则、日常生活的价值与影响，从我国高校治理实践中建构和确定问题意识、概念、视角、分析框架乃至理论体系，从实践角度把握和认识真实的高校治理及其变动逻辑，不能简单地用理论代替实践，用目的代替过程，用规则代替分析和解释。

大学行政权力的规制同样如此。只有真正从治理规则、治理实践的角度来洞察大学行政权力的基本机制和逻辑，把符合学校长远发展和办学规律的诉求和期待以明晰的清单方式落实，行政权力才具备超越群体利益的公共力量，从而在不同治理主体之间的良性互动和相互信任中赢得自身的合法性和展开大学治理规则的重构。

## 三、确定范围和制定清单：大学行政权力规制的必然选择

大学权力多种多样，为何只有行政权力能够制订清单？从逻辑上讲，大学行政权力的本质和现代大学治理的需要让以限权为目的的清单制度在行政权力上成为可能。从现实看，为建设国家治理体系现代化而推出的清单制度和中国大学行政权力由于遗传和环境所形成的特点，为大学行政权力清单制度提供了现实土壤。

### （一）确权和限权是大学行政权力规制的前提和基础

限权是大学行政权力的内在逻辑。在大学各种权力类型中，学术权力作为学术共同体管理大学内部各种学术事务的公权力，其产生和存在是为实现和保

障学术自由，而学术自由作为教师和学生不受法律、学校各种规定的限制或公众不合理的干扰而进行讲课学习、探求知识及研究的自由[①]，是基于大学的知识本质和探索知识所必需的自由。这种权力作为适用于一切法领域的客观价值秩序[②]，由于对知识的探索、人类和社会的进步以及大学的发展具有非同寻常的意义，这就要求国家应通过组织和制度设计，促进和保障这种权利的实现[③]。换言之，学术权力从本质上就不适合以限权为目的的清单制度，反而应该遵循“法无禁止即可为”的原则。行政权力由于自身的本质使然，在追求政治合法、责任履行和资源分配的过程中，具有天然、内在的扩张冲动，在现实中由于政治权力、行政权力、学术权力、学生权力和市场权力等各种权力杂糅，在大学越界，并进入其他权力领域。产生这些问题的根本原因在于，大学行政权力没有受到限制或者没有制度设计去限制大学行政权力。大学行政权力的边界到底在哪里？大学行政权力如何在服务大学和学术中恪守实质合法和形式合法？从“有权必受限”“公权力更应受限”出发，行政权力是各种公权力的集合，限权是其必然逻辑和解决问题的必然选择，而在其他各种权力羸弱而无法与之形成平衡的状况下，以限权为出发点的清单制度不失为一种理性选择。

大学行政权力清单制度是大学治理现代化的必然要求。大学治理现代化的主要内容就是要“顺应中国国情和时代要求，完善和发展现代大学制度，构建政府、大学和社会之间的新型关系，形成政府宏观管理、大学自主办学、社会广泛参与的多元合作共治格局，建立和健全系统完备、科学规范、运行有效的大学治理结构和治理制度体系，促进大学治理体系和治理能力现代化”[④]。《国家中长期教育改革和发展规划纲要（2010—2020年）》明确提出，“完善中国特色现代大学制度。完善治理结构。公办高等学校要坚持和完善党委领导下的校长负责制。健全议事规则与决策程序，依法落实党委、校长职权”。可见，多元共治的治理结构是大学治理现代化的标志和目标，而多元共治的前提是不同权力和权力主体在治理结构中都有发挥作用和保障利益的渠道和机制，让不

① 美国不列颠百科全书公司. 不列颠百科全书：国际中文版（第1卷）. 中国大百科全书出版社不列颠百科全书编辑部译. 北京：中国大百科全书出版社，1999：38.

② 张翔. 学术自由的组织保障：德国的实践与理论. 环球法律评论，2012（4）：105-115.

③ 蔡海龙. 论高等学校中的学术权力. 教育学报，2016（6）：10-16.

④ 文少保. 权力清单推进大学治理现代化的价值、困境及路径研究. 中国高教研究，2016（6）：60-64.

同主体、不同利益和不同阶段的博弈能够相互平衡，实现相互制约，形成相互协调。权力清单制度就是以清单的形式明确规定不同权力和权力主体在不同范围、不同阶段的“为”与“不为”以及“何为”的问题。大学行政权力实行清单制度是建立多元共治结构和实现大学治理现代化的必然要求。某种程度而言，没有大学行政权力的清单制度，一权独大的局面就无法破解，也就无法形成多元共治的权力结构，自然谈不上大学治理的现代化。

### （二）制定权力清单是大学行政权力规制的必然选择

国家推行清单管理为大学行政权力清单制度提供了外在的制度依据。中华人民共和国成立以来，高等教育管理体制一直在收-放的循环中前行，还没有找到比较适合中国国情和大学实情的改革之路。随着社会的发展和人们对大学认识的深化，党和政府以及学界对政府应该管什么、怎么管和大学应该办什么、怎么办等根本性问题逐渐达成共识，特别是党的十八大以来，党和政府为实现依法治国而推行的权力清单制度更是为大学行政权力实行清单制度提供了外部的制度依据。

2013 年党的十八届三中全会提出“推行地方各级政府及其工作部门权力清单制度”，2015 年《指导意见》印发，同年《试点方案》发布。至此，权力清单制度在全国范围全面铺开。从高等教育领域的“放管服”改革来看，2014 年国家教育体制改革领导小组办公室在《关于进一步落实和扩大高校办学自主权完善高校内部治理结构的意见》中提出，“深化教育行政审批制度改革，探索实施高校依法自主办学负面清单管理，清单之外的事项由高校自主行使并依法接受政府、社会及校内监督”。2015 年，《教育部关于深入推进教育管办评分离促进政府职能转变的若干意见》中提出，“在有条件的地方和学校开展负面清单管理试点，清单之外的事项学校可自主施行，要尽量缩减负面清单事项的范围，更多采取事中、事后监管方式”。按照有关文件要求，党的十八大以来仅教育行政审批事项，就陆续取消了中央指定政府实施的涉及“利用互联网实施远程高等学历教育的教育网校审批、国家重点学科审批、高等教育自学考试专科专业审批、高等学校博士学科点专项科研基金审批”等 21 个事项，公布了中央指定地方实施的教育行政许可事项清单和教育部行政许可事项清单。国家和教育主管部门的这些政策导向和具体措施为制定大学行政权力清单提供了坚强的制度依据和参考路径。

大学行政权力面临的各种问题为实行大学行政权力清单制度提供了现实土壤。大学管理中存在的“行政科层化、大学行政权威的绝对化、学术在大学被边缘化”[①]以及“学术事务的行政化、资源分配的行政化、高校及其人员的行政化、人事任命和聘用的行政化”[②]等问题主要是大学行政权力制约不力的问题。有学者认为应该取消大学行政级别[③]；也有学者认为应该减少“大学被政府行政化，要重构学术与政治的关系，通过制度设计实现学术与政治的相对分离，让大学行政回归本位”[④]；还有学者认为应该防止大学内部行政管理过度化，要在高校内部重新进行资源配置和权力分割，通过“决策过程的分权化、学术事务管理的学术化和人员职权划分的明确化”[⑤]，提高学术人员在资源配置中的地位。一言以蔽之，大学行政权力在实际运行过程中存在许多问题，这些问题为大学行政权力清单制度提供了现实土壤。尽管政府和学界为解决大学行政化的问题提出了各种思路和办法，但从实际效果来看，依然有待优化。从解决实际问题和操作可行的角度出发，大学行政权力清单制度不失为解决目前大学行政化困境的办法之一。

### （三）边界是大学行政权力规制的关键问题

将权力清单制度引入大学，是推进大学治理能力现代化的有益探索和重要举措，但就大学行政权力清单这个新生事物而言，由于事涉国家、政府、社会、政党和大学的关系，事涉大学内部各利益主体之间的关系，事涉大学行政权力、学术权力、政治权力和学生权力等不同权力的边界和内容，内容广博而复杂，因此，从抓主要矛盾和矛盾的主要方面的角度出发，在制定大学行政权力清单过程中划定大学行政权力的边界显得尤为关键。

界定行政权力的边界是制订清单制度的前提。纵观目前大学行政化的诸多问题，不管是国家政策和体制带来的外部行政化，还是大学内部管理行政化，主要问题都是由大学行政权力逾越自身边界而起的。如何从价值、法制和专业

---

① 别敦荣，唐世纲. 我国大学行政化的困境与出路. 清华大学教育研究，2011（1）：9-12，24.

② 龙献忠. 治理理论视野下的政府与大学关系研究. 长沙：湖南大学出版社，2007：107.

③ 杨德广. 关于高校“去行政化”的思考. 教育发展研究，2010（9）：19-24.

④ 王建华. 中国大学转型与去行政化. 清华大学教育研究，2012（1）：23-32.

⑤ 马健生，孙珂. 高校行政化的资源依赖病理分析. 北京师范大学学报（社会科学版），2011（3）：40-46.

的角度界定大学行政权力的边界自然成为重中之重。

从价值边界来说，行政权力在认识和处理大学事务时以追求规范和效率为价值目标，强调一元性、服从性和时效性。这种特点在一般的社会组织管理中是一种优势，但在大学这种社会和学术兼备的特殊组织管理中，试图用管理的确定性来应对由忽视大学知识生产的特殊性、教育本身的不确定性、大学权力结构的多样性、学者主要生活在学科和学院矩阵的现实性等问题产生的大学管理的不确定性①，就会导致行政权力在追求管理的确定性中逾越教育和大学的价值边界，由此而生的诸多问题是价值边界本末倒置的结果。从权力清单的理念来说，行政权力要守住自身的价值边界就是要让其他的权力主体充分体现“法无禁止即可为”。

从法制边界而言，不管是《中华人民共和国教育法》（简称《教育法》）、《高等教育法》等法律，还是教育行政法规、文件甚至是大学章程，都规定了大学行政权力履行公共管理职能的范围。作为一种授权性的权力主体，大学行政权力只能在法律、法规和制度的授权范围内履行职责，不能任意甚至肆意地扩充自己的权力范围或者自以为是地以公权力的名义“自我授权”，这种逾越法制边界之举于法理和法律而言都是广义上的违法。大学行政权力只有守住自身的法制边界，才能说自己的一切行为合法，才能得到其他权力主体的认可，实现自身的管理目标。从权力清单的角度来说，大学行政权力的法制边界就是要严守“法无授权不可为”的底线。

就专业边界而谈，专业的体现就是用专业的方法做专业的事。大学行政权力之所以能在大学存在和发展，前提是大学本身的存在，离此，大学行政权力就是“无本之木”“无源之水”。换言之，大学行政权力不同于政府行政权力和社会管理的行政权力，它只有在服务大学中才可能存在，才有存在的价值。这个看似不言自明的道理，就是大学行政权力应该固守而又难以守住的专业边界，现实中行政权力渗透到其他权力所带来的问题在某种程度上也是大学行政权力“不专业”的体现。同时，行政权力在坚持理性、正义和大学基本属性等实质性合法的基础上恪守有关法律、规章等规定的程序、规则和方式，做到实质合法和形式合法的统一，也是大学行政权力基本的专业边界，而在实践中，大学行政权力往往无视或无法守住形式合法的专业边界。

---

① 李从浩. 中国大学行政权力合法性实践. 高教探索，2015（5）：19-25.

# 第三章　比较中的大学行政权力规制

真正意义上的大学自中世纪欧洲产生以后，随着人类社会和经济的发展，从简单的学者行会组织逐渐发展成正式的社会组织，并且走进社会的中心，乃至成为人类社会的“灯塔”和社会发展的“发动机”。但同时，自中世纪大学以来，尽管大学都复制着同样的基本属性，但彼此差异很大，甚至可以说有多少所大学，几乎就有多少类型的大学。西方各国根据不同的国情、政体和传统等，经过长期博弈形成了各自较为稳定、相对成熟的政府与大学以及大学内部的权力分配模式及大学行政权力的运行和规制机制。比如就学术评议会与行政的关系而言，伯恩鲍姆就认为显性功能和隐性功能不同的学术评议会与行政部门的关系不尽相同。①迈纳则将美国高校学术评议会分为功能型、影响型、仪式型和颠覆型四类：功能型学术评议会愿意与行政人员合作，影响型学术评议会与行政团队共同掌权，仪式型学术评议会更多的是被动地与行政团队合作，颠覆型学术评议会与行政团队之间的关系则走向对抗甚至公开冲突。②有学者认为，大学治理过程中学术人员与行政人员之间的关系并非简单的二元对立，其间有分工也有合作，有牵制也有对立。③可见，即使就现代大学治理过程中普遍的学术权力与行政权力间的关系配置，西方大学也是复杂多元的。

尽管我国大学内部权力运行模式和大学行政权力的内涵、外延与国外大学有较大差别，但从一般和个别、共性和个性的角度，以比较的视野观察国外大

① Birnbaum B. The latent organizational functions of the academic senate：Why senates do not work but will not go away? New Directions for Higher Education，1991（75）：7-25.

② Minor T J. Understanding faculty senates：Moving from mystery to models. The Review of Higher Education，2004，27（3）：343-363.

③ Favero D M，Bray N. The faculty-administrator relationship：Partner in prospective governance? Scholar-practitioner Quarterly，2006，3（1）：53-72.

学的内部权力运行模式和行政权力规制，对于我们从整体上把握大学行政权力，以善借他山之石的态度制定我国大学行政权力清单还是有一定的借鉴价值的。

## 第一节　国外大学行政权力概述

按照历史唯物主义的观点，社会和历史是一个连续不断的发展过程，任何在历史中出现的人和事都只有放到当时的历史背景和社会空间中进行阐释才具有历史客观性。阿什比所说的“任何大学的发展都是遗传和作用的产物”[①]本质上讲的是同一个道理。自然，观察国外大学行政权力也离不开大学所处的环境和大学的遗传基因，只有将其置于“此时此地、此情此景”之下，才能理性观察和客观认知。进言之，任何将大学行政权力“抽离”或“悬置”大学所处历史环境的研究都没有秉持历史唯物主义的立场，也很难对实践形成较强的解释和指导。

### 一、国外大学行政权力的演变

#### （一）国外大学诞生的时代背景：分裂与离散

中世纪欧洲是指自西罗马帝国灭亡（476 年）直到文艺复兴（15 世纪中叶）近一千年的欧洲封建社会的总称。大学是中世纪欧洲独特的既分权又分裂的社会的偶然产物[②]，如何认知“既分权又分裂”的中世纪欧洲是我们理解大学诞生乃至理解国外大学演变历程和今日之模样的重要背景。正是这种“既分权又分裂”的时代起源从环境和遗传上造就了国外大学今日之权力结构和运行模式。翻开欧洲的历史就会发现，这种分权与分裂主要表现在皇权教权的分裂和经济文化的离散。

中世纪的欧洲实际上处于皇权和教权“从头到脚”分裂、分治和争治之中。自烜赫一时的罗马帝国被北方蛮族彻底撕碎之后，曾经强大的中央集权分崩离析，世俗政权七零八落，国王、贵族、骑士等在金字塔般的等级制度中权

① 阿什比. 科技发达时代的大学教育. 滕大春，滕大生译. 北京：人民教育出版社，1983：7.

② 伯顿·克拉克. 高等教育新论——多学科的研究. 2 版. 王承绪，徐辉，郑继伟，等译. 杭州：浙江教育出版社，2001：5.

利和义务相对有限，封臣和封君之间不存在互有义务的主从关系，城堡成为社会的基层核心。从国王或者皇帝到最底层的农奴之间有好几层级，每个层级都只对自己的上一级负责，即使国王或皇帝也对隔级附庸鞭长莫及。这种等级制度使得欧洲长期处于割据状态，无法形成统一的稳固政权，这与前述中国近代大学尽管诞生于“内忧外患”，但中央集权的封建君主专制制度仍然强大的情形大相径庭。

尽管皇权的分裂和离散、皇权和教权的统治权之争大多数人没有异议，但“中世纪欧洲是黑暗教会一统天下”的长期认识遮蔽了教会分裂的实际情况。从基督教的历史来看，东西两派教会同根同源于犹太教，其后随着罗马帝国的衰落，东西教派的理论冲突开始逐步演变成尖锐的权力冲突，直至在公元1054年正式分裂为以罗马为中心的西派教会（即“天主教”）和以君士坦丁堡为中心的东派教会（即“东正教”）。其后，东派教会随着东罗马帝国的灭亡而逐渐衰落，西派教会则由于世俗政权的崛起争相扶持各自的教会代言人而陷入分裂，两个甚至三个教皇同时鼎立和对峙带来的互相攻击和互相开除对方教籍等行为使教会和教皇的威信大幅下降，最终在西派“阿维尼翁”教皇与天主教的大分裂中教会基本上丧失了对世俗世界的统治权。

政治的分裂必然体现为经济、文化的离散。整体而言，中世纪的欧洲还是自给自足的小农经济，不过与中国封建社会小农经济的依附和统一相比，显得更加复杂。英伦三岛由于较少受到蛮族入侵而保留了较完整的封建庄园制度，使之形成了封建依附和村民自治的双重特征。北欧则在蛮族的肆虐下支离破碎，天主教势力就在这种破碎中从精神和经济上牢牢控制了信徒和庄园。南欧作为曾经欧洲古典文明的腹地，加之较少受到蛮族入侵的影响，因此经济方式便呈现独立于封建庄园形式的商会组织。文化上，中世纪欧洲随着烽烟四起而分崩离析，光辉灿烂的古典文化成为历史绝响，作为欧洲文明一体化象征的语言消失殆尽，英国人、德国人用日耳曼语，法国人、意大利人讲罗曼斯语，大多数欧洲人生活在野蛮的习俗之下，“整个欧洲也没有任何一个发号施令的中心权力，而是形成了由一系列小规模、交错互动的社会网络所组成的群体”①。

① 邓磊. 中世纪大学组织权力研究. 上海：人民出版社，2014：46，70.

## （二）大学权力的来源：行会和人才

要理解大学行政权力的来源首先必须弄清楚大学权力的来源。大学自行会滥觞，其后在社会发展中变化。因此，弄清大学权力来源首先要理解大学的行会背景和社会对人才的需求给大学带来的权力。

10—12世纪的欧洲，随着手工业和商业的发展，城市中各种行业在保护行业利益的同时相互联合，形成了分工极细的行会制度，其权力源自人们发展经济的需求和商业往来的需要，其治理权来自成员宣誓自愿遵守的行会法令。[①]随着发展，欧洲的学者行会逐渐开始集中在罗马法得到最完整承继的博洛尼亚和神学研究最为兴盛的巴黎。由于环境差异，今天被称为“大学之母”的两种完全不同风格的行会组织诞生了：博洛尼亚以学生主导的学生行会和巴黎以教师主导的学者行会。

从词源学来看，“在中世纪的拉丁语中，大学同时由‘studium’和‘universitas’（更确切地说是universitas magistrorum et scholarium或universitas studii N）表示，‘studium’意味着高等教育机构，‘universitas’表示行会组织，它保证高等教育机构的自治并行使其功能”[①]。经过演变，英语中的“university”便用来专指从事高水平学习研究的教师与学生的新型组合形式。可以说，教师和学生通过行会的形式最终缔造了中世纪大学。

从行会权力的角度而言，博洛尼亚学生行会是由于其巨大的规模优势和对城市经济的极大贡献，使城市当局和市民在学生行会与教师社团的斗争中不断妥协满足学生行会限制教师薪资和改变教师薪资发放方式的要求[②]，从而逐渐获得大学的实际统治权。巴黎由于北欧宗教势力的强大和经院学说的盛行，学者行会则体现出显著的教会性格和文化性格。所有的学生和教师被理所当然地视作神职人员而享有教会法庭之上的审判豁免权，并且不需要任何世俗政权或地方宗教部门的认证，甚至一度获得了教师对自己的学生和自己的教师的审判权。教师行会自主颁发执教权利让数量剧增的教师与大教堂学校建立起紧密的联系，任何想要成为教师的人都必须在比较权威的教士门下求学才能获得执教资格，同时自己的首次正式、公开的讲座（后称“教师就职礼”）必须有一位

① 雅克·韦尔热. 中世纪大学. 王晓辉译. 上海：人民出版社，2007：38.

② 邓磊. 中世纪大学组织权力研究. 上海：人民出版社，2014：71，74-76.

正式教师的主持才能获得教师行会的认可。这两种学者正式登上教学岗位不可或缺的权威认证逐渐成为教师行会的一种不成文规定和原则性存在[①]。

从社会对人才的需求来看。自10世纪，饱受数百年战火肆虐的欧洲社会渐趋稳定，生产力逐渐恢复和发展，城市的兴盛和市民阶层的出现带动了商品经济的发展，促进了世俗文化和世俗教育的发展，增加了对律师、医生等受过专业训练的人才的需求。它们为大学的出现奠定基础的同时也促进了大学权力的获得。除生产发展带来的需求以外，教会的广泛性也对大学权力的获得产生了重要影响。教皇、国王和大学学者作为上帝的信徒在精神领域、世俗领域和神权统治解释领域充当各自的代言人。大学学者基于教会身份而拥有的教会权力及其之上的特权，以及大学由于超民族、超世俗的普世教会性格而拥有的基督教意识形态权力，共同构成了中世纪大学的权力基础。可以看出，不管是城市和经济发展需要人才给大学带来的权力，还是大学基于社会需要的社会意识引领享有的权力，都建立在人才的基础上。正是大学满足了将知识分子集于一堂，才形成了稳定的知识分子社群，通过人才培养和知识传承创新，实现了社会的发展、知识文化的延续和意识形态的巩固革新，大学由此获得各种权力。

### （三）国外大学行政权力来源：学者让渡和政府授权

关于大学行政权力，西方学界是“用得多、定义少”，国内学者则基于国内实际从主客体、范围、性质等方面进行了较为全面的定义，其中有部分内容涉及大学行政权力来源。总体而言，国内学者对大学行政权力的定义更适合国内大学，同时对国外大学行政权力来源研究较少，这在一定程度上影响了我们对国外大学行政权力的认知。如果说国外大学的学术权力与大学相伴而生，具有先天性的来源合法性，那么大学行政权力则难享此待遇。当我们把视野放到更广阔的大学历史长河中就可以发现，大学行政权力基本上是由学者让渡和政府授权而来。

我们从海斯汀·拉斯达尔的《中世纪的欧洲大学》和雅克·韦尔热的《中世纪大学》中描述的博洛尼亚大学和巴黎大学可以发现，13世纪的大学既无校舍，也几无自己的收入，世俗政权也没有专门部门和官员负责大学事务，教皇主要颁布章程和授予特许权，主教则满足于主持某些典礼仪式。大学管理只有两项基本任务，“保障大学的特许权，组织教学工作”[①]。此时大学内部的各种

① 雅克·韦尔热. 中世纪大学. 王晓辉译. 上海：人民出版社，2007：41.

管理事务非常有限，主要是学生行会或学者行会控制大学，他们就是大学的管理者。换言之，此时大学还没有真正现代意义上的行政事务，“繁杂的行政机构在绝大多数情况下是没有必要的”[①]，更没有专职行政人员，自然也就谈不上行政权力。

“在国外，特别是西方，大学行政权力系统只有到了中世纪后才初见端倪”[②]，这与当时国家的行政和意识形态的变革有关系。“一方面，国家将13世纪尚属简单的国家机器变成极其复杂的官僚机构；另一方面，国家概念本身，即‘君主之形象’在中世纪末有所丰富，鼓励学习、优惠大学成为国家声望的要素之一，随后又成为国家政治的必然选择。”[③]“15世纪末的欧洲大学已经从富于活力和独特生活的独立行会以及研究和教学的发源地退居为‘服务于国家的职业培训中心’，并由国家严密控制。对于大学社会作用的这一转变，在于许多大学的主动依附。”[④]中世纪末期，随着民族意识和国家观念的加强，民族国家开始兴起和壮大，大学逐渐被纳入民族国家发展的框架之内。世俗政权不断加强对大学的控制和影响，要求大学像政府官员一样效忠国家和地方，而大学也在这个大背景下不断调整自己以满足变化的地方社会需求。

随着大学的世俗化和科学教育进入大学，大学开始变得复杂。于是，传统由教师承担的许多学术管理工作逐步转由专职行政人员负责。大学内部的行政部门在15世纪前后开始成型，牛津大学于1428年开始出现校长秘书，于1447年建立注册办公室。[⑤]其后，随着工业革命的迅猛发展带来的大学规模扩张和大学事务增加，专门从事管理的机构出现，于是大学行政权力粉墨登场。随着科学研究和社会服务职能的增加，大学事务的日益复杂必然带来大学管理的复杂化，“客观上要求大学有一套行政机构、组织和人员来专门处理大学的日常事务”[⑥]。至此，大学行政权力在大学内部显现。随着新科技革命的兴起和大学日益巨型化，客观上要求大学不断强化行政权力，以应对社会和自身快速发

① 菲利普·阿特巴赫. 比较高等教育. 1版. 符娟明，陈树清译. 北京：文化教育出版社，1985：26.

② 刘尧. 大学内部学术权力与行政权力的演变. 现代教育科学，2006（2）：1-5.

③ 雅克·韦尔热. 中世纪大学. 王晓辉译. 上海：人民出版社，2007：110.

④ 雅克·韦尔热. 中世纪大学. 王晓辉译. 上海：人民出版社，2007：135-136.

⑤ de Ridder-Symoens H. A History of the University in Europe：Volume I，Universities in the Middle Ages. Cambridge：Cambridge University Press，1897：112，155，483-488.

⑥ 李家宝. 一流大学的管理与改革. 哈尔滨：哈尔滨工业大学出版社，1994：36.

展对大学提出的要求。

随着大学规模、作用和影响日益增大，国家和政府将其视为国家机构的组成部分。于是，政府开始通过法律授权和职权性主体授权加强对大学的管理。通过这两种途径，政府对大学的设置权、管理权、人事任免权和经费分配权等进行控制，而这些控制要在大学内部得以实现，必须有途径和体系。由于大学自身的特殊性，政府不能像管理其他社会组织一样管理大学，于是，“任何时候，只要政府想对高等教育负起某些责任，某些机关就会成为行政管理的执行机构”[①]，大学行政权力作为拴在政府“马车”上，并且作为其权力链条的末端，当仁不让地承担起执行政府公权力的角色。大学行政权力也在这个过程中通过对政府权力的服从和执行以及对大学内部的管制获得合法性来源。

简单梳理大学行政权力的演变历史可以发现，大学建立之初并不存在所谓的行政权力，有的只是大学作为集体而拥有的行会权力和学者作为个体而拥有的学者权力。为了满足社会和大学发展的需要，原本混沌一体的学者权力开始分化，一部分无力承担的权力被让渡给专门管理机构，由后者来承担大学的日常管理，大学行政权力由此而生。可见，大学行政权力部分来源于大学内部，既然由大学本身而生，为学术、学者和大学服务就是必然命题。同时，随着大学成为学术、社会兼备的组织，政府加强管理和大学接受政府管理势所必然，自然就会带来“必然之中”的行政权力。于是，大学行政权力通过学者权力的让渡和政府的授权取得了合法性来源。

通过中外大学行政权力的来源可以看出，国外大学行政权力来源于学者让渡和政府授权，随着国家、社会、大学的发展逐渐萌芽、成长和壮大。我国大学行政权力则来源于大学为国家民族救亡图存的急建，大学权力结构与政府高度同构。这种来源的巨大差异是我们理解中外大学行政权力差异的前提和基础。

## 二、国外大学行政权力的外部权力构造

尽管不同国家有不同的管理体制，不同大学有不同的权力结构和权力模

---

① 约翰·范德格拉夫，等. 学术权力：七国高等教育管理体制比较. 2 版. 王承绪，张维平，徐辉，等译. 杭州：浙江教育出版社，2001：194.

式，但不管怎样，大学行政权力主要涉及大学内外两个方面，外部主要是大学与政府的权力关系问题，内部主要是大学权力的内部分配问题。前者是国家高等教育管理体制问题，涉及大学行政权力的外部来源和法律依据；后者是大学行政权力的职权范围和执行程序的操作问题，涉及大学内部治理结构和管理制度。

大学的外部管理体制实际上是政府与大学的权力分配关系，不同国家、政体、文化背景下的权力分配关系也各不相同，国外大学由于其学术情结、政府干预、历史传统、市场导向等诸多因素的牵扯而更显复杂。伯顿·克拉克曾从国家权力、市场力量和学术权威三者的相互博弈关系出发，将西方高等教育系统的协调模式分为国家协调体制、市场协调体制和学术协调体制，分别为以法国、德国为代表的大陆型模式，美国模式，英国模式和日本模式①。本章研究从政府高等教育管理体制的权力重心出发，将这四种模式涉及的 5 个代表性国家分为以法德为代表的集中型权力模式、以美国为代表的分散型权力模式、以英国和日本各具特点的复合型权力模式。

**1. 集中型权力模式的法国和德国**

法国大学的外部管理体制随着国家的发展起起落落，最终形成了中央集权的管理模式。从享有“欧洲大学之母”盛誉的中世纪巴黎大学开始，直到 18 世纪末期，法国大学都享有相当程度的自治权。随着法国大革命和拿破仑建立的强大中央集权体制，法国高等教育借助国家权力的强力介入，构建了教育部-大学区-大学的权力链条，形成了国家举办高等学校、国家管理高等教育的中央集权的管理体制。这种体制直到 20 世纪 60 年代末期，虽经改朝换代，但实质依旧。从 1968 年“五月风暴”直到 20 世纪末，法国以《高等教育指导法》（1968 年）和《高等教育法》（1984 年）为依据，赋予大学更多的教育科研、行政与财政的自治权。从 20 世纪末至今，法国高等教育管理体制在逐步扩大大学权力的探索之后，又以 2013 年颁布的《高等教育与研究法》为标志，回归了国家权力加强、校长和校务委员会权力削弱的传统权力结构模式，但与拿破仑时代已不可同日而语。需要注意的是，与法国集权体制同时相伴的还有法

① 伯顿·克拉克. 高等教育系统——学术组织的跨国研究. 王承绪，徐辉，殷企平，等译. 杭州：杭州大学出版社，1994：137-142.

国大学强大的自治传统，通过自治与集权的“较量”生存下来的学者群体在各层级的参与权、影响力和决定权让法国高等教育更多地体现为“行政上的僵化同规章制度内的无政府主义般的自由”[①]的自然结合。

德国的高等教育模式与法国既有相同也有区别。德国大学的产生不同于欧洲早期大学，它虽然采取了巴黎大学自治团体的模式，但并不是基于学者行会的自发产生，而是由代表封建邦国的诸侯建立的，这就决定了大学从开始就既拥有学术自治权，又受政府控制的双重传统。1794 年制定的《普鲁士国家民法通则》就已明确大学既是国家机构，又是享有特权的社团组织。[②]19 世纪，洪堡基于“教学与研究相结合”的思想对德国大学进行了国家提供资助、大学接受国家管理的改革，形成了国家全面负责高等教育规划和学校规划，对大学的财政、人事等事务进行直接管理，对全部事务实行监督，学术事务高校自我管理的国家官僚——教授模式[③]。这种模式一直持续到二战初期。从 1949 年德意志联邦共和国成立到 20 世纪 60 年代实行“文化自治”，联邦政府对高等教育基本没有影响力。20 世纪 60 年代后期直至现在，以德意志联邦共和国基本法的修正法、《高等教育总纲法》及其几次修正为法律基础，国家以及州政府在各自权力的收放中对大学的管理和影响大大加强，从传统的财政、人事等领域延伸到学术自主。具体来说，联邦政府保留高校入学和结业决定权、大学生学习资助和促进科研的专项权，下放高等教育立法权、教育规划和扩建新建高校权、大学教师工资和待遇决定权等至各州。[④]可见，德国联邦政府层面的教育部门既不同于美国的“不管”，也不同于法国的“尽管”，而是“应管尽管”；州政府层面的教育管理部门既不同于美国的“分散管”，也不同于法国大学区的“衍生管”，而是“实质管”，整体上还是一种集中型权力分配模式，只不过与法国的集中有层面和程度的不同。

### 2. 分散型权力模式的美国

相较于德国法国的政府集权，美国高等教育更多的是权力重心下移的分散

---

① 约翰·范德格拉夫，等. 学术权力：七国高等教育管理体制比较. 2 版. 王承绪，张维平，徐辉，等译. 杭州：浙江教育出版社，2001：55.

② 张德祥. 高等学校的学术权力与行政权力. 南京：南京师范大学出版社，2002：96-97.

③ 邓静芬. 20 世纪 90 年代以来德国高等教育管理体制改革研究. 浙江师范大学硕士学位论文，2009.

④ 杨天平，邓静芬. 20 世纪 90 年代以来德国高等教育管理体制改革与启示. 教育研究，2011（5）：102-106.

型权力模式。美国的高等教育肇始于殖民地学院，当时其外部权力来自英王的特许状，实际上主要集中在董事会或校监委员会。美国建国后从法律上确立了各州分权的教育管理体制，南北战争后通过《莫里尔法案》建立的赠地学院开启了联邦政府干预高等教育的先河。尽管联邦政府对各级各类教育没有管辖权，但却通过制定《退伍军人法案》《国防教育法》《高等教育法》等大量涉及高等教育人才、资金、技术、评估等各方面事务的法律、政策和规章来干预和影响大学。由于高等教育的责任在州，因此，州政府主要通过教育立法、财政资助与预算、专业评估以及制定发展规划等途径控制和管理高等教育。[①]在高教管理机构设置上，联邦政府层面主要是教育部行使联邦财政资助的政策制定和法律监督、统计有关教育数据等职责，州政府层面主要是代表立法机构的管理委员会或协调委员会，承担管理高校设立、任命董事会成员、公立高校的经费分配、教育研究和学生资助等项目，协调高校之间及与社会之间的关系等职责，其执行机构是代表政府层面的教育厅（局）。联邦政府教育部与州政府高等教育管理部门并无领导与被领导的关系。如果与法国相比较，集中在中央政府层面的权力在美国则主要分散在州政府及非政府协会组织等中间层次手中。正如伯顿·克拉克所指出的那样："在美国模式中，权力最弱的是政府层次。从垂直维度来看，美国的高等教育结构形成了一个强大的以院校行政和董事会管理制度为形式的中间结构。"[②]

### 3. 复合型权力模式的英国和日本

介于集中型和分散型之间的权力模式是复合型权力模式，这种模式下集权和分权相结合，形成大致均衡的结构，也就是中央政府和其他组织、利益集团共享共治高等教育管理和决策权，以英国和日本为代表，但二者又各具特色。

英国高校作为"依靠政府的私立教育机构"[③]，与政府并无行政上的隶属关系。政府作为高等教育管理的"守夜人"，主要负责提供经费，不能直接对高校下达命令，更多的是通过评估和拨款等中介机构影响大学。政府与大学的关系先后经历了19世纪中期以前政府与大学相对独立、19世纪中期到20世纪

---

① 徐小洲. 自主与制约——高校自主办学政策研究. 杭州：浙江教育出版社，2007：60.

② 伯顿·克拉克. 高等教育系统——学术组织的跨国研究. 王承绪，徐辉，殷企平，等译. 杭州：杭州大学出版社，1994：141.

③ 徐小洲. 自主与制约——高校自主办学政策研究. 杭州：浙江教育出版社，2007：103.

中期政府开始干预大学、20 世纪中期以后政府对大学加强管理直至现在政府、大学共治的演变。就政府影响大学的主要手段——拨款而言，近百年来先后经历了大学拨款委员会（1919—1989 年）、大学基金委员会（1989—1993 年）和高等教育基金会（1993 年至今）的转变。不管如何转变，大学拨款委员会及其后继组织作为英国高等教育体制的中间层，反映国家高等教育职能和维护大学自治的动态平衡的追求没变。正是这种强有力的中间层让英国高等教育管理模式被视为“国家体制中的自治”。

日本高等教育由于其复杂性，很难被简单化定位，姑且也将其归为复合型权力分配模式。日本高等教育系统有两个突出特征：等级性和双元性。几所著名大学（如东京大学和京都大学）居于高等教育系统的顶层，由于其地位和名望而得到政府的青睐和特别关照，拥有自治权和学术自由权，在权力分配、经费分配等方面享有特权，其他国立高校、私立大学和研究机构则要受到文部省的直接干预和定期审查。文部省通过制定高等教育政策、通过大学设置审议会创办和撤销院校、建立新的讲座、学科和研究所、决定大学经费、批准人事任命和确定学位标准等[①]，全方位干预高等教育。总体而言，日本高等教育系统的权力分配呈现较小部分的国立大学和公立大学、政府和学术寡头享有很大权力，庞大的私立高等教育由市场驱动。[②]

总体而言，不同国家的大学外部管理体制因国家政治体制、历史演变、大学传统、文化心理等诸多因素影响而呈现不同的权力模式，不仅差异明显，而且同一类型模式中也各有不同和特点，不能一概而论，只能说“合脚的鞋子就是好鞋子”。

## 第二节　国外大学的内部权力构造

不同的视角会带来不同的观察结论。权力分配在不同对象之间此长彼消，以此观察政府与大学的权力分配关系对大学内部的权力构造影响，可以发现“政强学弱”的大学外部权力关系在大学内部就可能转化为“行弱学强”的权

① 约翰•范德格拉夫，等. 学术权力：七国高等教育管理体制比较. 2 版. 王承绪，张维平，徐辉，等译. 杭州：浙江教育出版社，2001：144.

② 徐小洲. 自主与制约——高校自主办学政策研究. 杭州：浙江教育出版社，2007：11-12.

力结构，反之亦然。具体来说，我们从大学内部的权力运行机制纵观上述五国大学的内部权力构造，大致可以将其分为以德国、法国为代表的学术主导模式，以美国为代表的行政主导模式，以英国、日本为代表的学术行政结合模式。也就是说，法国和德国在国家和州政府层面的教育管理部门对大学内部事务管理权力较大，大学内部行政力量较弱，大学内部的管理权力主要集中在学术人员手中，呈现教授和学院的学术主导模式；美国联邦政府教育部对大学无管理权，州政府层级又是与其他市场主体分享大学管理，故大学内部董事会和行政部门的权力较大，而教授行会、学院、系的权力较小；英国和日本由于国家和大学各自在不同程度和层级上分享大学治理权力，在大学内部的权力分配上既不是行政主导，也不是学术主持，而是在二者之间的均衡分布，在教授行会、董事会和行政管理人员的适度影响中形成结合模式。①

## 一、学术主导的法国和德国大学内部权力构造

### （一）法国大学的内部权力构造

法国大学的内部权力结构以1968年颁布的《高等教育法》为界限，之前大学由讲座、学部和学校三级构成，讲座的教学和考试由教授负责，掌握着学术权力；学部由理事会和评议会构成，理事会掌握着大学主要的学术权力和行政权力，评议会行使有关教学的有限权力。“巴黎各大学的学部主任权力更大，甚至可以看作是中央集权制行政系统的不可分割的一部分。”②大学基本不掌握任何行政权力和学术权力，其治理机构——大学理事会作用也极为有限。

1968年后，法国将讲座和学部改为教学与培养单位，其理事会主要掌握单位内部的学术权力与行政权力，主任主持工作，有的还细分为若干系，实行系主任负责制。在学校层面，大学理事会或校务委员会是大学最高权力机构，科学委员会是咨询机构，学习与大学生活委员会是执行机构。大学校长主持三个委员会的工作，拥有较大的行政权力和学术权力。校长下设若干副校长、秘书长和注册主任。有的大学校务委员会民主性增强的同时，校长和各委员会的权

① 约翰·范德格拉夫，等. 学术权力：七国高等教育管理体制比较. 2版. 王承绪，张维平，徐辉，等译. 杭州：浙江教育出版社，2001：201.

② 约翰·范德格拉夫，等. 学术权力：七国高等教育管理体制比较. 2版. 王承绪，张维平，徐辉，等译. 杭州：浙江教育出版社，2001：56.

力也得到加强，有的大学则沿袭了校务委员会作为最高权力机构的校长负责制，行政权力较为突出。

2013 年颁布的《高等教育与研究法》将科学委员会和学习与大学生活委员会合并，成立新的学术委员会，校长领导下的校务委员会原有的学术权力转移至新成立的学术委员会，同时增加了校务委员会中校外人士的比例，尽管校长和校务委员会仍掌握着主要的行政权力，但权能受限。

### （二）德国大学的内部权力构造

德国大学的内部权力结构由下到上依次分为研究所、学部和大学三个层级。研究所由教授唯一负责，同时也是该研究领域的唯一讲座持有者，拥有该研究所的研究、教学、经费、人事等全部权力，比法国的讲座教授权力要大。从职能的角度，该研究所类似于美国的系。

德国大学的学部与法国大学的学部相比，从职责到权力都有较大差异，更类似于美国的学院。学部的决策机构是部务委员会，它“既是一个议会又是一个俱乐部”[①]，由全部教授、部分非教授和学生以及助教代表组成，主要负责教学、学位授予、向教育部部长推荐空缺讲座人选和教授资格人选，其拥有的更多的是咨询性质的权力。学部日常行政事务由学部主任处理。学部主任由部务委员会每年从教授中轮流选任，基本没有什么权力，更多的是教授对公共行政事务的一种奉献。

20 世纪 90 年代后，德国大学为适应教学和研究需要，对其内部教学和研究机构进行了改革，主要是将学部拆分成更多更小的系，同时将研究所独立成系，由一名教授主持改为多名教授主持，构成了大学-系所更加扁平化的两级机构。

大学层级的主要管理机构是校长委员会、评议会和理事会。校长委员会由校长和副校长组成，全面负责和领导大学所有事务，其成员需要得到评议会和理事会的认可，并向其报告工作。评议会由教授、非教授、非学术性工作人员和学生代表组成，主要负责相关咨询和建议工作。理事会作为校长委员会的咨询和监督机构，主要由校外人士组成，类似于美国大学的董事会，不同大学理事会拥有的权力不同。大学校长由全体教授选出，任期由原来的 1—2 年延长

---

① 约翰·范德格拉夫，等. 学术权力：七国高等教育管理体制比较. 2 版. 王承绪，张维平，徐辉，等译. 杭州：浙江教育出版社，2001：23.

至4—8年，其角色也由“大学符号”转向“乐队指挥”，获得了更多教授转让和政府授权的行政权力。[①]德国大学由于其国家机构和学术团体的双重定位，所以在学部和大学层级的行政管理机构并不庞大。我们通常理解的行政事务（如经费预算、仪器设备和人员事务等），都是由政府单独设立的机构或委派的学术机构的代表处理的。研究所属于国家机构，教授在学术事务上服从学部和评议会，作为研究所的全面负责人只服从于教育部的领导，而研究所的具体行政事务都是由大学一级的一名公务员处理的，这种官员直接对教育部负责，不受校长领导。“这种大学中存在的小规模官僚机构，部分受政府领导并部分由公务人员负责管理。这种公务人员通常只受过德国行政管理方面的正规训练，因此他们往往用同样的方式来处理大学事务”[②]。

## 二、行政主导的美国大学内部权力构造

尽管美国大学的内部权力结构从下到上也是分为系、学院和大学三级，但各层级的权力大小和权力运行与其他国家都有较大差别。系是大学最低一级的组织，与法国的讲座和德国的研究所相比较，其权力在正教授、副教授和助理教授中分散分配，并不集中在系主任一人之手。系主任是一个非个人化的职位，一般每三年轮换一次，不像德国和法国由讲座讲授或研究所教授几乎把持终生。系主任既负责教学工作，也负责行政工作，在不同问题上要与不同类型的人员协商，按照少数服从多数的原则进行决策。同时，系主任还要向上对一个或几个院长、一个或几个校部（或校级）官员负责，实际上处于一个上挤下压地位的中间人物，其权限责任很不清楚。[③]系主任通常由学与系商量后任命，主要按照学校意志工作。其权力和学者的社团权力紧密交叉，受横向制约和上级官僚权力的监督。

第二级是基础的文理学院和医、法、商等专业学院。文理学院主要进行专业学院之外的所有本科生和研究生教育，包括人文社科、自然科学等系，由两个院长分别负责本科生和研究生，由校长任命，同时他们还是大学行政机构的

---

① 全守杰，王运来. 从“大学符号”到“乐队指挥”——德国大学校长与大学内外部的关系及其演变. 高等教育研究. 2013，(1)：97-102.

② 约翰·范德格拉夫，等. 学术权力：七国高等教育管理体制比较. 2版. 王承绪，张维平，徐辉，等译. 杭州：浙江教育出版社，2001：25.

③ 约翰·范德格拉夫，等. 学术权力：七国高等教育管理体制比较. 2版. 王承绪，张维平，徐辉，等译. 杭州：浙江教育出版社，2001：115.

成员。专业学院主要从事研究工作，大多数院长是由大学任命的行政官员，配备助理院长和其他工作人员，拥有独立于教授团体的自治权。学院设置负责不同业务的教授会，不定期地听取院长报告，并以集体投票的形式进行决策。这种行政官员和教授团体的二元结构决定了二者必须找准在这种复杂的学者团体的官僚化联盟中的分工和联合的权限，这也就是我们经常说的学术权力和行政权力的边界问题。比较典型的做法是，“行政机构控制预算，教学人员监督课程，二者联合负责学生工作”[①]。在人事任免上，学者团体基本没有发言权。与系主任下挤上压的状态类似，院长既要代表学院师生利益，又要超越单个学院而站在学校层面思考问题，还要受制于强大的行政官僚力量，因此，学院院长职位吸引力并不大。作为第三级的大学，其权力结构与其他国家也有较大差异。大学的最高权力机构是董事会，主要行使保持信托完整、聘任大学校长、筹措和管理资源、审批规划和预算、监控学校运行、承担学校与社会之间的桥梁和缓冲器、裁决校内争端等职责。[②]董事会设立行政机构向其负责并掌握其委托的权威、权限和责任；任命大学校长，并把许多权力委托给他，至于委托哪些权力取决于董事会和行政机构各自权力的历史发展；同时保留相关权力和最终法律控制权。为更好地反映社会公众对大学的要求和考虑大学整体需要，董事会成员由政府官员和校外人士构成，大多数公立大学的董事会成员由州长任命，少数由选举产生。校长作为大学的灵魂人物，理论上按照董事会的授权拥有处理大学全部事务的权力，实际运行中主要通过任命学术（也被称为高级副校长、执行副校长或教务长）、行政、财务、发展等各种副校长和法律顾问等行政官员构成的高级管理团队来行使各自管理职责，并且这些人随校长的离任而离职。行政管理机构则由一大批既不是教学人员也不是州教育部人员的专业人员构成，按照高级管理团队的旨意工作。同时，横向来看，由教师和高级管理人员构成的学术评议会（或称教师评议会、教师理事会）仍然有效控制着大学的学术事务。

总体而言，美国大学的内部权力结构是一种按照官僚体系指挥、院外人士监督的社团联盟[③]，形成了从系、学院到大学的学术事务和行政事务由评议会

---

① 约翰·范德格拉夫，等. 学术权力：七国高等教育管理体制比较. 2 版. 王承绪，张维平，徐辉，等译. 杭州：浙江教育出版社，2001：116.

② 欧阳光华. 董事、校长与教授：美国大学治理结构研究. 北京：高等教育出版社，2011：126-133.

③ 约翰·范德格拉夫，等. 学术权力：七国高等教育管理体制比较. 2 版. 王承绪，张维平，徐辉，等译. 杭州：浙江教育出版社，2001：118.

和行政机构各自负责的二元结构，整体上，行政权力从下至上逐渐增强，学术权力逐渐减弱，形成了行政主导的内部权力结构。

## 三、学术行政结合的英国、日本大学内部权力构造

### （一）英国大学的内部权力构造

英国大学的纵向权力结构由低到高分别是系、学部和大学。英国大学的系是最基层的组织单元，一个系是一个学科，与绝大多数国家类似，但系的治理结构和系主任的权力与德法美同层次结构相比，还是有所不同。系的权力等级不如德国和法国森严，治理机构主要是由全体教学人员，甚至是学生代表组成的系务委员会，决策相对民主。系主任尽管享有最高权力，但由于同系中还有半数以上的教授不是系主任，因此，学术权力享有较高地位。要注意的是，随着新公共管理运动的发展，教授享有的系的最高权力有向行政人员逐渐转变的倾向，民主决策有向系主任个人决策转变的倾向，系主任逐渐成为系级权力的中心。[①]也就是说，学术权力主导逐渐向学术权力与行政权力平衡的趋势转变。

学部由相关的系或学科组成，主要行政部门是学部委员会，包括全体教授、副教授和高级讲师，规模一般较大，主要权力是选举学部主任或校务委员会和评议会的代表，或者向这些代表提出建议。学部主任由教授担任，任期为2—3年，下设一两名副主任协助工作，副主任一般由非教授人员担任。英国大学的学部职责和学部主任权力与德国大学差不多。

大学层面的结构由于大学类型的不同而存在差异，大致的主要机构有3个：董事会、校务委员会和评议会。[②]董事会作为由地方显贵、政要、各类团体代表组成的大学最高权力机构，尽管享有立法权、任命副校长和其他行政人

---

① Smith R. Departmental leadership and management in chartered and Statuory Universities：A case of diversity. AGE Publications，2005，33（4）：449-464.

② 关于英国大学校级主要机构到底是校务委员会、理事会和评议会还是董事会、校务委员会和评议会的问题，以笔者手头有限资料发现，前者以约翰·范德格拉夫等在《学术权力：七国高等教育管理体制比较》（浙江教育出版社 2001 年版）中首提，由于该书介绍较早，影响较大，故采用该说法的国内学者的资料基本都源自此处。后者以徐小洲《自主与制约——高校自主办学政策研究》（浙江教育出版社 2007 年版）、郑文《英国大学权力协调与制衡》（北京大学出版社 2011 年版）等为主。仔细对比有关描述，发现前者关于校务委员会的描述更接近董事会，而关于理事会的描述更接近是校务委员会。考虑到实际职能、翻译理解、国别研究等因素，故本书采用后者的说法。

员、选举校长等权力，但更多的是形式上和仪式性的，它主要通过校务委员会控制评议会，并且它的许多权力也要得到校务委员会的确认。校务委员会作为董事会的执行机构，主要负责筹措经费、制订计划、维修设备和高级管理人员的任命等，许多权力的行使要听从评议会的意见或者与评议会联合进行。评议会作为大学学术问题的最高权威机构，享有制定大学学术政策的全部权力，通常由全体教授、系主任和某些当然成员和代表组成，下设各种委员会来完成各种评议工作。校务委员会和评议会的二元结构使行政事务和学术事务各司其职，二者构成了既斗争又合作的伙伴关系，二者的协调和交汇点在大学副校长。

由于英国大学的正校长是一个荣誉职位，主要由社会声誉较高的女王、王室成员、地方长官或社会名流担任，对内没有实质性的管理权力，大学的行政权力基本掌握在被称为“首席学术和管理官员”[①]的副校长手中，形成了非常特别的“副校长权力现象”。副校长作为校务委员会及其下的各种委员会的主席，“很大程度上是一个做出决定的执行主席，而不是一个争论各方之间的仲裁人”[②]，同时还是学者观点的主要代言人；对外负责大学与其他大学和社会各种组织的联系，从其任命和职责上外部各种势力也将其当作校内的代表。随着形势的变化，大学副校长的角色开始从传统的学术领导向“主要行政长官”和“首席执行官”转变。与整个大学外部环境和变革相适应的是，大学内部组织结构和权力分配也有从个别人员和学术人员向整个系统或院校转变的趋势，使得学术人员权力大幅下降，管理人员权力大幅上升，形成集权、分权并存、学术行政结合的组织结构和权力分配模式。

### （二）日本大学的内部权力构造

日本大学的内部权力结构因不同类型而不同，依据大学按照名望（主要受创办大学的机构、时间、规模、大学是研究为主还是教学为主、本科学部和研究生学部的数量和著名学部数量等因素影响，类似于我国各类大学排行榜的指标）、与国家的关系（国家、地方政府还是私立管理，类似于我国的教育部直

① Henkel M，Little B. Changing Relationships between Higher Educations and the State. London：Jessica Kingsley Publishers，1999：281.

② 约翰·范德格拉夫，等. 学术权力：七国高等教育管理体制比较. 2 版. 王承绪，张维平，徐辉，等译. 杭州：浙江教育出版社，2001：98.

属高校、部委和省属高校、民办高校等分类）和职能（侧重研究、教育还是训练）等，可以被划分为以东京大学和京都大学为代表的国立院校、以早稻田大学和庆应大学为代表的地方院校和以国际基督教大学、日本女子大学为代表的私立院校。尽管各种类型和层次院校的内部组织结构和权力分配不尽相同，但由于名牌国立研究型大学具有代表性，故以此为例。

名牌国立研究型大学的内部结构主要由系、学部和大学三个层次构成，各层次又有自身特点。系作为几乎所有日本大学的最基本组织单位，拥有经费、人员和教学等决策权。与其他国家的系、研究所和讲座不同，系之下有讲座。这个讲座的权力与德国和法国的讲座又有较大区别，讲座由正教授的讲座主持人负责，包括一个副教授和几个助教，主要进行研究活动和向本科生、研究生传授知识，按其经费预算不同分为普通讲座、实验讲座和临床讲座。讲座主持人的权力大小与其经费多少有关。

学部作为若干系的联合体和独立自主的教育行政单位，有权制定自己的教育大纲，学部理事会和学部主任拥有决策和管理权，决策由理事会通过集体协商做出，学部主任基本没有决定性权力。学部下设的各种涉及学术工作、学生工作、招生工作的学部委员会的日常事务性工作由属于文部省的公务员完成。

大学层级的主要机构是大学评议会（国立大学或公立大学）、董事会（私立大学）以及事务局。评议会拥有广泛的正式权力，不过这些权力大都授予学部长联席会，涉及大学的各种决策都由该机构协商一致后做出，校长的主要工作就是在学部长之间取得协商一致。“实际上，除了靠学部长协商一致外，没有其他合作手段可以做出重要的综合性决策。”[①]事务局局长在校长领导下工作，由文部省任命，并对其负责，在许多事务上是文部省的直接代表。为了部分解决协商一致的低效率和避免各种群体的利益冲突，大学学部部长和大学校长通过建立各种顾问团体和协调人来促进以协商为核心的改革。随着大学日益不能适应国家社会和自身发展需要，日本大学于2014年启动国立大学、公立大学法人化改革，主要通过授予大学法人地位，在校级层面设置董事会、运营协议会和教育研究评议会等机构，增强校长和校级层面的权力，使大学内部结构逐渐向提高效率和参与的现代模式转变，大致呈现学术行政结合的模式。

---

① 约翰·范德格拉夫，等. 学术权力：七国高等教育管理体制比较. 2版. 王承绪，张维平，徐辉，等译. 杭州：浙江教育出版社，2001：141.

## 第三节　国外大学行政权力的内部规制

从对德国、法国、美国、英国、日本等五国大学的外部管理机制、内部组织结构及权利分配的简单梳理和介绍可以看出：其高等教育的决策权，不管在州层面还是在国家层面，都有从大学向政府转移的趋势。换言之，政府管控大学的力度日益加大，政府在大学发展中的作用越来越重要，政府行政权力介入大学的趋势越来越明显，大学自治权越来越小。在大学内部，行政管理机构日益扩大，行政管理人员逐渐增多，随着其承担职能的增加带来的事务和权力的扩大，决策和权力也有上移的趋势。同时带来的还有决策权力在各层级的分散，传统的决策形式和非正式的交往决策形式正在逐渐被代表制机构决策和正式规范决策过程取代，与之相伴的是教授学者在大学决策中的地位下降，专业的行政管理人员（包括学生）的作用上升。

这种此消彼长的变革动力来源于政治、经济、社会、文化等方面发展对高等教育管理体制提出的要求，来源于大学承担更重的社会责任而带来的政府、社会和各利益团体对其提出的要求，来源于变革本身带来的高效管理。我们既要看到变革长期永恒、无法逆转的趋势，也要从变革中看到更根本性的问题："教学和科研在成为完全自治的活动或受到严厉监督的时候，它们都会受到损害。"①换句话说，尽管大学变革不可避免，但大学的任何活动和权力都受到对其负责的伙伴的规制。没有监督和制约的权力是无法想象的。就国外大学内部行政权力而言，尽管扩权是趋势，但基于传统、职责和程序等的规制与扩权相伴而行，情况也不尽相同。研究国外大学内部行政权力扩权趋势下的规制，对于制定大学行政权力清单同样可以提供他山之石的借鉴。我们依然以上述五国为代表分别从机构规制、程序规定、传统规约等方面进行分析。所谓机构规制，主要观察大学行政管理机构如何组成、职责范围等；程序规定主要指行政权力实际中如何运行、如何制约；传统规约主要指行政权力按照什么理念、遵循何种传统运行。需要说明的是，不同国家大学内部行政权力的规制是一个复杂的动态过程，这三个方面的规制也是一个整体联合的动态机制，很难从某一

① 约翰·范德格拉夫，等. 学术权力：七国高等教育管理体制比较. 2 版. 王承绪，张维平，徐辉，等译. 杭州：浙江教育出版社，2001：182.

方面具体言说。正是由于其整体、复杂、动态、联合等诸多特征的交织，若按照某一标准将其归为某一类型，客观上都会因其标签化和简单化而降低有效性。同时，不同国家大学内部行政权力的不同规制路径，为我国制定符合我国国情的大学行政权力清单来规制大学行政权力提供了广阔的思路。还需要说明的是，由于本书研究主要关注大学行政权力的规制，就我国实际情况而言，该研究的主要问题是大学层面的行政权力规制问题，所以从借鉴和可比性出发，对国外大学行政权力的内部规制也主要侧重于大学层面，偶有涉及院系层面。

## 一、德国大学行政权力的内部规制：学术与行政的制衡

德国大学内部的行政权力经历了从无到有、从弱到强的发展过程。早期中世纪大学由封建邦国建立，处于皇权和教权的双重控制之下，大学被视为国家机构，因而大学内部很少享有行政权力；19 世纪近代大学改革后，各州开始改变以往直接管理大学内部事务的做法，通过学监或监事会来行使大学行政权力，随之大学内部行政权力开始显现；20 世纪 60 年代以来，联邦政府和州政府层面都改变了外部直接干预大学内部具体行政事务的做法，以校长和各种委员会为代表的校院两级行政管理机构的行政权力不断增强，但总体上仍处于国家官僚——教授的传统模式之中。①

德国大学内部的行政权力自上而下构成评议会/理事会/董事会—校长委员会—各委员会—院系的结构体系，各层级各司其职，互相制约。董事会/理事会既可由校外人士，也可由校内人士组成，若是后者，则至少一半是校外人士。董事会主席必须由校外人士担任，其主要职责是选举校长和副校长组成的校长委员会；在咨询评议会意见后，可以 2/3 的票数解除任何一位校长委员会成员；审议相关规划和校长委员会的相关报告。评议会由教授占主体的各类代表组成，负责校长委员会人选的认定，可以 3/4 的票数建议理事会解除校长委员会人选；审议相关具体规章，对有关规划和分配提出建议等。校长委员会以及各类委员会的主席可以列席会议，但没有表决权。校长委员会由校长和副校长组成，成员必须具有相关领域的管理经验，人数由理事会确定；决定所有大学行政事务，执行理事会和评议会的决定，向理事会报告工作进展，向评议会提

① 周丽华. 德国高等教育管理体制改革的新思维. 华南师范大学学报（社学科学版），2006（4）：106-110.

交年度工作报告。校长是校长委员会的主席，对外代表学校，对校长委员会的任何决定都有最终决定权，并且校长委员会不能以多数意见否决校长的决定。大学校长主要通过内设的事务局和各种专门委员会进行大学日常行政管理。事务局和各委员会分工负责大学的教学、财务、运行等各种行政事务；执行校长委员会和评议会的决定；其委员少而精，都是专职行政管理人员。院系层面的最高权力机构是院（系）务会，由全体教授组成，也有少数高校吸收少量副教授参与；按照少数服从多数的原则决定本系的一切重大事项；更多的是学术权力的代表机构。系主任作为系级层面行政权力的代表，由系务会选举产生，负责系日常教学、科研和行政管理工作，执行系务会的决定。

从上可以看出，德国大学内部行政权力的规制从机构设置到权力运行都体现了制衡和分权的思想。以校长为例，其产生主要由理事会负责，但需要征求评议会的意见，校长的工作也需要得到理事会和评议会的认可，校长向理事会和评议会报告工作。在组成人员上，理事会需要校内校外各方代表结合，甚至是校外占多数；评议会主要由校内各方代表组成，但教授代表占多数，到了系务会层面则由全体教授组成；校长委员会则主要由专门的行政管理人员组成，按照行政首长负责制的原则运行，校长委员会成员可以列席相关委员会的会议，但并不必然都有表决权。可见，各种机构的组成和运行都较好地体现了学术人员和行政人员的参与，在丰富多元的代表中体现制衡和分权。如果从大学行政权力的传统规约来看，德国大学内部的行政权力更多地体现在日常的管理与服务中贯穿的“管理即服务”的理念。几乎每所大学都强调行政权力要为教学、科研服务，从根本上消除了以管理人员为代表的行政权力高高在上的情况。同时，在行政管理人员的录用和日常工作中，德国大学各级行政部门需要对其进行多次笔试和面试，对行政人员日常工作的执行能力和行政事务的快速处理能力要求也很高，这种行政人员的服务理念和专业、高效为行政权力进行了内在规制。

## 二、法国大学行政权力的内部规制：大学与学部的调适

总体来看，法国大学行政权力的内部规制随着不同时期大学内部治理结构的变化呈现一个动态调整的过程，贯穿整个过程的是基于大学不断适应社会需

求和满足国家需要基础上的大学自治和学部、院系自治之间的联系和矛盾。在这个联系和矛盾的永恒动态过程中，大学行政权力随之起舞，呈现此消彼长之势，但总体趋势是“坚持治理重心下移和保持高级学术人员的治理地位”[①]。

### （一）中央集权下的学部自治

1968年之前，传统的法国大学处于中央集权之下，不是一个法人实体，神、法、医、理、文五大学部作为相互独立的高等教育的基本单元，直属教育部管理。学部理事会和学部评议会作为学部的核心治理机构事实上分别享有财政权、人事权和课程设置权。后期尽管国家重组学部为大学，也设立了大学理事会，但各种权力实际上仍在学部，就行政权力的规制而言，基本从属于教授、学部主任等高级学术人员。

### （二）行政权力上移和增强

1968年至20世纪80年代，法国大学内部行政权力总体趋势是权力重心上移，大学和校长的行政权力增强。

第一，校级治理机构增加，职责拓宽并且更加细化和专门化。1968年颁布的《高等教育指导法》、1984年颁布的《高等教育法》和1989年颁布的《教育指导法》相继确定和实施了相关机构和权力改革：中间层级取消学部组建教学与研究单位，成立单位理事会（后改为委员会）作为最高权力和决策机构，由各方代表（先校内后改为校内外）组成，负责除教师聘任外的全部事宜，主任由科学理事会（后改为科学委员会）负责推选；大学层面确定大学理事会（后改为校务委员会）为大学最高权力与决策机构，成员由大学所有团体代表组成并对各团体代表的比例严格限制，同时增设立司职学术审议和咨询的科学理事会，成员完全由高级学术人员担任；实行理事会（或校务委员会）领导下的校长负责制，校长治理大学由依靠副校长、秘书长和一批行政人员改为此基础之上的三大委员会（校务委员会、科学委员会、学习与大学生活委员会）各司其职。

第二，以校长为核心的校级行政权力增强。大学理事会或校务委员会需要

---

① 周继良. 法国大学内部治理结构：历史嬗变与价值追求——基于中世纪至2013年的分析. 教育研究，2015（3）：137-149.

审核校内各单位的各种意见和请求，分配经费和人员，实际上在此消彼长的竞争中削弱了内部各单位的权力，强化了校级行政权力。同时，校长主持三个委员会的工作，下设的各执行委员会执行校务委员会的决定，在法律没有明确界定校长与校务委员会的职责范围的情况下，事实上就形成了校长领导下的校务委员会制，而不是校长对校务委员会负责制。校长通过各委员会和行政团队进一步增强了校长的行政权力。

尽管此时期法国大学内部行政权力有极大增强，但依然是就以前行政权力相对弱小或者主要掌握在学术人员手中而言的。事实上，由于其强大的学术自治的传统，学术人员特别是高级学术人员仍然通过占据三大委员会的主要构成而继续保持控制地位，从而对大学行政权力形成各方面的规制。

### （三）集权和削权的演变

20 世纪末至今，法国大学内部行政权力经历了集权与削权的斗争。通过 1998 年的《构建欧洲高等教育模式》、2004 年的《大学自治法（草案）》到 2007 年的《综合大学自由与责任法》（以下简称《大学自治法》）的实施，校级的治理权力和校长的行政权力持续增强，管理决策权集中在校长、校务委员会和其他委员会手中，院系基本上只有执行权。《大学自治法》明确了大学内部的行政管理是校长通过决定，校务委员会通过商议，科学委员会和大学学习生活委员会通过建议来实行，如此一来，大学学习生活委员会便由执行机构改为咨询性机构[①]，校务委员会权力大大加强。同时，校长的任命由原三大委员会“2/3 票数”共同选举产生改为由校务委员会“简单多数”选举产生，并且“在教师聘任、晋升和教学、科研工作以及争议时拥有决定权”[②]。此时，以校长为核心的大学内部行政权力得到极大增强，原有的机构规制、程序规定和传统规约都大幅削弱。大学行政权力的急速扩张必然迎来大学自治传统的抵制和抗议，随之而来的是 2013 年通过《高教与研究法草案》削弱校长和校务委员会的权力：合并科学委员会和学习与大学生活委员会为新的学术委员会，承担校务委员会的部分权力；增加校务委员会的人数和校外人士的人数，变相削弱校

① 陆华. 建立“新大学”：法国高等教育改革的逻辑. 复旦教育论坛，2009（7）：63-67.

② 周继良. 法国大学内部治理结构：历史嬗变与价值追求——基于中世纪至 2013 年的分析. 教育研究，2015（3）：137-149.

务委员会和校长权力。

通过法国大学1968年、1984年、2007年和2013年的内部机构的演变，特别是校级机构和校长职责范围、权力边界的演变，可以看出校级机构及校长的行政权力越大，越来越不受各方规制，必然伤害学术自治，进而遭到学者团体和社会的反对。大学作为主要由学者和学科构成的松散联合的矩阵，“本身就趋向于成为联邦体系：半自治性质的系科、专业学院、讲座和学部，犹如一个个独立的小王国；各自都有特殊的利益追求，并且都反对一统天下的权威”[①]。由此可见，不管大学行政权力在内部如何演变和扩张，尊重学术自治基础上的规制和平衡至关重要，法国大学2007年的扩权和2013年的削权就是例证。换言之，大学自治和学术自治的平衡和调适是大学发展的永恒课题，也是大学行政权力内部规制的永恒问题。

## 三、美国大学行政权力的内部规制：行政主导下的共治

在美国大学300多年的发展历程中，美国大学的内部治理结构先后经历了殖民地时期的董事会主导、南北战争时期的校长主导到最终在20世纪60年代形成的董事会、校长和教授为核心的共同治理结构。尽管美国大学植根于欧洲大学的传统，并且其治理结构也随着社会的发展而不断变化，但其明显的科层制特征又与欧陆国家大学存在明显区别，形成行政权力由董事会和校长掌握、学术权力由教授掌握的偏重行政主导的规制模式。

### （一）董事会的行政权力及其规制

由于美国大学都是独立的法人团体，不受政府的直接领导和监督，大学章程和董事会制度构成其立校之基和治理之本。董事会作为大学最高行政权力机关，拥有大学全部职权，决定大学大政方针，其成员主要由政府官员、议员、投资者、社会名流和杰出校友等组成，是典型的“外行董事会”或“外部人士董事会”，由此导致的大学决策也是内部决策外部化。一份在1996年对哈佛大学等10所名校校董事会成员来源的统计表明，“10所学校共298名董事中来自

① 伯顿·克拉克. 高等教育系统——学术组织的跨国研究. 王承绪，等译. 杭州：杭州大学出版社，1994：303.

校外的有 276 人，占总数的 92.6%”[①]。随着大学规模扩大出现的多校区和多分校以及由此带来的对公共财政的需求和依赖加大带来的政府对大学的控制加强，在单一大学董事会的基础上又出现了全系统性董事会（如由 10 所分校构成的加州大学董事会、由 103 所社区学院组成的加州社区学院系统董事会等）和全州性董事会（到 20 世纪 80 年代中期，除密歇根州外，其他 49 个州都建立了类似的全州性协调机构）。[②]

关于董事会的职权，1966 年，美国大学教授协会、美国教育理事会和全美大学与学院董事会协会联合发布《关于学院和大学治理的声明》，明确董事会享有“决定性的制度权力”，主要职责为“第一，把管理行为委托给校长、院长等行政管理官员，把教学和科研行为委托给教师；第二，保证机构制定的政策和决策程序的公开；第三，在获取资源、使用捐赠、获得资本和运行经费以及人事政策等方面发挥中心作用；第四，在学校任何机构或组织受到恶意威胁时提供支援”[③]。卡内基高等教育委员会于 1973 年对董事会提出了 6 项职能：“①掌握和使用‘托管’权；②扮演社会与学校之间的‘缓冲器’；③扮演行政人员、教师和学生内部冲突的仲裁人；④承担大学何时变革和何种变革的动力；⑤承担大学经济利益的基本责任；⑥提供学校治理。”[④]1995 年，美国大学与学院董事会协会发表了《有效的董事制度：公私立高校董事会成员指南》的报告，重申了约翰内森 1982 年概括的董事会 12 个方面的职能：“①保持信托完整；②聘任校长；③确保学校良好管理；④审批预算；⑤筹集资金；⑥管理捐赠；⑦确保足够的物质设施；⑧监控教育项目；⑨批准长远规划；⑩在大学与社区之间扮演桥梁和缓冲器；⑪保护大学自治；⑫扮演上诉法院角色。”[⑤]可见，董事会的职能基本保持稳定。

由上可知，就董事会行政权力的规制而言，不管哪种类型的董事会，其权

---

① Anderson M. Imposters in the Temple：A Blueprint for Improving Higher Education in America. California：Hoover Ioover Institution Press，1998：26.

② 欧阳光华. 董事、校长与教授：美国大学治理结构研究. 北京：高等教育出版社，2011：116.

③ Statement on Government of Colleges and Universities. https://www.aaup.org/report/statement-government-colleges-and-universities. 2020-04-26.

④ The Carnegie Commission on Higher Education. Governance of Higher Education：Six Priority Problems：A Report and Recommendation. New York：McGraw-Hill，1973：32.

⑤ Nason J W. The Nature of Trusteeship：The Role and Responsibilities of College and University Board. Washington D C：Association of Governing Boards of Universities and Colleges，1982：12-35.

力都来自州宪法或州法令或特许状授权，其规制主要来自法律规章的规定。法律规章的权威性和强制性赋予董事会行政权力规制的自觉性和强制性。同时，由于董事会制度在美国大学根深蒂固，大学各利益团体和各权力主体对于董事会的最高权力以及董事会的运行机制形成了潜移默化的内在认可，由此构成了董事会行政权力规制的历史基础和心理基础。还要注意的是，董事会代表构成的多样性和“校外治理”带来的超脱性，对董事会权力也形成了天然的规制。

### （二）校长的行政权力及其规制

美国大学校长由董事会推选，作为董事会的法定代表和首席行政官对董事会负责。由于董事会不介入大学的内部管理，校长就成为大学实际行政权力的最高负责人和大学治理的核心。正是校长的地位和作用的重要性，决定了校长人选遴选工作的重要性。某种程度上说，除了董事会的制约外，人选遴选是对校长行政权力的主要制约，人选好坏甚至直接决定着大学的兴衰，这也是为什么美国大学会产生克拉克·克尔和德里克·博克（Derek Bok）等著名大学校长的原因之一。因此，美国大学董事会对校长遴选非常慎重，有一套严格而复杂的程序，并且其人选一般不从本校产生，而是从其他高校或学术机构选择[①]，遴选程序包括组建遴选委员会、确立遴选标准、物色初始候选人，筛选最终候选人，决定最终人选等。校长的角色在罗伯特·伯恩鲍姆看来：“既是一个复杂的官僚体制的行政首长，同时又是一个专业社团的同僚召集人；既像是大学校园文化中共有的价值与符号的象征性长老，又是对董事会负责、对其他政府机构的要求予以回应的公务员”[②]。可见，校长角色和地位之重。

大学规模的扩大、结构的复杂和功能的多样决定了大学校长行政职能的履行只能通过由校长、教务长（或称高级副校长或执行副校长）和行政、财政、发展、学生事务等各种副校长以及法律顾问和校务秘书组成的高级管理团队按照授权和分工负责进行。这些成员由校长提名，经董事会批准，与校长共进退。同时，校长拥有教师聘任的最终决定权，在部分大学，校长可以不经董事会同意自主任命学院院长。在大学内部日常事务由高级管理团队处理的同时，

---

① 阎亚林. 大学内部管理体制比较研究. 教育探索，2003（10）：25-28.

② 转引自阿尔巴赫，伯巴尔，冈普奥特. 21 世纪美国高等教育：社会、政治、经济的挑战. 杨耕，周作宇主审. 北京：北京师范大学出版社，2005：321.

大学校长还主要负责经费筹措和校内外各种利益相关者进行协商和谈判。与欧陆大学校长角色相比，美国大学校长更多扮演行政官、企业家和政治家的角色，教育家或学者领袖的角色相对缺少。在克拉克·克尔看来，“美国大学校长很久以前在很大程度上已不再具有维布伦所谓的‘博学’特征，而现在某种意义上又不是所谓的‘首领’”①，这种情况与美国社会特定的社会环境和特有的治理结构密切相关。

从权力规制的角度观察校长角色和校长权力：一是来自董事会的规制，因为毕竟其来自董事会的授权和任命并对其负责，这是校长行政权力的主要规制途径。二是来自学术评议会的制衡。学术评议会之所以能够在学术事务领域获得合法性和决定权，而不像我国大学各类学术委员会易受行政权力的侵蚀，根本原因在于其依法授权的法律地位和代表的广泛性以及美国大学所受欧洲大学传统的影响。正是学术评议会的这种地位和作用实现了对行政权力的制衡，进而形成与行政权力的共同治理。三是来自美国分权的建国和治理理念。美国从建国之初到制度设计和执行所秉持的分权和制衡理念对大学行政权力形成了天然的规制基因和环境。公权力必须在分权的基础上制衡、监管，以及对公权力的不信任的观念，对各种权力包括大学行政权力形成自然规制，很难想象大学行政权力有随意扩权和侵入的冲动和动力。

## 四、英国大学行政权力的内部规制：学术行政共治

英国大学主要分为三类：一是牛津大学和剑桥大学；二是伦敦大学和威尔士联合大学；三是城市大学、红砖大学、20世纪早期建立的大学和1992年以后建立的大学。前两类主要是依靠皇家特许状和章程作为其立校和权力依据的老牌大学，后一类主要依靠特许状、法令，特别是1988年《教育改革法》和1992年《继续教育与高等教育法》作为其权力依据的现代大学。由于不同类别的大学内部管理体制和规定不同，由此带来的大学行政权力呈现不同的规制途径，因此从可比性出发，主要关注后一类大学的行政权力内部规制，前述英国大学内部权力构造的介绍亦是如此。

① Kerr C. The Great Transformation in Higher Education 1960-1980. Albany：State University of New York Press，1991：212.

## （一）董事会的行政权力及其规制

如前所述，英国大学校级层面掌握和行使行政权力的主要是以董事会、校务委员会和副校长为核心的行政管理团队。董事会的权力来自特许状和法令的授权和规定，主要包括：①立法权，但通常需要得到校务委员会的确认；②任命副校长等高级管理人员；③选举仪式性和荣誉性的校长权利；④批准副校长提交的财务和年度报告。可见，董事会的行政权力更多的是法律性和程序性的，基本不涉及大学内部的具体管理，其规制更多是制度性规制。

## （二）校务委员会的行政权力及其规制

校务委员会作为董事会的执行委员会和最高权力管理组织，有权提出立法动议，但经常要听从评议会的建议而受限；主要负责财务和资产管理；对除校长、副校长等以外的所有人选具有任命权，但这种任命基本上是以其所属的各种不同委员会的唯一提名为基础的，而对大学秘书秘书、注册主任和财务主管等高级管理人员的任命起主要作用。以伯明翰大学原副校长罗伯特·艾特肯（Robert Aitken）的理解，校务委员会主要对大学的财务、学校纪律、实际事务、商业和大学工作等非学术性事务进行管理和控制，无条件接受评议会决定的学术性事务，但也不向评议会开放，也不接纳评议会代表参与讨论。这种与评议会之间牢固的责任划分既是一项不可更改的原则，也是一种正规的工作安排。[①]可见，就权力规制而言，校务委员会的权力规制一方面来自董事会，另一方面来自评议会形成的制度规定和传统惯例。

## （三）副校长的行政权力及其规制

英国大学副校长既不像美国大学校长那样将强大的行政责任授权和委托给各委员会和管理团队，也不像欧陆大学校长那样在传统上被视为主要承担仪式功能的“同事中居首位者”（primus inter pares）[②]，更多的是二者的结合，将行政领导责任和学术领导角色系于一身。从权力来看，英国大学的副校长主要有以下权力：一是任免权力。不论学校多大，副校长都是任何教授级任命委员会

---

① 郑文. 英国大学权力协调与制衡. 北京：北京大学出版社，2011：121.

② Henkel M，Little B. Changing Relationships between Higher Education and the State. London：Jesscia Kingsley Publishers，1999：284-285.

的当然成员，这既是一条规则，也是一种惯例。二是学术权力。副校长的学术权力主要体现在以其中心位置而具备的任命和资金筹措上的影响力，让其能够超越一般学者的学科领域，对新的、未来的或被忽视的学科等发挥至关重要的作用，而不是在具体学术事务上。三是财务权力。对大学预算实行总控制，同时与各委员会及院系进行财务状况沟通，处于现代预算过程的中心。

首先，副校长的这种权力主要来源于其担任多种委员会的主席和成员。副校长在事涉各种事务的会议安排、议程内容、归纳讨论情况、提出行动建议、形成结论等方面有很大影响力，同时作为评议会主席，有权提名评议会成员，而其他人较难反对。其次，副校长处于各种联系的核心，对外担任国家和地方的各种要职，对内是大学与大学拨款委员会（University Grants Committee，UGC）、大学基金委员会（University Funding Council，UFC）、高等教育基金会（Higher Education Funding Council，HEFC）之间联系的官方渠道。各种联系和信息的核心地位让副校长处于一个影响大学政策的独特地位。最后，副校长是评议会和校务委员会的沟通桥梁。校务委员会中的评议会代表和评议会中的校务委员会代表的双重身份以及学术行政的双重首席官的象征，使副校长在两个委员会中都具有决定性的地位。另外，副校长基本上可以工作到退休年龄的事实，也在一定程度上为其带来权力影响和威望。①

如果从副校长的权力规制来看，当然首先来自董事会的规制，其次来自校务委员会和评议会的规制。这种来自任命和职位的结构性和制度性规制对于英国大学副校长而言，更多的是一种显性的刚性规制，而其独特地位和作用决定了在实际中很难有其他规制途径。英国大学副校长拥有很大权力而“不受制约”，并且似乎也较少发生行政权力的滥用和越权问题，究其原因主要在于自身对角色理解形成的自我规制，或者说英国大学长期形成的学术行政共同治理的传统对大学副校长的无形规制。

尽管随着外部环境的变化，英国大学和世界上其他大学一样，也面临着内部的组织结构和权力结构由从个别人员和学术人员向大学或院系转移，以及没有学术背景的管理人员权力上升的趋势，但从整体上来看，其内部还是基本形成了一套学术行政分治、协调共同管理的制度。校务委员会和评议会各司行政

① 郑文. 英国大学权力协调与制衡. 北京：北京大学出版社，2011：149.

管理和学术管理之职，二者既斗争又合作：校务委员会可以任命学术人员，但必须基于评议会的提议；二者可以联合提出校长、副校长人选等。学术人员和行政人员都可以参加这两个委员会之下的各种次级委员会、专业委员会和院务委员会等行使各自的权力，同时二者也不只是对一个机构、一个部门负责，各委员会做出的决定也不只在一个层级的委员会批准，而是必须经多个委员会、几个层级的管理机构讨论，彼此既发挥作用，又受体制和制度制约。

## 五、日本大学行政权力的内部规制：自治中的集权

日本大学在发展过程中先后受到德国大学和美国大学的影响，比如讲座制和教职工的公务员身份就有德国大学的深刻烙印，而发达的私立大学及其法人化模式又深受美国影响，加之自身的传统和政治体制，形成了独特的权力分配和规制模式。如前文所述，日本国立大学、公立大学和私立大学由于各种复杂因素而有差异较大的权力结构，前两者有别于德国、法国、美国的特征，后者又似美国大学治理模式。依然从可比性出发，选取国立大学进行研究。

### （一）大学法人化改革之前

日本国立大学行政权力的规制以2004年日本国立大学法人化改革为界，前后不同的权力结构带来不同的规制。2004年之前，日本国立大学的治理模式可以描述为“中央集权管理+基层学术自治+行政事务与学术系统分离”[①]。第一，大学是政府行政机关，教师是政府公务员，政府负责大学全部运营资金，管理除学术外的全部大学事务。第二，文部省通过任命校长和事务局长形成两个系统三个层级来主导大学治理和管理：评议会、校长和学部教授会形成的系统主要负责学术事务的执行，其中校长是最高行政长官和评议会主席，由评议会选举产生、文部大臣任命；事务局长通过所属事务系统负责和监督大学全部行政事务。可见，如果从行政权力及其规制来看，更多的是校长、事务局长及其系统按照政府行政权力运行程序和规制程序进行运行和规制，基本上没有我们上述意义上的大学内部的机构、机制和传统规制。

① 丁笑梅. 大学治理结构研究——基于比较的视角. 华东师范大学博士学位论文，2014.

### （二）大学法人化改革之后

日本大学由于不能适应经济社会发展需要、本身体制僵化、大学缺乏自治权等，于 2004 年 4 月正式启动“地震级”的国立大学（公立大学）法人化改革，主要是：①大学性质从国家机构改为国立大学法人；②教师由公务员身份改为任期制，相关待遇由大学决定；③大学管理由政府直接管理改为按审批通过的 6 年计划和年度计划进行评估管理；④大学经费由全额拨款按照 6 年计划评估情况竞争性拨款；⑤大学运营实行自律自主管理[①]。

随之而来的是内部治理结构和权力分配的变化：①校长作为法人代表，由校长选考会负责遴选、解聘和续聘并报文部大臣任命，选考会由经营协议会和教育研究评议会成员组成，设副校长由校长任命；②董事会负责大学重大事项的审议决策，校长担任主席，董事在经营协议会和教育研究评议会同意后由校长任命，与校长任期同期，这与欧美大学校长在董事会的领导下专司执行有较大区别；③监事负责监督大学法人业务，由文部大臣任命，但“与监事职务履行相关的必要事项由校长规定”[②]；④经营协议会负责审议大学管理运营中的重大事项，由校长和校长指定的董事（校外人士须一半以上）组成；⑤教育研究评议会负责教育研究方面的重要事项，由校长、校长指定的董事、各学部、研究生负责人和 2 名教授组成。[③]

可见，法人化改革后，由董事会、经营协议会和教育研究评议会构成的校级治理机构权力增强，学部教授权力削弱，大学校长通过担任各种委员会主席并指定董事而权力大增，基本实现了对大学事务的全面控制，原有的学术系统与行政事务分离的模式向一体化转变，事实上形成了以校长为核心的行政权力集权。如果还有制度性规制的话，文部大臣的任命可以看作最后的环节和救命稻草，但校长的法人地位和遴选制度已将其规制力度大大减弱，监事职责的履行也基本置于校长之下而形同虚设，权力运行过程中则更难形成机构性和制度性规制。至于学者和学部等传统力量，同样囿于机构、制度和途径，维持传统的学术自治尚可，要谈对行政权力的规制则几无可能。

① 丁笑梅. 大学治理结构研究——基于比较的视角. 华东师范大学博士学位论文，2014.
② 张国有. 大学章程（第 2 卷）. 北京：北京大学出版社，2012：319.
③ 丁笑梅. 大学治理结构研究——基于比较的视角. 华东师范大学博士学位论文，2014.

## 六、国外大学行政权力规制的共性因素

我们通过对中世纪大学的产生、国外大学行政权力的来源以及国外大学内外权力结构和内部行政权力规制的全景式梳理和分析，可以看出一些共性因素。

### （一）外部治理政策的规范

分析发现，美、英、德、法、日大学的行政权力以及行政权力和学术权力的关系与各国的外部治理政策息息相关。这些治理政策在大学治理过程中主要扮演着“标准制定者”的角色，大学内部治理的过程中主要是将国家或地方制定的治理标准内化至各大学，与各自不同的内部校情有机结合的过程。德国和法国大学由国家直接投资和管理大学，联邦政府和州政府的强制性影响较大，大学的自主权相对缺乏，而就其程度和范围而言，德国又比法国大。比如《巴登符腾堡州大学法》规定了该州大学三大组织（校长办公室、学术评议会和理事会）的性质和职责范围，《巴伐利亚州高等教育法》规定了该州大学的主要治理机构（管理委员会、学术评议会和理事会）的性质、责任范围与人员构成情况。[①]美国和英国作为典型的自治模式，政府对大学的直接管理和干预较少，主要通过立法、基金会、董事会等途径发挥间接影响，就是这种较少影响，英国主要通过经费分配和评估管理，而美国主要通过州层级和董事会，也有不同方式和程度。美国1966年发布的《学院与大学治理声明》、1999年发布的《院校治理声明》和2010年发布的《院校治理董事会职责》奠定了美国大学共治的根基。英国1984年出台的《贾勒特报告》、1997年颁布的《迪尔英报告》、2004年发布的《英国高等教育治理主体成员指南：治理准则和一般原则》等逐渐构筑了英国高校的治理准则和一般性治理原则。日本大学先后师学德美，也在自己的体制和传统基础上建立了有别于德、法的文部省掌控国公立大学、董事会管理私立大学的模式。《国立大学法人法》规定了日本国立大学校长、理事会、经营协议会和教育研究评议会的性质、成员构成和职责范围，使东京大学等大批一流国立大学在此基础上逐渐形成了以校长为领导核心的

---

① 朱剑，周九月，南淞妮. 美英德日八所一流大学学术权力与行政权力的关系探析. 浙江师范大学学报（社会科学版），2020（5）：100-108.

“三会制”。《私立学校法》规范了理事会、理事长、监事和评议员会等的性质和职责范围，让私立大学走上了法治化发展道路。

## （二）大学章程及相关法规的约束

“大学章程是大学治理的‘宪法’，是大学得以存在和运作的最为重要的规则。”[①]前文已经部分述及大学章程之于大学治理的重要意义，后面还有专章论及此题。就大学章程规定的主要内容而言，美国大学章程主要规范大学运作的基本纲领和法则[②]；英国大学章程主要包括社会参与的决策机制、校长负责的行政执行机制和教授治学的学术自由机制[③]；德国大学作为公法人有权依据法律授权制定规章[④]；日本国立大学在法人化后也开始将大学章程作为一种新的制度管理形式[⑤]，即使没有颁布正式的大学章程的大学也会颁布其他具有同等地位的法规来规范办学。有学者就不同国家的大学章程或法规规定的学术权力与行政权力的内容进行过具体研究[⑥]。总之，大学章程及相关法规规定了大学的基本治理结构和治理规则。

## （三）各国大学权力机构和规制各异

就内部权力结构而言，尽管各国大学基本上都形成了董事会、校务委员会、评议会、校长（或副校长）、各专门委员会、各专业管理团队等组织结构，但各结构、各层级在职责定位、权力大小、制约关系等方面也存在较大差异。德国、法国大学的自治传统较为深厚，学者和学部（或院系、教学研究单位）权力较大，但相较而言，德国大学学者权力和学部权力比法国更大，并且权力的稳定性更强。美国、英国大学内部是学术事务与行政事务各自分工负责较为明显，但美国大学的董事会权力和行政机构的权力比英国相应机构大得

---

① 湛中乐. 现代大学治理与大学章程. 中国高等教育，2011（9）：18-20.

② 湛中乐，高俊杰. 大学章程：现代大学法人治理的制度保障. 国家教育行政学院学报，2011（11）：15-20.

③ 范文曜，张家勇. 大学章程的治理意义：英国大学章程案例研究. 理工高教研究，2008（6）：1-8.

④ 湛中乐，高俊杰. 大学章程：现代大学法人治理的制度保障. 国家教育行政学院学报，2011（11）：15-20.

⑤ 马陆亭. 大学章程地位与要素的国际比较. 教育研究，2009（6）：69-76.

⑥ 朱剑，周九月，南淞妮. 美英德日八所一流大学学术权力与行政权力的关系探析. 浙江师范大学学报（社会科学版），2020（5）：100-108.

多。日本尽管学术事务和行政事务也分属不同机构，但校级机构明显处于绝对强势地位。

就内部行政权力规制而言，尽管各国大学从机构规定、制度规制和传统规约等方面都做出了各种设计和规定，但各机构的权力大小、各权力主体的规制程度也有很大不同。仅从校长权力的规制来看，五国大学的校长（英国大学副校长的特殊性将其视为校长）都肩负大学兴衰的重大责任，都是负责大学行政事务的最高官员，都受到董事会、评议会等机构的制约，但产生、定位、权限等各不相同。美国大学校长由专门的遴选委员会遴选，更多的是首席行政官角色，主要受制于董事会；英国大学校长由大学理事会和评议会联合产生，学术和行政的双重首领角色决定了实际权力很难受制，德国大学校长由董事会产生，要受制于评议会、理事会和教授团体，更多时候像是授权管理的团队牵头人；法国校长由三个委员会组成的大会选举产生，其权力在学部和教授的影响下此起彼伏，更像是各种会议的召集人；日本大学校长由经营协议会和教育研究评议会组成的考评会产生，校长领导下的董事会使得校长集权进一步强化。

综上，我们可以得出一个基本结论：自中世纪大学产生以来，国外大学没有完全通用的治理模式和权力规制机制，更没有所谓的好与坏的大学模式，有的只是基于复杂的社会、经济、政治环境和历史传统基础之上的不断调适。外部集权与分权和大学自治与非自治构成了权力在各层级分配和调适的矩阵，什么样的大学外部治理模式和内部权力结构决定大学处于矩阵的何处，而该位置又受到强制性变迁和诱导性变迁的综合影响[①]，从根本上离不开各国社会、政治、文化和大学传统这些根基，离不开对何为大学、何为学术的理解。正是在这个基础和理解之上，各国大学形成了不同的大学模式、权力结构和权力分配及规制机制。正如习近平总书记于 2014 年 5 月在北京大学师生座谈会上深刻指出的：“世界上不会有第二个哈佛、牛津、斯坦福、麻省理工、剑桥，但会有第一个北大、清华、浙大、复旦、南大等中国著名学府。我们要认真吸收世界上先进的办学治学经验，更要遵循教育规律，扎根中国大地办大学。”[②]

---

① 王务均. 包容性治理：大学内部权力结构的新机制. 南京：南京大学出版社，2017：137.

② 习近平. 青年要自觉践行社会主义核心价值观——在北京大学师生座谈会上的讲话. 北京：人民出版社，2014：13.

# 第四章　大学行政权力清单制度外部规制：教育行政部门权力清单

教育行政部门权力清单作为政府权力清单的重要组成部分，其实施情况不仅是权力清单制度的重要观测点，也是限定和规范教育部门行政权力、保障教育行政相对人合法权益和推进依法治教的重要实践。就逻辑而言，教育行政部门权力清单为大学行政权力清单制定提供了外部合法性依据，就实践而言，其结构、制定过程和存在问题等为制定大学行政权力清单提供了参考和借鉴。

《指导意见》提出了建立权力清单制度的八项主要任务：一是全面梳理现有行政职权，二是大力清理调整行政职权，三是以法律法规审核确认，四是优化权力运行流程，五是公布权力清单，六是建立健全权力清单动态管理机制，七是积极推进责任清单工作，八是强化权力监督和问责。《试点方案》提出了权力和责任清单编制试点中的四项任务：一是全面梳理部门现有权责事项，二是清理规范权责事项，三是审核权责清单，四是优化权力运行流程。可见，依法依规梳理行政权力，公开权力运行并接受责任清单基础上的监督是编制权力清单和实施权力清单制度的核心要义。本章依此对教育行政部门权力清单进行梳理和研究。

## 第一节　教育行政权力清单的基本要素

行政权力作为宪法和法律赋予行政机关管理经济、文化、社会事务的权力，是国家权力的基本组成部分，其公共性、强制性和约束性的基本特征决定其行使必须遵循法律规范相关规定，必须维护公共利益，必须接受公众监督。

明确基于行政权力的行政职权内涵是实现权力规范和约束的前提和基础。

有学者对已发布的各省级地方政府行政权力清单进行梳理后发现，权力事项在数量上仍存在较大差异，如安徽省1712项，浙江省4236项，湖北省4313项，吉林省3675项，福建省4049项。[①]造成这种差异的关键在于各地对行政权力的梳理标准不统一。有的地方根据条目来梳理，有的地方则根据款目来梳理，这样的差异外在体现为数量的不同，但实际是权力分类的口径粗细的不同。

具体到教育行政权力清单制度，梳理依然是前提，以什么依据进行梳理则事关后续权力范围、权力运行和权力监督的合法性基础。教育行政权力按照层级划分，涉及中央和省级政府及其组成部门，主要包括教育部和各省教育主管部门。不同层级教育主管部门的权力依据既有共同之处，亦有差异，如何存大同求小异地依法依规梳理，进而保证权力清单的基本一致性就显得尤为重要。只有权力内容权威和规范，依此进行权力运行和权力监督才能权威和规范，权力清单才有权威性和规范性。

如前所述，大学行政权力清单制度的制定要外依国家法律法规、内合大学章程，只有这样才能取得合法性依据。也就是说，政府及其教育主管部门依据国家法律法规制定教育行政权力清单，在此基础上制定的大学行政权力清单才能取得外部合法性依据。因此，对教育部和省级教育主管部门的行政权力从权力依据、权力内容、权力运行和权力监督等权力清单所涉及的基本要素进行系统梳理和深入比较研究，可以为大学行政权力清单的制定提供依据和借鉴。

## 一、教育行政权力的基本谱系

制定行政权力清单的前提是以法律法规为依据对行政权力进行梳理，梳理的前提是对复杂而多样的行政权力类型进行科学合理的分类，分类必然涉及分类标准。从规范权力运行的角度来看，只要符合权力性特征的行政行为都应纳入清单范围。因此，基于行政行为对行政权力进行类型划分是一种较为科学的分类方式。

---

① 陈向芳，邓薇. 行政权力清单制度评析及完善——以制度价值为研究视角. 广东行政学院学报，2015（3）：9-15.

行政行为作为享有行政权力的组织运用行政权对行政相对人所作的产生法律效果的行为，以其对象是否特定为标准可分为普遍行政行为（或抽象行政行为）和具体行政行为[①]，而普遍行政行为又可进一步划分为行政立法行为和非立法性行政规范行为。因此，行政行为实际上可分为行政立法行为、非立法性行政规范行为和具体行政行为，每个行政行为所依据的法制边界各自不同。尽管目前我国法律、法规对行政机关作出的行政行为并无明确的分类标准，但把行政行为分为普遍行政行为和具体行政行为不仅是行政法学理论上的划分，也是法律制度所采用和确认的一种划分方法，比如2017年修订的《行政诉讼法》就是以具体的行政行为为标准来规定受案范围。在最高人民法院《关于行政案件案由的暂行规定》中将案由划分为三级，其中一级案由为“行政行为”，二级案由主要包括行政处罚、行政强制措施、行政强制执行、行政许可、行政征收或者征用、行政登记、行政确认、行政给付、行政允诺、行政征缴、行政奖励、行政收费、政府信息公开、行政批复、行政处理、行政复议、行政裁决、行政协议、行政补偿、行政赔偿及不履行职责、公益诉讼等21类，三级案由主要按行政行为名称以及行政行为涉及的权力内容划分，并且明确指出“优先使用三级案由”[②]。可见，任何行政案件的案由主要由具体行政行为种类构成，并且具体行政行为优先。在《指导意见》中明确规定了“各省（自治区、直辖市）政府可参照行政许可、行政处罚、行政强制、行政征收、行政给付、行政检查、行政确认、行政奖励、行政裁决和其他类别的分类方式，结合本地实际，制定统一规范的分类标准”，这种9+X的模式也明显是以具体行政行为作为划分依据的。由于行政权力清单主要规范的是具体行政行为，因此，以具体行政行为为标准对行政行为进行划分是合理合法合规的。

教育行政权力作为教育行政机关依法享有的管理国家教育事务的权力，包括政府依法举办和发展教育事业的权力以及政府依法管理教育的权力。根据教育行政权力的具体功能和学界对行政权力划分的基本共识，可以从司法、决策、执行、监督等四个环节将教育行政权力划分为教育行政司法权、教育行政

---

① 刘虹，张端鸿. 国家教育行政权力清单的规范研究——以教育部行政权力为研究对象. 复旦教育论坛，2016（1）：16-22.

② 最高人民法院印发《关于行政案件案由的暂行规定》的通知. https://www.court.gov.cn/fabu-xiangqing-282681.html.（2020-12-31）[2021-12-26].

决策权、教育行政执行权和教育行政监督权 4 类。

按照上述界定，结合行政权力的有关分类，教育行政权力大致可以形成如下较为广泛和全面的谱系（图 4-1）。

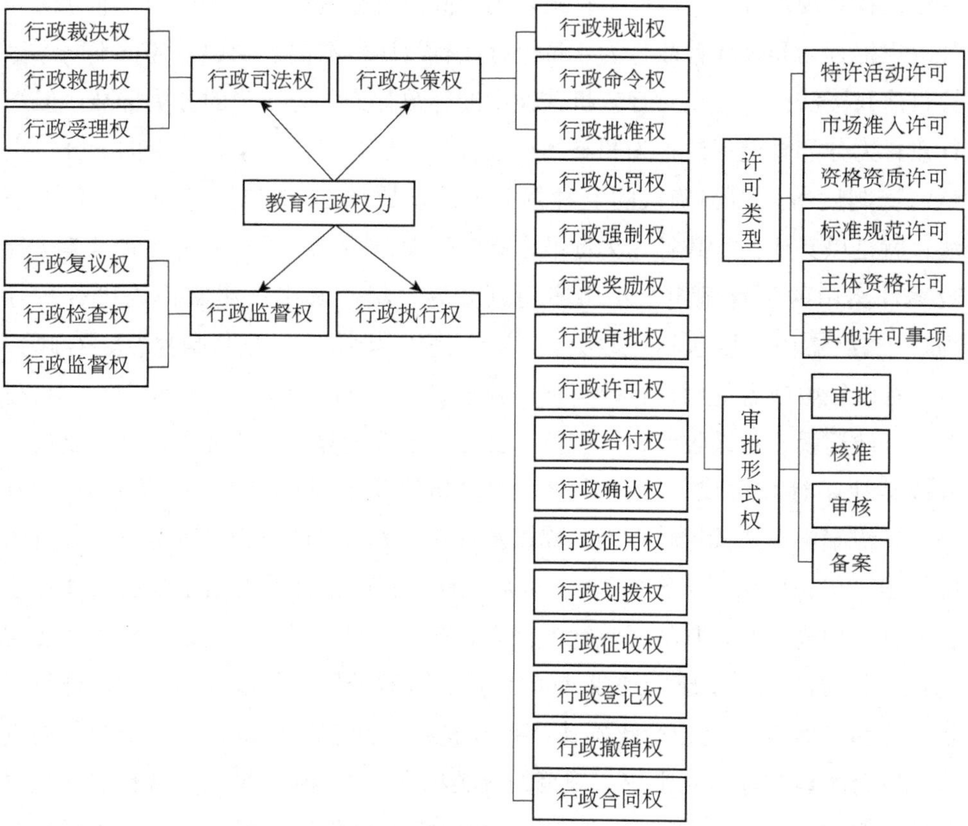


图 4-1 教育行政权力基本分类

根据《教育法》第十四条“国务院和地方各级人民政府根据分级管理、分工负责的原则，领导和管理教育工作。中等及中等以下教育在国务院领导下，由地方人民政府管理。高等教育由国务院和省、自治区、直辖市人民政府管理”和第十五条“国务院教育行政部门主管全国教育工作，统筹规划、协调管理全国的教育事业。县级以上地方各级人民政府教育行政部门主管本行政区域内的教育工作。县级以上各级人民政府其他有关部门在各自的职责范围内，负责有关的教育工作”的规定，以及《高等教育法》第十三条“国务院统一领导和管理全国高等教育事业。省、自治区、直辖市人民政府统筹协调本行政区域内的高等教育事业，管理主要为地方培养人才和国务院授权管理的高等学校”和第十四条“国务院教育行政部门主管全国高等教育工作，管理由国务院确定的主要为全国培养人才的高等学校。国务院其他有关部门在国务院规定的职责范围内，负责有关的高等教育工作”的规定，本章所研究的教育行政权力主要包括两大类：一类是国务院及其教育行政部门，即国务院、教育部及其下属的司、厅、局等的行政权力；另一类是各省份及其教育行政部门，即各省级政府及其下属教育厅、局、委等的行政权力。基于研究教育行政权力清单的目的主要是为大学行政权力清单提供外部合法依据，故本章研究所涉及的教育行政权力又侧重这两大类教育行政权力在高等教育领域的划分。

## 二、教育行政权力清单的基本要素

按照合法性理论的基本共识，权力合法包括实质合法和形式合法两个基本要件。所谓实质合法主要指是否符合理性、正义、自然法的属性，而形式合法则主要看是否符合宪法、法律等规范性文件所规定的程序、规则、方式。从这个基本共识出发观察行政权力清单是否合法，也就涉及清单是否满足实质合法和形式合法这两个基本要件。由于清单的实质合法主要来源于所依据的法律法规是否合法，在本章研究中将此视为合法存在的前提，也就是视行政权力的法律法规依据本身符合实质性合法。如果存在法律法规不符合实质性合法的情况，这是法律法规本身需要解决的问题，既不是行政权力清单所能解决的问题，也不是行政权力清单所要解决的问题。如果行政权力清单的实质性合法得到自然确认，那么形式合法就显得尤为重要。某种程度上说，建立行政权力清单就是要解决行政权力的形式合法问题，而形式合法包括来源合法、运行合法和程序合法等诸多方面，解决了这些形式合法问题，自然也就解决了行使合法的问题，行政权力清单制度的合法性自然也就确凿无疑。

作为行政权力清单制度而言，确权、行权和督权是其合法性必不可少的三个基本环节，而确权又存在依据什么法规确定什么权力内容的问题，行权涉及权力运行过程，督权涉及权力运行的监督。因此，构建完整的权力清单的逻辑架构应包括权力的法定依据、权力内容、权力运行流程和权力监督。据此，省级教育行政部门权力清单制度也应构成如图 4-2 所示的体系。

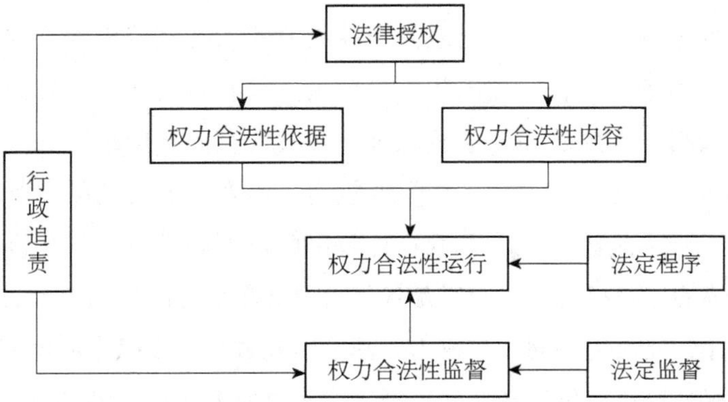


图 4-2 教育行政权力清单基本体系

## （一）权力合法性依据

如前所述，教育行政权力的合法性依据只能来源于法律法规和规章的授权，舍此，别无其他的合法性依据。职权来源法定首先是权力类型要有法律依据，也就是行政主体的行政权力必须有法律的明确授权，不能自行设定；其次是权力运行也要有法律依据，特别是职权运行方式关系行政相对人权利义务时，权力运行能自行创设运行程序和方式，必须严格依法进行。从现有法律体系来看，我国目前已基本建成了以《中华人民共和国宪法》（简称《宪法》）为统领、以《教育法》为基本法，各类单行法律、教育行政法规、地方性教育法规、教育行政规章和非立法性行政规范性文件等不同层次、不同内容、不同效力的广义上的教育法制体系，这个体系构成了如表 4-1 所示的教育行政权力清单的法律依据。

**表 4-1 中国教育行政权力清单法律依据**

| 类型 | | 具体内容 |
|---|---|---|
| 国家法律 | 宪法 | 第八十九条、第一百一十九条和第一百零七条分别规定了国务院、民族自治地方的自治机关和县级以上地方各级人民政府分别管理全国、自治地方和县级区域内的教育、科学、文化、卫生、体育和计划生育工作 |
| | 教育及相关法律 | 全国人民代表大会及其常务委员会制定的教育法律，包括《教育法》《义务教育法》《高等教育法》《职业教育法》《民办教育促进法》《教师法》《通用语言文字法》《学位条例》等，以及与教育相关的法律，包括《未成年人保护法》《预防未成年人犯罪法》《行政许可法》《立法法》《行政复议法》《行政处罚法》《国家赔偿法》《行政诉讼法》等 |
| 教育行政法规 | | 国务院根据宪法第八十九条规定的“根据宪法和法律，规定行政措施，制定行政法规，发布决定和命令”和“领导和管理教育、科学、文化、卫生、体育和计划生育工作”的职权制定，包括《学位条例暂行实施办法》《普通高等学校设置暂行条例》《扫除文盲工作条例》《高等教育自学考试暂行条例》《幼儿园工作条例》《学校体育工作条例》《学校卫生工作条例》《义务教育法实施细则》《教学成果奖励条例》《教师资格条例》《禁止使用童工规定》《民办教育促进法实施条例》《关于贯彻实施〈中华人民共和国教师法〉若干问题的通知》以及依法治校、依法行政和法治建设的 3 部其他法规 |

续表

| 类型 | | 具体内容 |
| --- | --- | --- |
| 地方教育法规 | 地方性法规 | 省份及较大市的人大及其常委会根据本地区基本情况和实际需要制定的执行国家教育法律法规的具体规定和满足地方性教育事务管理需要的地方性法规 |
| | 自治条例和单行条例 | 民族自治地方（自治区、自治州、自治县）的人大及其常委会根据民族区域自治的原则、实际和少数民族的特点、需要制定的教育法律法规的变通规定和单项教育自治条例和教育法规 |
| | 经济特区法规 | 经济特区所在地的省、市人大及其常委会根据全国人大的授权，制定的在其范围内实施的教育法律法规及其变通规定 |
| 教育行政规章 | 部门规章 | 由国务院部委（主要是教育部）基于执行教育法律或国务院制定的教育法规、决定、命令等事项而制定的规章，在教育部主要体现为教育部令的形式 |
| | 地方规章 | 省份及较大市的人民政府制定的执行上位法律法规需要的规章和管理本行政区域内的具体教育行政事项的规章 |
| 非立法性行政规范性文件 | | 各级行政部门为执行教育法律法规和上级有关教育的决定和命令而发布的决定和命令，俗称“红头文件” |

注：根据教育部政策法规司网站；龙耀. 行政权力三边界论. 桂林：广西人民出版社，2013；刘虹，张端鸿. 国家教育行政权力清单的规范研究——以教育部行政权力为研究对象. 复旦教育论坛，2016，14（1）：16-22.有关内容整理。

按照上述教育行政权力的法律体系，依据教育部政策法规司网站公布的有关资料，对教育部行政权力的相关法律法规依据进行梳理，共包括 4 类 195 部法律法规：一是《宪法》。二是《义务教育法》《教育法》《教师法》《高等教育法》等 8 部教育法律，这 8 部法律主要规定了教育基本问题和义务教育、职业教育、民办教育、高等教育、教师、学位等不同教育领域的基本问题。同时，还包括《未成年人保护法》《行政许可法》《立法法》《行政处罚法》《行政诉讼法》等 8 部与教育管理相关的法律。三是《普通高等学校设置暂行条例》《学位条例暂行实施办法》等 13 部涉及不同教育领域基本框架性的教育法规以及依法治校、依法行政、法治建设的 3 部其他法规。四是《普通高等学校学生管理规定》《高等学校学术委员会规程》《教育部办公厅关于确定教育管办评分离改革试点单位和试点任务的通知》等 162 部规定不同教育领域相对比较具体事项的教育规章，这 162 部规章大多以“规定”“规程”“办法”“通知”等命名。

同理，也按照上述教育行政权力的法律依据体系和《指导意见》中明确的“行政许可、行政处罚、行政强制、行政征收、行政给付、行政检查、行政确认、行政奖励、行政裁决和其他类别”的 9+X 的分类模式，依据国务院公布的省级政府组成部门权责清单[①]和各省级政府政务服务网、职能部门网站和机构编制网等公布的权责清单，对省级教育行政部门公布的行政权力清单的法律依据进行梳理，结果如表 4-2 所示。

① 政府权责清单. http://www.gov.cn/fuwu/zfqzqd.htm. [2021-12-25].

**表 4-2　省级教育行政部门权力清单法律法规规章依据数目统计表**

| 省份 | 行政许可 | 行政处罚 | 行政强制 | 行政给付 | 行政征收 | 行政检查 | 行政确认 | 行政奖励 | 行政裁决 | 公共服务 | 其他类别 | 合计 |
|---|---|---|---|---|---|---|---|---|---|---|---|---|
| 北京 | 10 | | | 1 | | 3+1 | 2 | 6+1 | | | 37+2 | 59+3 |
| 天津 | 6+2 | 11+1 | | 1 | | 11+2 | 3 | 8 | | | 12+1 | 52+7 |
| 河北 | 16+2 | | | | | | 8+6 | | | | 9+1 | 33+9 |
| 山西 | 13+2 | 19+3 | | | | | 10+3 | 14+4 | | | 11+1 | 67+13 |
| 内蒙古 | 3 | 5 | | | | | | | | | 1 | 9 |
| 辽宁 | 7 | 6+1 | | | | | 10+7 | 16+3 | | 5+4 | | 44+15 |
| 吉林 | | | | | | | | | | | | 0 |
| 黑龙江 | 21+1 | | | | | | | | | | | 21+1 |
| 上海 | 10 | 11+2 | 1 | 4+1 | | | 6+2 | | | | 2 | 34+5 |
| 江苏 | 20+3 | 17+2 | | 4+2 | | | 4+4 | 19+3 | | | 29+29 | 93+43 |
| 浙江 | 6+1 | 10 | | | | | 4+8 | 5+2 | | | 4+4 | 29+15 |
| 安徽 | | 1 | | | | | +2 | | | | 7+6 | 8+8 |
| 福建 | 7 | 11+1 | | | | 22+17 | 6 | 6+2 | | 26+17 | 22+5 | 93+42 |
| 江西 | 9 | 9 | 2 | 6+2 | 1 | | 3+6 | 4+1 | | | 8 | 42+9 |
| 山东 | 7 | 14+1 | | | | | 3 | | | | 7+1 | 31+2 |
| 河南 | 5 | 8 | | | | 1 | 1 | | | | 8+1 | 23+1 |
| 湖北 | 11 | 14+1 | | | | 5 | 18+6 | 4+4 | | 14 | 27+6 | 88+17 |
| 湖南 | 13 | | | 1 | | | 6 | 14+1 | | | 1 | 34+1 |
| 广东 | 17+10 | 17+7 | | 4+1 | | 12+3 | | 2+2 | 2 | | 34+13 | 77+36 |
| 广西 | 16+1 | 13 | | | | 8 | 6+2 | 6+3 | | | 10+1 | 58+7 |
| 海南 | 5 | 13 | | 2+2 | | 3 | 19+6 | 10+3 | | | 43+2 | 75+10 |
| 四川 | 8+3 | 15+2 | | | | | 2 | | | | 2 | 27 |
| 重庆 | 14+1 | | | | | | 1+4 | 1+2 | | | | 16+7 |

续表

| 省份 | 行政许可 | 行政处罚 | 行政强制 | 行政给付 | 行政征收 | 行政检查 | 行政确认 | 行政奖励 | 行政裁决 | 公共服务 | 其他类别 | 合计 |
|---|---|---|---|---|---|---|---|---|---|---|---|---|
| 贵州 | 4 | 5 | | | | | | 1+2 | | | | 10+2 |
| 云南 | 14+1 | 12+2 | | | | 3+2 | 5+1 | 2+1 | | | 20+6 | 56+13 |
| 西藏 | 10+1 | 21 | | 2 | | 4 | 16+2 | 11+5 | 2 | | 20+1 | 86+9 |
| 陕西 | 15+2 | | | | | | 2+1 | 5+3 | | | | 22+6 |
| 甘肃 | 17+1 | 13+2 | | | | 5+3 | 9+4 | 6+1 | | 13+4 | 21+9 | 84+24 |
| 青海 | 10 | 10+1 | | | +9 | | 2 | | | | 10 | 32+10 |
| 宁夏 | 13 | 10 | | | | 3 | 4+3 | 10+3 | | | 7+3 | 47+6 |
| 新疆 | 15 | 12+1 | | 8 | | 2+1 | 9+1 | 19+1 | 1 | | 6+2 | 72+6 |

注：表中若空格则表示没有此项权力类型，两个数字以“+”为界，前一个数字指国家层面的法律法规规章数目，后一数字为省级政府层面的法律法规规章数目。若没有“+”且只有一个数字，则代表国家层面的数目，省级层面没有。

从表 4-2 统计可以发现，在 31 个省份公布的教育行政部门的权力清单中，除吉林没有公布法律依据外，其他省份都公布了各项权力的法律依据。分析发现，各省份公布的教育行政权力清单的法律依据的主体主要还是教育部行政权力清单的法律依据，也就是上述以《宪法》、教育法律和教育行政法规为主要内容的 195 部法律法规，基本也可以分为司法、决策、执行和监督四大类，相关具体数目主要体现在表 4-2 的“合计”栏的前一个数字。可见，在省级政府制定权力清单时很好地贯彻了“法无授权不可为”的清单精神。

除内蒙古、四川和吉林外，其他 28 个省份在其权限范围内为落实法律法规和解决相应事项也出台了本省份的有关地方性教育法规和规章，如广西的《关于在我区高等学校积极推进学分制的意见》，以及《广东省实施〈中华人民共和国民办教育促进法〉办法》《陕西省实施〈普通话水平测试管理规定〉办法》《河北省物价局、财政厅、教育厅关于制定河北省社会力量建设学生公寓收费标准的通知》《中共辽宁省委办公厅、辽宁省政府办公厅关于印发〈辽宁省实行专业技术职务聘任制度的实施意见〉的通知》《上海市人民政府关于大力发展职业教育的决定》《江苏省教育厅关于印发江苏省义务教育和普通高中学籍管理规定的通知》《浙江省人事厅、浙江省教育厅关于印发〈浙江省中小学校教育管理职务试行办法〉》《福建省行政审批制度改革工作小组办公室关于调整“高校毕业生就业服务”公共服务事项有关意见的通知》《湖北省人民政府关于进一步推进学前教育改革与发展的意见》等，相关具体数目主要体现在表 4-2 的“合计”栏中的后一个数字。

从法律法规规章的数目分布来看具体的权力类型，可以发现，“行政许可类”“行政处罚类”“行政确认类”“行政奖励类”“其他类”是法律法规规章比较集中的类别，而“行政强制类”“行政征收类”“行政裁决类”“公共服务类”较少涉及法律法规规章依据，这也可以反映出教育行政权力行使主要集中在前五类领域，并且这五类也是省级层面的法规规章较为集中的领域，这也是省级层面在教育行政管理上的自由裁量权的侧面反映。

总体而言，各省级教育行政部门公布的权力清单都基本意识到权力的法律依据问题，基本遵循了职权来源法定的原则，基本上将权力的法律依据作为清单的必备要素，具体的法律依据的层级基本限定在国家法律、国家和省级教育行政法规、规章这个层面。就各省份公布的教育行政权力清单的法律法规规章的数目来看，国家层面的法律法规规章数目占据主要，省级层面作为补充和落实。需要注意的是，大量为权力实践运行提供合法性依据的非立法性行政规范性文件，也就是俗称的“红头文件”，主要在“行政奖励类”“行政给付类”“其他类”等利益给付型权力类型当中作为法律依据，在其他类型中较少看见，这个实践运行和清单规定的反差是一个值得注意且有意思的问题。这固然与清单的相对固定和实践的相对变化、权力的相对宽泛和事宜的相对具体、职权法定原则在这些领域适用性相对较宽等有关系，但这也提醒我们，权力清单实际执行中的法律依据的有效性和权威性问题。若权力的实际运行主要还是以“红头文件”作为法律依据，长此以往，必然损害清单制度的权威性和有效性，甚至可能导致清单制度被束之高阁。

### （二）权力合法性内容

权力内容合法指行政职权必须在法律规定的范围内行使，超越其范围就构成越权甚至侵权。权力清单制度中的权力内容就是各行政部门所拥有的符合法律规定的可履行的具体行政行为。没有权力内容，也就“无物”谈清单制度。因此权力内容是清单制度的主体。

#### 1. 教育部行政权力规定的主要内容

经过对教育部行政权力所依据的 195 部法律法规的整理，共梳理出 115 项教育部相关行政权力事项。按照前述图 4-1 中对教育行政权力的分类标准，将 115 项行政权力分类如图 4-3 所示。

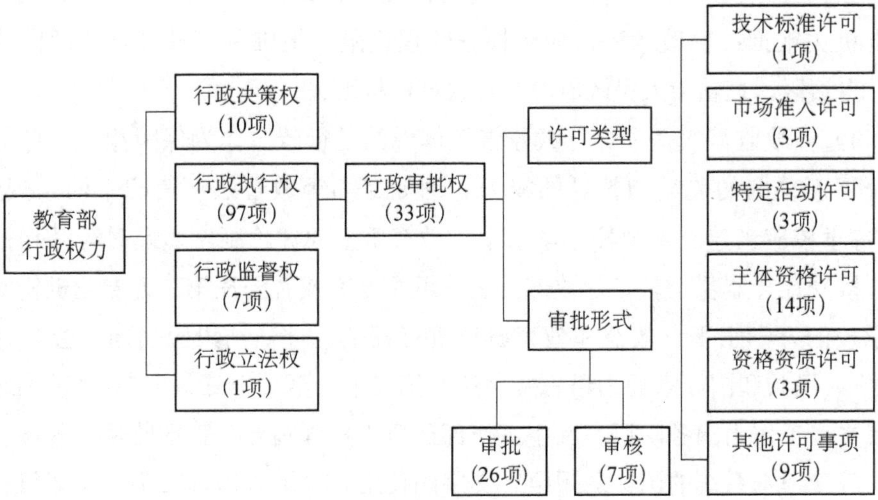


图 4-3　教育部行政权力事项

在上述梳理出的115项教育部行政权力事项中，具体包括以下内容。

1）行政决策权10项。行政决策权是行政主体在社会公共事务管理过程中为实现公共利益而做出的行为选择，实质体现的是政府教育行政部门的政策制定和资源分配。例如《高等教育法》第十四条规定："国务院教育行政部门主管全国高等教育工作，管理由国务院确定的主要为全国培养人才的高等学校。国务院其他有关部门在国务院规定的职责范围内，负责有关的高等教育工作。"《教师法》第五条规定："国务院教育行政部门主管全国的教师工作。国务院有关部门在各自职权范围内负责有关的教师工作。学校和其他教育机构根据国家规定，自主进行教师管理工作。"

2）行政执行权97项。行政执行权是行政机构履行行政职权的具体体现，涉及有关事项占行政权力的绝大部分比重。在教育部97项执行性事项中，涉及行政审批的权力事项为33项，占比接近三成，其中又以主体资格类许可事项居多，占比超过四成。例如《高等教育法》第二十九条规定："设立实施本科及以上教育的高等学校，由国务院教育行政部门审批；设立实施专科教育的高等学校，由省、自治区、直辖市人民政府审批，报国务院教育行政部门备案；设立其他高等教育机构，由省、自治区、直辖市人民政府教育行政部门审批。审批设立高等学校和其他高等教育机构应当遵守国家有关规定。审批设立高等学校，应当委托由专家组成的评议机构评议。高等学校和其他高等教育机构分立、合并、终止，变更名称、类别和其他重要事项，由本条第一款规定的审批机关审批；修改章程，应当根据管理权限，报国务院教育行政部门或者省、自治区、直辖市人民政府教育行政部门核准。"

3）行政监督权7项。行政监督权体现的是行政主体为保障相关事务的正常开展而采取的监察和督导的权力。例如《高等教育法》第四十四条规定："高等学校应当建立本学校办学水平、教育质量的评价制度，及时公开相关信息，接受社会监督。教育行政部门负责组织专家或者委托第三方专业机构对高等学校的办学水平、效益和教育质量进行评估。评估结果应当向社会公开。"《中华人民共和国国家通用语言文字法》第二十一至二十三条规定："国家通用语言文字工作由国务院语言文字工作部门负责规划指导、管理监督。国务院有关部门管理本系统的国家通用语言文字的使用。""地方语言文字工作部门和其他有关部门，管理和监督本行政区域内的国家通用语言文字的使用。""县级以上各级人民政府工商行政管理部门依法对企业名称、商品名称以及广告的用语用字进行管理和监督。”

4）行政司法权 1 项。行政司法权是行政主体根据法律授权对行政领域内的权益争议进行裁决、调解或诉讼的行政行为。例如《学生伤害事故处理办法》第十八条规定：“发生学生伤害事故，学校与受伤害学生或者学生家长可以通过协商方式解决；双方自愿，可以书面请求主管教育行政部门进行调解。成年学生或者未成年学生的监护人也可以依法直接提起诉讼。”

### 2. 省级教育行政部门权力的主要内容

同样，根据《指导意见》中明确的 9+X 的分类模式，依据国务院公布的省级政府组成部门权力清单和各省公布的权力清单，笔者对省级教育行政部门公布的行政权力清单的内容事项进行梳理统计，结果如表 4-3 所示。

**表 4-3　省级教育行政权力清单各类别规定的事项统计**　单位：项

| 省份 | 行政许可 | 行政处罚 | 行政强制 | 行政给付 | 行政征收 | 行政检查 | 行政确认 | 行政奖励 | 行政裁决 | 公共服务 | 其他类别 | 合计 |
|---|---|---|---|---|---|---|---|---|---|---|---|---|
| 北京 | 4 | 20 | | | | | 2 | 6 | | | 11 | 43 |
| 天津 | 3 | 25 | | 1 | | 8 | 2 | 3 | | | 15 | 57 |
| 河北 | 13 | | | | | | 5 | | | | 6 | 24 |
| 山西 | 15 | 20 | | | | | 6 | 10 | | | 10 | 61 |
| 内蒙古 | 3 | 5 | | | | | | | | | 1 | 9 |
| 辽宁 | 16 | 7 | | | | | 10 | 7 | | 17 | | 57 |
| 吉林 | 19 | 4 | | | | | 1 | 3 | | | 5 | 32 |
| 黑龙江 | 6 | | | | | | 4 | 5 | | | 5 | 20 |
| 上海 | 11 | 73 | 1 | 6 | | | 8 | | | | 3 | 101 |
| 江苏 | 14 | 45 | | 1 | | | 5 | 12 | | | 27 | 104 |
| 浙江 | 5 | 17 | | | | | 6 | 5 | | | 7 | 40 |
| 安徽 | 2 | 1 | | | | | 3 | 2 | | 54 | 23 | 77 |
| 福建 | 5 | 17 | | | | 19 | 3 | 5 | | 27 | 20 | 96 |
| 江西 | 7 | 6 | 3 | 3 | 1 | | 9 | 7 | 2 | | 8 | 46 |
| 山东 | 5 | 19 | | | | | 3 | | | | 9 | 36 |
| 河南 | 3 | 13 | | | | 1 | 1 | | | | 6 | 24 |
| 湖北 | 7 | 12 | | | | 2 | 8 | 4 | | 7 | 10 | 50 |
| 湖南 | 12 | | | 1 | | | 6 | 10 | | | 2 | 31 |
| 广东 | 10 | 23 | | 1 | | 13 | | 3 | | | 30 | 80 |
| 广西 | 14 | 8 | | | | 3 | 6 | 4 | | | 5 | 40 |

续表

| 省份 | 行政许可 | 行政处罚 | 行政强制 | 行政给付 | 行政征收 | 行政检查 | 行政确认 | 行政奖励 | 行政裁决 | 公共服务 | 其他类别 | 合计 |
|---|---|---|---|---|---|---|---|---|---|---|---|---|
| 海南 | 5 | 10 | | 4 | | 1 | 16 | 10 | | | 29 | 75 |
| 四川 | 8 | 18 | | 1 | | 1 | 2 | 2 | | | 2 | 34 |
| 重庆 | 12 | 5 | | | | | 1 | | | | | 18 |
| 贵州 | 3 | 22 | | | | | | 2 | | | | 27 |
| 云南 | 14 | 22 | | | | 4 | 4 | 1 | | | 37 | 82 |
| 西藏 | 6 | 12 | | 1 | | 2 | 9 | 5 | 2 | | 10 | 47 |
| 陕西 | 11 | | | | | | 4 | 6 | | | | 21 |
| 甘肃 | 6 | 13 | | | | 5 | 7 | 4 | | 11 | 18 | 64 |
| 青海 | 8 | 33 | | | 17 | | 2 | | | | 23 | 83 |
| 宁夏 | 7 | 10 | | | | 2 | 5 | 11 | | | 9 | 42 |
| 新疆 | 12 | 15 | | 1 | | 1 | 7 | 6 | | 11 | 4 | 57 |

注：表中的数字代表各省份教育行政权力清单中各权力类型规定的具体事项数，空格表示在该省份教育行政权力清单中无此类别。

第一，在权力事项的分类上。各省教育行政权力清单规定的权力类型基本上还是按照《指导意见》中规定的9种类型和1种“其他类别”等10类构成，绝大多数省份由6种左右的权力类型构成，而辽宁、安徽、福建、江西、湖北、甘肃、新疆等7省份在这10种类型之外还自设了一种“公共服务”类型。上海、江西两省份还少见的有“行政强制类”，涉及“侵占、破坏学校体育场地、器材、设备的，令其限期清退和修复场地、赔偿或者修复器材、设备”“加处罚款”“先行登记保存证据”“抽样取证”等权力事项；江西、青海两省份有少见的“行政征收类”，涉及“普通话水平测试”“大学英语四六级考试”“计算机等级考试”等的报名费和测试费；江西、西藏两省份有少见的“行政裁决类”，涉及教师和学生的申诉。

第二，在权力类型的分布上。全部省份都有“行政许可类”；除河北、黑龙江、湖南、陕西等4个省份外，其余27个省份有“行政处罚类”；除内蒙古、广东、贵州等3个省份外，28个省份有“行政确认类”，除辽宁、重庆、贵州、陕西等4个省外，27个省份有“其他类”，除河北、内蒙古、上海、山东、河南、重庆、青海等7个省份外，24个省份有“行政奖励类”。可见，“行政许可”“行政处罚”“行政确认”“行政奖励”“其他类别”5种权力类型是省级教育行政管理部门管理教育的主要手段。

第三，就权力清单各类型规定的事项数而言。从总的事项数来看，各省份从9项到104项呈现较大的差距，平均每个省份有51项。若除去部分省份自设的“公共服务类”外，平均每个省份大致46项。若除去各省根据自身情况规定的“其他类别”和部分省份自设的“公共服务类”，平均每个省份有36项。这个46项和36项的平均数大致反映了省级层面的事项平均数（“公共服务类”不在国务院规定的类型之中）和国家层面规定的事项平均数（“其他类别”主要体现为省级层面的自由裁量权）。从各权力类型规定的具体事项数来看，“行政许可”“行政处罚”“行政确认”“行政奖励”“其他类别”等5种类型规定的事项数较多，基本占到各自全部权力事项数的95%以上。

### （三）权力合法性运行

权力清单制度的逻辑起点是“法无授权不可为”，价值追求是权力的公开运行。权力只有在公开运行的基础之上才能接受和受到合法性监督和合法性审查。从广义的角度理解，此处之“法”既有“依法授权”之本意，也有“依法运行”之要求。如何知道权力是否在依法运行？就公权力的公共性要求和满足公众的知情权而言，除了公开权力的运行流程外，别无更好的途径。因此，《指导意见》中提出的建立“权力清单制度”的八项主要任务中，“优化权力运行流程”和“公布权力清单”占据其二，可见公开运行流程和公布权力清单之重要。既然要公开，必然涉及公开什么和在哪公开的问题，而公开什么又必然涉及依据、内容、运行、监督等问题，而在哪公开则涉及平台和机制问题。具体到流程运行公开，又涉及承办机构、运行程序、责任主体、办理方式和办理时限等基本要素。

就国家和省级教育行政权力清单而言，承办机构主要指教育行政权力的行使主体，也就是教育部及其各司局、教育厅及其各处室。运行程序就是教育行政相对人提出申请，按要求提交材料，教育行政主体在规定时间内对材料进行审核或认证，并做出回复或进行公示。办理时限指行政主体受理到最后做出决定，并将决定送达行政相对人的时间期限。尽管不同事项有不同的办理时限，但只有明确了具体的办理时限，才能对行政主体的权力运行形成约束。

#### 1. 教育部行政权力运行流程

针对权力清单中的权力流程运行问题，我们同样从国务院部门和省级政府部门两个层级来观察。从国务院组成部门来看，《试点方案》中将国家发展改革委、民政部、司法部、文化部、海关总署、税务总局、证监会等七个部门作为试点单位，同时明确了“全面梳理部门现有权责事项”“清理规范权责事项”

“审核权责清单”“优化权力运行流程”等四项试点任务，而在“优化权力运行流程”中明确规定：“对保留的行政权责事项，试点部门要按照透明、高效、便捷的原则，制定行政权力运行流程图，切实减少工作环节，规范行政裁量权，明确每个环节的承办主体、办理标准、办理程序、办理时限、监督方式等，提高行政权力运行的科学化、规范化水平。”[①]可见，制定包含每个权力运行环节的承办主体、办理标准、办理程序、办理时限、监督方式等为主要内容的行政权力流程图是权力流程性运行的基础。

尽管教育部不在试点范围，就本章内容而言，依然选取其作为观测点，以期管中窥豹，了解国家政府部门的权力运行流程。以教育部公布的 10 项行政许可事项为例，全部公布了流程图[②]。“中央部属高等学校章程核准”事项的流程图如图 4-4 所示。

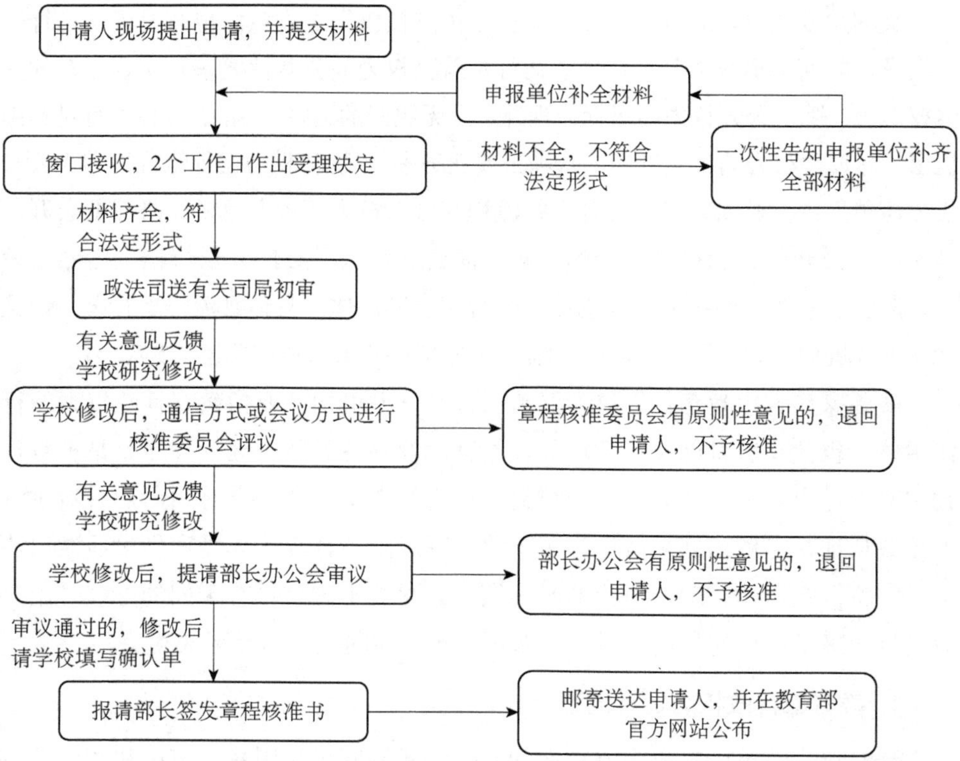


图 4-4 “中央部属高等学校章程核准”流程

① 国务院办公厅关于印发国务院部门权力和责任清单编制试点方案的通知. http://www.gov.n/zhengce/content/2016-01/05/content_10554.htm.（2016-01-05）[2021-12-25].

② 中央部属高等学校章程核准. https://zwfw.moe.gov.cn/guide?matterType=general.[2021-12-25].

“高等学校设置、调整管理权限范围外的本科专业审批”流程图如图 4-5 所示。

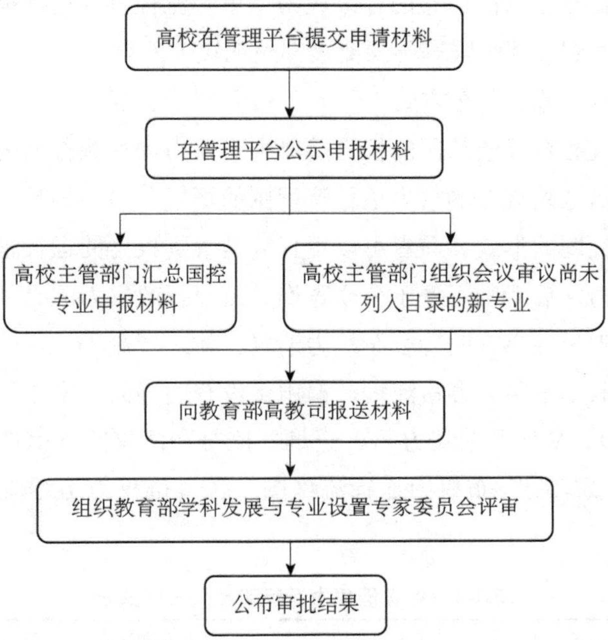


图 4-5　“高等学校设置、调整管理权限范围外的本科专业审批”流程

从教育部公布的以上两个行政许可事项的流程图可以看出，每个流程图基本规范了权力运行的办理程序、办理内容、承办主体、办理时限等基本内容。就教育部公布的 9 个行政许可事项而言，相关内容主要体现在“流程图”“办理时限”“服务指南”中，其中有流程图的 7 个事项全部涵盖了程序、内容、主体等内容，尽管有 3 个事项在流程图中没有提供办理时限，但全部 7 个事项都在“办理时限”和“服务指南”中提供了办理时限和监督方式。稍显遗憾的是，2 个事项不知何故没有公布流程图，一定程度上影响了教育部行政许可事项清单的完整性。

### 2. 省级教育行政部门权力运行流程

就省级政府部门而言，《指导意见》明确提出“优化权力运行流程：对确认保留的行政职权，地方各级政府工作部门要按照透明、高效、便民原则，制定行政职权运行流程图，切实减少工作环节，规范行政裁量权，明确每个环节的承办机构、办理要求、办理时限等，提高行政职权运行的规范化水平”的任务。同样依据国务院公布的省级政府组成部门权力清单和各省公布的权力清单，对省级教育行政部门公布的行政权力清单的流程事项进行梳理统计，发现从流程图的形式到办理时限等不同要素都呈现较大差异。

（1）权力运行流程公布方式

比较各省级教育行政部门的权力清单中对权力运行流程的公布主要有两种形式：一种是国务院规定的权力运行流程图的形式，另一种是办事指南或服务指南中包括流程图的形式。前者可以更直观地看到权力的运行程序和不同阶段的具体行政权力，后者则不便于公众查询、监督行政权力的具体运行程序。同时，还有6个省份并没有明确公布权力清单具体运行流程（这些省份中又有少数省份在权力清单中隐含办事流程，但由于没有明确的办事流程，故将其归入没有流程图类）。从便利公民办事、查询、监督和清单的规范性角度，权力清单还是很有必要编制公布权力运行流程图。各省份权力运行流程公布形式如表4-4所示。

**表4-4 各省份权力运行流程公布形式表**

| 省份 | 流程公布形式 |
| --- | --- |
| 北京 | 流程图 |
| 天津 | 流程图 |
| 河北 | 办事指南中包括流程图 |
| 山西 | 流程图 |
| 内蒙古 | 无 |
| 辽宁 | 流程图 |
| 吉林 | 无 |
| 黑龙江 | 办事指南中包括流程图 |
| 上海 | 流程图 |
| 江苏 | 流程图 |
| 浙江 | 流程图 |
| 安徽 | 办事指南中包括办理流程 |
| 福建 | 流程图 |
| 江西 | 流程图 |
| 山东 | 流程图 |
| 河南 | 流程图 |
| 湖北 | 流程图 |

续表

| 省份 | 流程公布形式 |
|---|---|
| 湖南 | 办事指南中包括流程图 |
| 广东 | 流程图 |
| 广西 | 无 |
| 海南 | 流程图 |
| 四川 | 办事指南中包括流程图 |
| 重庆 | 办事指南中包括流程图 |
| 贵州 | 无 |
| 云南 | 无 |
| 西藏 | 办事指南中包括流程图 |
| 陕西 | 流程图 |
| 甘肃 | 办事指南中包括流程图 |
| 青海 | 流程图 |
| 宁夏 | 无 |
| 新疆 | 流程图 |

（2）具体办结时限不同

针对同一项权力类型，各省教育厅规定的办结时限不同。同时，在办结时限上还分为法定时限和承诺时限。所谓法定时限就是法律规定的时限节点，承诺时限则是行政主体对相对人做出的承诺，二者从合法和效率的角度共同构成科学的办事时限。从提高行政效率和展示行政部门办事效率和形象而言，基本上承诺时限都短于法定时限。就具体情况看，部分省份公布了两种时限，部分省份只公布了其中一种，也有不少省份没有规定时限。在具体的办结时限规定上，已公布的省份，法定时限从 20 天到 6 个月不等，承诺时限从 14 天到 6 个月不等，也呈现较大差异。这种差异化的办理时限必然会影响不同行政对象的权益。同时，尽管各省份在具体事项的规定上有自由裁量权，但同一事项的办结时限的规定差异性太大，也不利于维护权力清单的整体性、规范性和严肃性。

根据各省份教育厅（教委）公布的权力运行流程和办事指南或服务指南，以“中外合作办学机构（项目）设立、分立、合并、变更、终止审批”事项办结时限为例，经梳理统计，各省情况如表 4-5 所示。

表 4-5 各省份“中外合作办学机构（项目）审批”事项办结时限比较

| 省份 | 法定时限 | 承诺时限（工作日数） |
|---|---|---|
| 北京（机构） | 无 | 非学历 3 个月，学历 6 个月 |
| 天津（机构） | 无 | 无 |
| 河北（项目） | 20 天 | 20 天 |
| 山西 | 45 天 | 25 天 |
| 内蒙古 | 无 | 无 |
| 辽宁（机构） | 无 | 55 天 |
| 吉林（机构） | 无 | 30 天 |
| 黑龙江（机构） | 45 天 | 35 天 |
| 上海 | 20 天 | 20 天 |
| 江苏（机构） | 非学历 3 个月，学历 6 个月 | 非学历 3 个月，学历 6 个月 |
| 浙江 | 6 个月 | 120 天 |
| 安徽（项目） | 90 天 | 20 天 |
| 福建（机构） | 无 | 非学历 45 天，学历 90 天 |
| 江西（机构） | 80 天 | 55 天 |
| 山东（项目） | 60 天 | 14 天 |
| 河南（项目） | 20 天 | 14 天 |
| 湖北（项目） | 20 天 | 14 天 |
| 湖南 | 180 天 | 87 天 |
| 广东 | 非学历 3 个月，学历 6 个月 | 非学历 54 天，学历 4 个月 |
| 广西 | 无 | 无 |
| 海南（机构） | 45 天 | 45 天 |
| 四川（机构） | 180 天 | 98 天 |
| 重庆（项目） | 20 天 | 20 天 |
| 贵州 | 无 | 无 |
| 云南（机构） | 60 天 | 40 天 |
| 西藏（项目） | 30 天 | 20 天 |
| 陕西 | 无 | 无 |
| 甘肃（机构） | 90 天 | 60 天 |
| 青海 | 无 | 无 |
| 宁夏 | 无 | 无 |
| 新疆 | 180 天 | 180 天 |

注：表中省份后的“机构”和“项目”分别指类型，若省份后没有标明，则表示各省在规定时把“机构”和“项目”纳入同一类型。

### （四）权力合法性监督

有权必受监督，公权力更应受监督，因为它来自人民授权，行使公共职责，服务大众利益。“要让干部习惯在监督中工作和生活”，这是中央对干部的要求，实质是公权力要在监督下行使。党的十八大以来，以习近平同志为核心的党中央坚持不懈地狠抓全面从严治党，一个重要的抓手就是逐步建立起全面的监督体系。党的十八大以来，全面从严治党之所以能取得重大成效，也在于以习近平同志为核心的党中央久久为功地长抓权力的监督。

权力清单的监督机制必然依赖规范化的监督体系，而规范化的监督体系又涉及监督主体、监督方式和监督内容等方面。目前，我国行政权力监督体系主要包括立法监督、司法监督、政党监督、行政监督和社会监督 5 个方面。立法监督指国家立法机关对行政管理机构及其活动实施的监督，是有法律效力的最高层次的异体监督。司法监督指国家检察机关和审判机关对行政管理机构及其活动合法性的强制监督。政党监督指政党成员代表本党利益对政府活动的监督或者通过社会舆论支持和反对政府某些决策和行为，我国的政党制度决定了政党监督是以共产党监督为主、民主党派监督为辅。行政监督指上级行政机关对下级行政机关、专门行政监督机关对一般行政管理机关和行政机关对其工作人员的内部监督。社会监督指社会组织和团体及公民对行政机关及其活动进行的广泛监督。

1）多元的监督主体。权力清单制度涉及的监督主体既包括立法机关、司法机关、中国共产党和各民主党派、教育行政机关及其相关监督部门，还包括社会团体、公民和媒体等在内的社会监督主体。立法机关监督和政党监督主要体现在权力清单制度推行的合法性和编制的规范性方面，而编制和推行主体是否依据法律法规行使教育行政权力和程序是否符合法律规定，则是司法机关的监督内容。行政监督方面，主要包括教育行政机构及其内设部门在编制和公布权力清单过程中，通过梳理和检查自身权力进行监督，同时和司法机关对教育行政部门及其公职人员进行专门监督和司法监督。社会监督方面主要指权力清单一经公布，从权力自身到其运行的各个环节都在阳光下展示和运行，社会组织、受教育者和社会舆论等通过公民的监督权利展开监督，教育行政相对人也会对其进行监督，以保证个人权益的实现。

2）多样的监督方式。多元的监督主体必然带来监督方式的多样化。①立法监督，主要通过法制审查、工作报告审议、质询和询问、人事监督、视察和调查等方式监督权力内容和运行整体情况。若有可能，国务院适时将目前的

“权力清单”的“方案”和“意见”上升为“条例”，全国人大将其上升为法律等都是立法监督的方式。②司法监督，主要监督权力内容与权力运行程序是否符合法律法规。只有法律法规规定的权力才合法，只有按照法律法规规定的程序运行才合法，一旦教育行政主管部门将不合法的权力项目和运行程序列入清单目录，司法机关就可以依法对其进行监督和规制。③政党监督，主要是中国共产党通过“领导一切”实行的日常监督和通过纪检委实行的专门监督，而民主党派主要通过各级政协组织进行监督。④教育行政部门为主的行政机关的监督。教育部要接受国务院和行政监察部门监督，省级教育行政部门要接受教育部监督，同时还要接受其他相关行政部门的监督。⑤社会监督。教育行政权力清单之所以要向社会公布，一方面是行权需要，另一方面也是为了充分发挥社会监督主体的全方位监督作用。

3）明确的监督内容。没有权力内容，监督无从谈起。只有将教育行政部门的权力内容、职权依据和职权运行流程中的办事程序、办理时限、承办机构和责任人等具体信息公布，监督主体才能知晓内容，才能对照内容进行监督，监督的针对性和有效性才能达成。

如果把教育行政权力清单制度的监督按照上述监督体系的三个方面进行对照，我们就可以发现，多元的监督主体和多样的监督方式不是教育行政权力清单制度本身能解决的问题，或者说这两个方面本身就存在于国家治理体系和治理能力现代化建设之中，那剩下的监督内容也就是教育行政权力的来源、内容和运行程序等就成为监督的主要方面。换言之，对教育行政权力运行环节进行事前、事中和事后的全过程监督成为监督的主要内容。如果把编制和公布教育行政权力清单视为一种事前监督，也就是各类多元监督主体可以按照法律法规的规定对权力清单中公布的权力来源、权力内容和权力运行流程等进行合法性监督，主要监督权力的设置、权力的内容和权力运行是否符合法律法规规定，是否存在无法律设置、自定依据设置、超越法律法规规定设置和运行流程不按规定进行等问题，也就是本书前述论及的权力合法性依据、合法性内容和合法性流程。同时，权力清单还公布了咨询、查询和投诉电话以及电子监察平台，行政相对人可以在权力行使过程中进行监督投诉，这应该属于事中监督。事后监督主要体现在公布的清单目录中是否提供了责任事项依据、风险防控设计以及其他监督渠道，以此强化教育行政部门应当承担的责任以及事后的监控。

按照上述权力清单事前、事中、事后的监督过程和监督内容，如果把权力清单的制定和公布视为一种事前监督，那么我们就以事中、事后的监督方式（是否提供咨询、查询和投诉方式，是否提供监督监察方式，是否提供责任清单等）为观测点，依然按照教育部和各省级教育行政部门公布的权力清单为依据进行分层分类统计。

**1. 教育部权力清单的监督方式**

《试点方案》中的四项任务尽管没有单独明确提出监督的问题，但在“清理规范权责事项”中明确提出了“形成部门基础权责清单，列明权责事项名称、类型、设定依据、调整意见以及追责情形等内容”，在“优化权力运行流程”中提出“明确每个环节的承办主体、办理标准、办理程序、办理时限、监督方式等”。可见，以“责任清单”“追责情形”“监督方式”为主要内容的监督是国务院为试点部门编制权责清单时提出的要求。

我们依然以教育部公布的权力清单中的9项行政许可事项为例，经统计发现，除了“硕士、博士学位授予单位及其可以授予硕士、博士学位的学科名单审核”和“实施本科以上高等学历教育的中外合作办学机构（含内地与港澳台地区合作办学机构）设立、分立、合并、变更和终止审批”等两项没有公布任何内容外，其余7项都提供了电话、邮箱或信函的咨询方式，电话和邮箱的监督和投诉渠道，以及电话或网络平台的查询方式。但遗憾的是，全部都没有提供权责清单。

**2. 省级教育行政部门权力清单的监督方式**

中共中央办公厅、国务院办公厅对于地方各级政府工作部门权力清单制度中的监督问题提出了较国务院组成部门更加明确的要求，在《指导意见》中提出的六项任务中明确涉及监督的就有两项：一是在“积极推进责任清单工作”中提出：“在建立权力清单的同时，要按照权责一致的原则，逐一厘清与行政职权相对应的责任事项，建立责任清单，明确责任主体，健全问责机制。已经建立权力清单的，要加快建立责任清单；尚未建立权力清单的，要把建立责任清单作为一项重要改革内容，与权力清单一并推进。”二是在“强化权力监督和问责”中提出：“权力清单公布后，地方各级政府工作部门、依法承担行政职能的事业单位、垂直管理部门设在地方的具有行政职权的机构等，都要严格按照权力清单行使职权，切实维护权力清单的严肃性、规范性和权威性。要大力推进行政职权网上运行，加大公开透明力度，建立有效的权力运行监督机制。对不按权力清单履行职权的单位和人员，依纪依法追究责任。”可见，在中央和国务院的工作部署中，地方政府工作部门权责清单中的“责任清单”“权力监督”“责任追究”较国务院组成部门而言，任务更重，要求也更加明确。

依据国务院公布的省级政府组成部门权责清单和各省份公布的权责清单，按照事中、事后监督过程和监督内容，对省级教育行政部门公布的行政权力清单中是否制定责任清单、是否提供查询咨询方式、是否提供监督和投诉方式、是否有明确的责任追究等规定，以“高等学校教师资格认定”为例进行梳理统计，发现各省份在不同方面也呈现较大差异。各省份“高等学校教师资格认定”事项监督方式如表 4-6 所示。

**表 4-6 各省份“高等学校教师资格认定”事项监督方式比较**

| 省份 | 责任清单 | 咨询方式 | 监督方式 |
|---|---|---|---|
| 北京 | √ | | |
| 天津 | √ | | √ |
| 河北 | | √ | √ |
| 山西 | √ | √ | √ |
| 内蒙古 | √ | | |
| 辽宁 | | √ | √ |
| 吉林 | | | |
| 黑龙江 | | √ | √ |
| 上海 | | √ | √ |
| 江苏 | √ | √ | √ |
| 浙江 | | √ | √ |
| 安徽 | | √ | √ |
| 福建 | √ | | |
| 江西 | √ | √ | √ |
| 山东 | √ | √ | √ |
| 河南 | √ | √ | √ |
| 湖北 | √ | √ | √ |
| 湖南 | √ | √ | √ |
| 广东 | √ | √ | √ |
| 广西 | √ | √ | √ |
| 海南 | √ | | |

续表

| 省份 | 责任清单 | 咨询方式 | 监督方式 |
| --- | --- | --- | --- |
| 四川 | √ | √ | √ |
| 重庆 | √ | √ | √ |
| 贵州 | √ | | |
| 云南 | √ | | √ |
| 西藏 | √ | | √ |
| 陕西 | √ | √ | √ |
| 甘肃 | √ | √ | √ |
| 青海 | | √ | √ |
| 宁夏 | √ | | |
| 新疆 | | √ | √ |

注：表中划“√”表示清单中有此项内容。咨询方式主要指电话、邮箱和网络平台，监督方式主要指电话、邮箱和信函。

从表4-6可以看出，同时提供咨询方式、监督方式和责任清单的省份并不太多，部分省份没有责任清单。部分省份以“权责清单”的名义公布，内容实质上是权力清单。部分省份尽管有权力清单，但仅仅是权力名称的基本列表，既没有权力依据，也没有流程等权力运行的基本信息。部分省份有“责任清单”，但在权力清单中又没有提供咨询方式和监督方式，导致责任清单高悬，在权力运行中无法实现过程监督，甚至还有部分省份“责任清单”和“监督方式”都有，反而没有咨询方式，无法让权力相对人掌握进程，似有让权力在自我封闭中运行之嫌。同时，绝大多数省份没有责任追究的有关规定。按照上述教育行政权力监督体系的分析，对照以上统计可以发现，教育行政权力清单制度中的各种事中、事后监督建设任重道远，各级教育行政部门在权力运行中主动接受监督的意识还有待加强，这从反面说明，权力运行的监督是多么重要。

## 第二节 教育行政权力清单制度审思

如前所述，权力清单制度从肇始到全面推行都采用自上而下的权力运作和权力整合方式，自始至终都是党中央和国务院在谋篇布局、强力推进：2013年，党的十八届三中全会上首次明确提出权力清单制度；2014年，李克强总理在省部级主要领导干部专题研讨班上对其进行进一步强调；2015年，《政府工作报告》中再次强调权力清单制度，3月，《指导意见》印发，要求省级政府

2015年底前，市县两级政府于2016年底前基本完成政府工作部门、依法承担行政职能的事业单位权力清单的公布工作，12月中央全面深化改革领导小组第十九次会议通过，由国务院办公厅发布《试点方案》，要求试点工作在2016年12月底前完成。这项工作从真正启动到要求完成只有不到两年的时间。

实践上，这种制度安排有利于快速推进权力清单制度的学习、贯彻和落实，降低制度改革和实施的成本，较好地实现制度预期，但这种"应急性"的制度变迁导致中央政府组成部门、地方政府和社会成员只能被动接受既定的制度安排。在权力清单制度推行过程中，地方政府一方面需要对中央政府下放、取消的事项进行承接，另一方面需要对其行政权力进行精简、整合、公示等，这无疑加大了地方政府工作难度。

理论上，权力清单制度是典型的"实践先行"，其定位、功能、价值、结构等问题还缺乏明确的理论指引和先前经验，所以各地在推行权力清单的实践中会出现较大偏差。从各省份公布的权力清单来看，各省份在梳理口径、权力数量、权力类别、涉及范围、梳理公布主体等方面都存在较大差异。事物新鲜、工作时限、利益纠葛、人员素质等诸多复杂原因，都可能使权力清单制度所希冀的良好预期在执行中往往大打折扣，制度推行的边际效益递减，由此带来权力依法不一致、权力内容不一致、权力形式不一致、权力变通较多等诸多问题，这些问题在教育行政权力清单中也明显存在。明晰教育行政权力清单存在的问题并找出原因，对于制定大学行政权力清单有诸多借鉴和参考。

## 一、教育行政权力清单制度规范化困境

### （一）权力法定依据不一致侵蚀清单权威

依法梳理、设定教育行政部门职权边界是教育行政权力清单制度的基础。从权力来源的合法性角度，只有来源于法律明确规定的权力才是合法化的权力；从行政法角度，所有行政主体的行政行为必须是法定职权或履行法定职责才是合法行为。法定职责既是政府作为的边界，也是政府不作为的底线。尽管权力清单是权力合法化的外在形式，权力清单的制定过程也是政府清权和确权的过程，但权力清单本身并不必然带来合法行政。只有具有合法依据的权力通过清单的方式向社会进行公布后，权力清单才能取得合法性。权力法定主要涉

及两个关键因素：由谁梳理权力事项和依据什么法律法规进行梳理。其中，谁也就是梳理主体的问题，这是权力清单合法的前置条件，依据什么法律法规进行梳理是权力清单合法的必要条件。就目前的实践来看，这两个因素的法定都存在一定的偏差，这种偏差必然损害清单的权威性。

**1. 教育行政部门成为厘定权力清单的法理主体，使清单陷入“自我言说”的尴尬之境**

《指导意见》明确提出：地方各级政府工作部门要对行使的直接面对公民、法人和其他组织的行政职权，分门别类进行全面彻底梳理，逐项列明设定依据，汇总形成部门行政职权目录。各省级政府要结合本地实际，制定统一规范的分类标准，明确梳理的政策，要对其工作部门清理后拟定保留的行政职权目录，按照严密的工作程序和统一的审核标准，依法逐条逐项进行合法性、合理性和必要性审查。中央机构编制委员会办公室、国务院法制办要加强对地方的指导，地方各级机构编制部门和政府法制部门要切实负起责任，在同级党委和政府领导下，会同有关部门积极做好推行权力清单制度工作。这也就意味着，在权力清单的梳理过程中，政府各部门按照政府规定的统一标准和政策负责自身权力事项的梳理，法制办负责合法、合理和必要性审查，编办负责日常管理和指导督查，这些部门和环节共同厘定权力事项。

从实际状况来看，政府各部门自身成了权力清单的主要制定者，权力清单的制定更像是各部门对部门事务的项目梳理，主要依据不是法律法规规定的部门权力的应然状态，而是部门运行的实然状态。权力的内在冲动和部门利益的纠葛往往让这种实然状态表现为以下几种情形：①形成“玄机单”。一些部门将各个权力事项的子项合并，将碎片化的权力整合为更大的权力，或者将核心权力保留，下放程序性权力。从表象上，权力事项数量比没有制定权力清单时要少很多，看似“简政放权”，但实质上权力还是那些权力，并没有丝毫减少。②形成“单外单”。部分地方政府部门对自身所承担的职能无法区分是公共行政管理还是中介服务，因而出台了“公共服务清单”“中介服务清单”“收费清单”等。看似形式上的“单”有了，推行清单实现限权的“神”却丢了，也违背了中央和国务院规定的“权力清单”“负面清单”“责任清单”的精神和要求。③形成“随意单”。目前部门各自梳理的做法因不同的行政主体甚至具体执行此项工作的工作人员对权力清单的内涵、梳理标准等存在认知差异而给工作带来一定的随意性，有可能将法律规定的权力事项该列入清单的未列入，不该列入的反而列入。有学者比较了北京所辖城区公布的权力清单事项，发现就行政许可事项而言，东城区为416项，而西城区仅为223项。[①]从理论上讲，两者为同一城市下辖的区级政府，同一权力类别所辖事项应基本一致，这种差异就折射出清单梳理主体对清单的不同理解和操作，可能阻碍权力清单的跨部门和跨省份交流。④形成“隐形单”。国务院在权力事项的分类规定中之所以设置“其他类别”，主要是考虑地方政府的实际情况和自由裁量权，但地方政府在实际操作中将法律法规等规范性文件没有包括的、不能明确分类的、难以预测的都包含在其中，让“其他权力”事实上成为一种兜底权力，这就为各部门保留隐形权力、保留应取消权力事项以及设置行政权力“玻璃门”和“弹簧门”提供了重要途径，而这个“其他权力”往往又容易被异化为部门寻租、损害公共利益的工具[②]，这就严重背离了权力清单制度的本质和要求。

尽管部门梳理对制定权力清单来说是必要的前提条件，但从法理上来讲，仅是政府部门自我制定权力清单容易导致陷入政府权力“自我认定”“自我裁量”，在权力上自己说了算、自娱自乐的尴尬境地[③]。正如英国政治思想家洛克所言：“如果同一批人同时拥有制定和执行法律的权力，这就会给人们的弱点以极大诱惑，使他们动辄要攫取权力，借以使他们自己免于服从他们所制定的法律，并且在制定和执行法律时，使法律适合于他们自己的私人利益。”[④]

同时，从文件规定来看，各部门梳理只是基础，如果没有法制办的合法性审查和中央机构编制委员会办公室的监督，各部门梳理出来的权力事项就不具备合法性。制定主体和梳理规则的不明确，在一定程度上导致目前权力清单中出现的不同省份同级别政府或同行政部门权力清单类型不一、数量不一的现象。

截至2014年，以教育部行政审批事项为例，教育部自己梳理并在其官网上公布的为24项（自称24项，实则25项，其中1项由两个子项构成）[⑤]。有

① 申海平. 权力清单的定位不能僭越法律. 学术界，2015（1）：126-134.

② 麻宝斌，贾茹. 权力清单制度的理论分析与现实检视. 探索，2016（3）：111-117.

③ 秦德君. 矫正权力清单认识误区. 中国党政干部论坛，2015（4）：72-74.

④ 洛克. 政府论（下篇）——论政府的真正起源、范围和目的. 叶启芳，瞿菊农译. 北京：商务印书馆，1964：89.

⑤ 关于公开教育部行政审批事项目录的公告. http://www.moe.gov.cn/jyb_xxgk/s5743/s5744/A02/201402/t20140217_163899.html.（2014-02-17）[2021-12-25].

学者按照前述法律法规体系梳理出来的教育部行政审批事项为33项[①]，这固然与行政许可和行政审批不同的理解有一定关系，但部门自我梳理和按法律规定梳理是差别存在的关键原因。同样，按照表4-3关于“省级教育行政权力清单各类别规定的事项统计”以及深入各省教育行政权力清单的具体规定分析，可以看出省级教育行政部门不同程度地存在着自我梳理清单中的“玄机单”“单外单”“随意单”“隐形单”情况，其中“其他权力”类别占各省份教育行政权力清单的较大比例就是明证。

**2. 法定依据的不一致让清单陷入“依单行政”而不是依法行政的悖论之境**

权力清单的本质是依法依规将分散在复杂法律、法规和部门规章等规范性文件中的行政权力梳理出来，供行政主体依单行权和监督主体依单监督。政府推行权力清单制度的目的是希望通过政府依单行权实现依法行政。也就是说，依法行政是目标，权力清单制度只是方法，若将依法行政简化为依清单行政，则是混淆了目标和方法。不管是依单行政还是依法行政，行政权力只能来源于法律，而不是权力清单。权力清单无论从制定主体、制定程序还是从公布方式等要素来看，既不是法也不是规范性文件，更不应作为行政依据。如果依法行政成为依清单行政，而清单中的权力的法定依据又不一致，就会事实上导致清单对法律的僭越。

有学者认为“权力清单事实上与‘法无授权不可为’的法治原则之间存在不一致，前者强调有法律的授权就能做，而后者则强调没有法的授权就不能做，两者之间的权力导向存在差异，政府部门自己制定的清单并不能证明权力的合法性，权力是否合法取决于有没有法律的依据”[②]。也有学者提出不同观点，认为“权力清单的编制是一项涉及行政权力配置的立法活动或准立法活动，基于权力清单的功能、内容、目标以及编制过程来看，这是一项以行政权力为中心而实施的法律制度，从而赋予权力清单是行政机关制定的规范性法律文件这一法律属性”[③]。不管是依单行政还是依法行政，总的原则就是按照法

① 刘虹，张端鸿. 国家教育行政权力清单的规范研究——以教育部行政权力为研究对象. 复旦教育论坛，2016（1）：16-22.

② 蒋德海. “权力清单”应慎行——我国政务管理之法治原则反思. 同济大学学报（社会科学版），2015（5）：67-74.

③ 林孝文. 地方政府权力清单法律效力研究. 政治与法律，2015（7）：64-70.

律法规规定的权力行政，否则就会陷入依单而不依法的悖论之境。

根据教育部公布的 24 项行政审批事项的法律依据，其共涉及 2 部教育法律、5 部教育法规、7 部教育规章和 13 个非立法性行政规文件，具体情况如表 4-7 所示①。

**表 4-7　教育部行政审批事项及法律依据**

| 序号 | 行政审批项目 | 法律法规规章依据 |
| --- | --- | --- |
| 1 | 实施本科及以上教育的高等学校（含独立学院、民办高校）的设立、分立、合并、变更和终止审批 | 《高等教育法》 |
| 2 | 中央部属高等学校章程核准 | 《高等教育法》<br>《高等学校章程制定暂行办法》 |
| 3 | 中小学国家课程教材审定 | 《义务教育法》<br>《中小学教材编写审定管理暂行办法》 |
| 4 | 硕士、博士学位授予单位及其可以授予硕士、博士学位的学科名单审核 | 《中华人民共和国学位条例》<br>《关于下放学士学位授予单位审批权的通知》 |
| 5 | 学位授予单位授予国内外人士名誉博士学位审批 | 《中华人民共和国学位条例》 |
| 6 | 实施本科以上高等学历教育的中外合作办学机构（含内地与港澳台地区合作办学机构）设立、分立、合并、变更和终止审批 | 《中华人民共和国中外合作办学条例》 |
| 7 | 实施本科以上高等学历教育的中外合作办学项目以及内地（大陆）与香港特别行政区、澳门特别行政区和台湾地区合作办学项目审批 | 《中华人民共和国中外合作办学条例》<br>《中外合作办学条例实施办法》 |
| 8 | 高等学校教授评审权审批 | 《国务院对确需保留的行政审批项目设定行政许可的决定》<br>《国务院关于第六批取消和调整行政审批项目的决定》 |
| 9 | 高等学校设置、调整管理权限范围外的本科专业审批<br>高等学校设置、调整国家控制的其他专业审批 | 《国务院对确需保留的行政审批项目设定行政许可的决定》<br>《国务院关于取消和下放一批行政审批项目的决定》 |
| 10 | 实施本科及以上教育的民办高等学校章程修改备案核准 | 《高等教育法》<br>《民办教育促进法实施条例》 |
| 11 | 全国性中、小学教学地图审定 | 《中华人民共和国地图编制出版管理条例》 |
| 12 | 全国普通高校本科生分学校招生计划、研究生分地区分部门分学校招生计划审批 | 《国务院办公厅关于保留部分非行政许可审批项目的通知》 |
| 13 | 国家和省级教育考试机构与外国及港澳台地区考试机构或其他组织合作举办境外考试审批 | 《国务院办公厅关于保留部分非行政许可审批项目的通知》 |
| 14 | 高等学校面向全国招生和跨省招生生源计划审批 | 《国务院办公厅关于保留部分非行政许可审批项目的通知》 |

① 关于公开教育部行政审批事项目录的公告. http://www.moe.gov.cn/jyb_xxgk/s5743/s5744/A02/201402/t20140217_163899.html.（2014-02-17）[2021-12-25].

续表

| 序号 | 行政审批项目 | 法律法规规章依据 |
| --- | --- | --- |
| 15 | 高等学校赴境外设立教育机构（含合作）及采取其他形式实施本科及以上学历教育审批 | 《国务院办公厅关于保留部分非行政许可审批项目的通知》<br>《高等学校境外办学暂行管理办法》 |
| 16 | 省级自学考试机构开考高等教育自学考试本科专业审批 | 《高等教育自学考试暂行条例》<br>《国务院关于取消和下放一批行政审批项目的决定》 |
| 17 | 高等学校博士学科点专项科研基金审批 | 《财政部、教育部关于印发〈高等学校博士学科点专项科研基金管理办法〉的通知》 |
| 18 | 孔子学院（课堂）设置及年度项目审批 | 《教育部关于印发〈孔子学院总部机构设置以及教育部对外汉语教学发展中心机构调整方案〉的通知》<br>《孔子学院章程》 |
| 19 | “2011 计划”协同创新中心认定 | 《教育部 财政部关于印发高等学校创新能力提升计划实施方案的通知》 |
| 20 | 教育部工程中心审批 | 《教育部工程研究中心建设与管理暂行办法》 |
| 21 | 教育部人文社科重点研究基地审批 | 《普通高等学校人文社会科学重点研究基地管理办法》 |
| 22 | 高等学校新农村发展研究院审批 | 《教育部 科技部关于开展高等学校新农村发展研究院建设工作的通知》 |
| 23 | 教育部科技查新机构认定 | 《教育部办公厅关于进一步规范教育部科技查新机构工作的意见》 |
| 24 | 教育部重点实验室审批 | 《教育部关于印发〈高等学校重点实验室建设与管理暂行办法〉的通知》 |

有学者按照上述法律法规规章体系梳理出教育部有 33 项行政审批事项，共涉及 4 部教育法律、7 部教育法规和 16 部教育规章。[①]教育部自身梳理和学者按照法律法规规章梳理所依据的法律法规异同如表 4-8 所示。

**表 4-8　教育部行政审批事项相关法律法规规章依据**

| 法律类型 | 教育部公布 24 项行政审批事项法律法规规章依据 | 学者梳理教育部 33 项行政审批事项法律法规规章依据 |
| --- | --- | --- |
| 教育法律 | 《中华人民共和国高等教育法》<br>《中华人民共和国义务教育法》 | 《高等教育法》<br>《义务教育法》<br>《中华人民共和国学位条例》<br>《民办教育促进法》 |
| 教育法规 | 《中华人民共和国学位条例》<br>《中华人民共和国中外合作办学条例》<br>《高等教育自学考试暂行条例》<br>《中华人民共和国地图编制出版管理条例》<br>《中华人民共和国民办教育促进法实施条例》 | 《普通高等学校设置暂行条例》<br>《高等教育自学考试暂行条例》<br>《教学成果奖励条例》<br>《教师资格条例》<br>《中华人民共和国学位条例暂行实施办法》<br>《义务教育法实施细则》<br>《民办教育促进法实施条例》 |

① 刘虹，张端鸿. 国家教育行政权力清单的规范研究——以教育部行政权力为研究对象. 复旦教育论坛，2016（1）：16-22.

续表

| 法律类型 | 教育部公布24项行政审批事项法律法规规章依据 | 学者梳理教育部33项行政审批事项法律法规规章依据 |
|---|---|---|
| 教育规章 | 《高等学校章程制定暂行办法》<br>《中小学教材编写审定管理暂行办法》<br>《中外合作办学条例实施办法》<br>《高等学校境外办学暂行管理办法》<br>《教育部工程研究中心建设与管理暂行办法》<br>《普通高等学校人文社会科学重点研究基地管理办法》<br>《高等学校重点实验室建设与管理暂行办法》 | 《中华人民共和国中外合作办学条例》<br>《高等学校章程制定暂行办法》<br>《中小学教材编写审定管理暂行办法》<br>《中外合作办学条例实施办法》<br>《关于授予境外人士名誉博士学位暂行规定》<br>《高等学校本科专业设置规定》<br>《高等学校接受外国留学生管理规定》<br>《高等学校境外办学暂行管理办法》<br>《高等学校培养第二学士学位生的试行办法》<br>《高等学校聘请外国文教专家和外籍教师的规定》<br>《高等学校知识产权保护管理规定》<br>《高等职业学校设置标准（暂行）》<br>《国家助学贷款管理操作规程（试行）》<br>《民办高等学校设置暂行规定》<br>《普通高等学校毕业生就业工作暂行规定》<br>《学校体育工作条例》 |

学者梳理和教育部梳理之所以在权力事项上有较大差距，固然与中央政府推行简政放权后取消或下放部分行政审批事项后法律法规的衔接滞后有关，但关键在于梳理行政审批事项时依据的法律法规规章的范围不同，这是当下梳理行政权力事项时遇到的主要问题之一。

省级教育行政部门权力清单的法律法规规章依据情况通过表4-2可以看出，法律依据数目从个位数到百位数，各省份不等，同一权力类型的法律法规依据数目也呈现较大差异。可见，在各省级教育行政部门梳理自身权力时对法律法规规章的研究还不够深入，现象背后反映的是各级教育行政部门依法行政的理念还不够清晰和深入。这种情况将导致权力清单在来源的合法性上大打折扣，轻则可能使清单制度束之高阁，重则可能侵蚀依法行政。具体看各省级教育行政部门公布的权力清单中的“高校章程核定及修改”这个事项，梳理其法律法规依据，其结果如表4-9所示。

**表4-9 各省份“高校章程核定及修改”事项法律法规依据列表**

| 省份 | 法律法规规章 |
|---|---|
| 北京 | 《高等教育法》<br>《高等学校章程制定暂行办法》<br>《民办非企业单位登记管理暂行条例》<br>《民办教育促进法实施条例》 |
| 天津 | 《高等教育法》<br>《高等学校章程制定暂行办法》 |

续表

| 省份 | 法律法规规章 |
| --- | --- |
| 河北 | 《高等教育法》<br>《高等学校章程制定暂行办法》 |
| 山西 | 《高等教育法》<br>《高等学校章程制定暂行办法》 |
| 内蒙古 | 《高等教育法》 |
| 辽宁 | 无此事项 |
| 吉林 | 无此事项 |
| 黑龙江 | 无此事项 |
| 上海 | 无此事项 |
| 江苏 | 《高等教育法》<br>《高等学校章程制定暂行办法》<br>《教育法》<br>《国务院办公厅关于国务院授权省、自治区、直辖市人民政府审批设立高等职业学校有关问题的通知》<br>《民办教育促进法实施条例》 |
| 浙江 | 《高等教育法》<br>《高等学校章程制定暂行办法》 |
| 安徽 | 无此事项 |
| 福建 | 《高等教育法》<br>《高等学校章程制定暂行办法》<br>《教育法》<br>《民办教育促进法》<br>《民办教育促进法实施条例》 |
| 江西 | 《高等教育法》<br>《高等学校章程制定暂行办法》 |
| 山东 | 《高等教育法》<br>《高等学校章程制定暂行办法》 |
| 河南 | 《高等教育法》 |
| 湖北 | 《高等教育法》<br>《高等学校章程制定暂行办法》 |
| 湖南 | 《高等教育法》 |
| 广东 | 《高等教育法》<br>《高等学校章程制定暂行办法》 |
| 广西 | 《高等教育法》<br>《高等学校章程制定暂行办法》 |
| 海南 | 无此事项 |
| 四川 | 无此事项 |
| 重庆 | 《高等教育法》<br>《高等学校章程制定暂行办法》 |
| 贵州 | 无此事项 |

续表

| 省份 | 法律法规规章 |
| --- | --- |
| 云南 | 《高等教育法》 |
| 西藏 | 无此事项 |
| 陕西 | 《高等教育法》 |
| 甘肃 | 《高等教育法》<br>《高等学校章程制定暂行办法》 |
| 青海 | 无此事项 |
| 宁夏 | 无此事项 |
| 新疆 | 《高等教育法》 |

可以看出，尽管大多数省份在此事项上的法律法规规章依据《高等教育法》和《高等学校章程制定暂行办法》，但也有11个省份没有此项事项，按照《高等学校章程制定暂行办法》规定："地方政府举办的高等学校的章程由省级教育行政部门核准，其中本科以上高等学校的章程核准后，应当报教育部备案。"据此只能推测，这些省份没有按照法律法规规章梳理其行政事项。同时，也有几个省份在这两个依据之外还另外找寻了其他法律依据，有的省份只依据《高等教育法》，而没有依据《高等学校章程制定暂行办法》。依照法律法规的适用范围和对象，不将《高等教育法》列入法律依据尚可理解，但不将《高等学校章程制定暂行办法》列入法律法规依据，只能说明部分省级教育行政部门在梳理行政事项时对此没有进行深入、细致的研究。从面到点可以看出，各省级教育行政部门在梳理权力事项时对寻找法律法规依据时的理解、范围等存在较大差异。这种权力法定依据的不同从本质上可能消解权力清单的权威性，使"依单行政"在更大范围内陷入"无法行政"的境地。

### （二）权力类别和内容不一致影响清单执行

权力清单中的权力主要指行政职权，行政职权对应的是行政行为，而现实中的行政行为又多种多样，具体内容也是五花八门，把确权作为目的之一的权力清单制度必须对权力类别和大致内容做出明确规定，否则在实践中就容易缺乏分类和标准导致难以实行。在《指导意见》中对权力清单中的权力类别和相关内容做出过宏观指导性的原则界定，也给地方政府在此项工作的推进中留出一定的空间，这种空间可能给地方政府的权力配置乱象留下了隐患。这种隐患从中央到地方，从宏观指导到具体领域呈现层级越低越明显、行为越具体越明显的趋势，而这对于本身以限权、确权、晒权、督权为目的，操作性非常强的权力清单制度来说，会产生较大影响。横向比较权力配置相对比较简单的教育领域就可以发现问题，更遑论其他社会领域。

### 1. 教育行政权力清单类别多样

实事求是地说，对千差万别的具体行政行为进行分类，不管从理论界还是实务界来说，都只有大致的规范而没有统一的标准。有学者将行政行为分为16类[①]，而最高人民法院在《关于规范行政案件案由的通知》又将其划分为27类。具体到权力清单制度中的行为类别，教育部由于不是国务院确定的权力清单制度的试点，所以没有公布其权力类型。各省级地方政府的权力类型基本上是按照《指导意见》中规定的9+X的10种分类，同时“结合本地实际，制定统一规范的分类标准”。于是，地方政府制定的权力清单中的权力类别差别较大。31个省份共细分为31种类型，各省份少则8种，多则16种，25个省份在10种及以下类型，全国独一种类型的有：青海将“行政征收”和“行政征用”合并为“行政征收征用”；青海将“行政强制”细分为“行政强制措施”和“行政强制执行”，同时独设“行政收费”；福建增设“公共服务”和“其他公共服务”；贵州独设“行政服务”；黑龙江独设“税费减免”和“年检”；上海独设“行政备案”“行政决策”“行政调解”。将各省份具有两种以上的类型统计如表4-10所示。

各省份在具体的9类中结合各自实际进行不同类别增减的同时，但都保留了“行政确认”类，同时都保留了X类，也就是“其他类别”。至于各省份依据什么设定类别，从各省份公布的文件中查不到相关说明。中央政府固然授权地方政府可以根据地方实际制定统一规范的分类标准，但作为中央政府在全国统一推行的一项制度安排，最好是做好“规定动作”的基础上实行“自选动作”，而对于权力清单制度这样一项法律性和规范性都很强的工作，应该说“自选动作”越少越好。

① 沈福俊，邹荣. 行政法与行政诉讼法. 上海：上海人民出版社，2013：2-3.

表 4-10 各省级政府权力清单中的权力类型统计

| 省份 | 行政许可 | 非行政许可 | 行政审批 | 行政处罚 | 行政强制 | 行政征收 | 行政征用 | 行政给付 | 行政确认 | 行政奖励 | 行政检查 | 行政监督 | 行政监督检查 | 行政裁决 | 行政指导 | 行政规划 | 行政复议 | 其他 | 合计 |
|---|---|---|---|---|---|---|---|---|---|---|---|---|---|---|---|---|---|---|---|
| 北京 | | | √ | √ | √ | √ | | √ | √ | √ | √ | | | √ | | | | √ | 10 |
| 天津 | √ | | | √ | √ | √ | | √ | √ | √ | √ | | | √ | | | | √ | 10 |
| 河北 | √ | √ | | √ | √ | √ | | √ | √ | √ | √ | √ | | | | | | √ | 11 |
| 山西 | | | √ | √ | √ | √ | √ | √ | √ | √ | | | | √ | | | | √ | 10 |
| 内蒙古 | √ | | | √ | √ | √ | | √ | √ | √ | | | √ | | | | | √ | 10 |
| 辽宁 | √ | | | √ | √ | √ | | √ | √ | √ | √ | | | √ | | | | √ | 10 |
| 吉林 | √ | | | √ | √ | √ | | √ | √ | √ | | | | √ | | | | √ | 9 |
| 黑龙江 | √ | √ | | √ | √ | √ | √ | √ | √ | √ | | | √ | √ | | | √ | √ | 15 |
| 上海 | | | √ | √ | √ | √ | | √ | √ | √ | √ | | | √ | √ | √ | √ | √ | 16 |
| 江苏 | √ | | | √ | √ | √ | √ | √ | √ | √ | | | | √ | | | | √ | 10 |
| 浙江 | √ | √ | | √ | √ | √ | | √ | √ | √ | | | | √ | | | | √ | 10 |
| 安徽 | | | √ | √ | √ | | √ | √ | √ | √ | | | | √ | | √ | | √ | 10 |
| 福建 | √ | √ | | √ | √ | √ | √ | √ | √ | √ | | | √ | √ | | | | √ | 14 |
| 江西 | √ | | | √ | √ | √ | | √ | √ | √ | | | | √ | | | | √ | 9 |
| 山东 | | | √ | √ | √ | √ | | √ | √ | √ | | √ | | √ | | | | | 10 |
| 河南 | √ | | | √ | √ | √ | | √ | √ | | √ | | | | | | | √ | 8 |
| 湖北 | √ | | | √ | √ | √ | | √ | √ | √ | √ | | | √ | | | | √ | 10 |
| 湖南 | √ | | | √ | √ | √ | | √ | √ | √ | √ | √ | | | | | | √ | 10 |
| 广东 | √ | | | √ | √ | √ | | √ | √ | | √ | | | | √ | | | √ | 9 |
| 广西 | √ | | | √ | √ | √ | | √ | √ | √ | √ | | | √ | | | | √ | 10 |
| 海南 | √ | | | √ | √ | √ | | √ | √ | √ | √ | | | √ | | | | √ | 10 |

续表

| 省份 | 行政许可 | 非行政许可 | 行政审批 | 行政处罚 | 行政强制 | 行政征收 | 行政征用 | 行政给付 | 行政确认 | 行政奖励 | 行政检查 | 行政监督 | 行政监督检查 | 行政裁决 | 行政指导 | 行政规划 | 行政复议 | 其他 | 合计 |
|---|---|---|---|---|---|---|---|---|---|---|---|---|---|---|---|---|---|---|---|
| 四川 | √ | | | √ | √ | √ | | √ | √ | √ | √ | | | √ | | | | √ | 10 |
| 重庆 | | | √ | √ | √ | √ | | √ | √ | √ | √ | | | √ | | | | √ | 10 |
| 贵州 | √ | √ | | √ | √ | √ | | √ | √ | √ | | √ | | √ | | | | √ | 12 |
| 云南 | √ | | | | √ | √ | | √ | √ | √ | √ | | | √ | | | | √ | 9 |
| 西藏 | √ | | | √ | √ | √ | | | √ | √ | √ | | | √ | | | | √ | 9 |
| 陕西 | √ | | | √ | √ | √ | | √ | √ | √ | √ | | | √ | | | | √ | 10 |
| 甘肃 | √ | | | √ | √ | √ | | √ | √ | √ | | √ | | √ | | | | √ | 10 |
| 青海 | | | √ | √ | √ | √ | | √ | √ | √ | √ | √ | | √ | | | | √ | 12 |
| 宁夏 | √ | | | √ | √ | √ | | √ | √ | √ | √ | | | √ | | | | √ | 10 |
| 新疆 | √ | | | √ | √ | √ | | √ | √ | √ | √ | | | √ | | | | √ | 10 |

注：表中没有将部分省份独有的类型列入，但将其计入了总数。为简便计，将青海的“行政强制征收征用”计入“行政征收”。

省级政府权力清单中权力类型的多样必然反映到教育行政权力清单。由表4-3“省级教育行政权力清单各类别规定的事项统计”中可以看出，各省份教育行政权力类型少则3种，多则10种，除了中央政府规定的“9+X”的10种类型外，26个省份设置“其他类别”，6个省份还单设了“公共服务清单”，只有北京、山西、浙江3个省份是相同的5种类型，其他各省份没有一个类型是相同的。就横向比较类型而言，省级教育行政权力清单较为散乱。

如果我们再进一步深入对照表4-2“省级教育行政部门权力清单法律法规规章依据数目统计”还可以发现，各省份在设置各自的权力类型时都找到了国家层面的法律法规规章依据，基本没有单独将省级层面的法律法规规章作为权力类型设置依据的，也就是说，各省份在适用法律法规规章层级时都是依据国家层面。既如此，为何会出现同一层级法律法规规章下各种相差甚远的不同类型？答案可能是依据法律法规规章设置权力类型的标准不一。若全国推进的权力清单制度陷入各地自说自话的状况，可能导致权力清单制度名存实亡。

### 2. 权力事项规定内容千差万别

权力类别的不一致必然带来权力事项的差距。梳理各省级政府公布的权力清单中的权力事项数和各省教育行政部门公布的权力事项数，结果如图4-6所示。

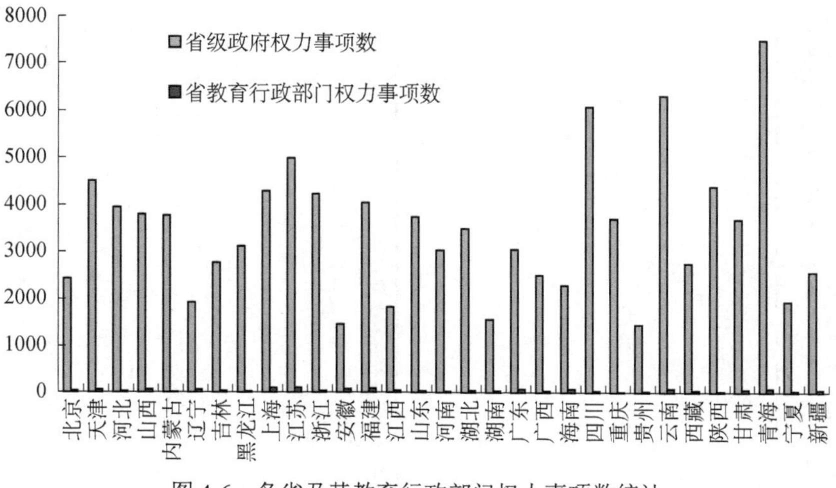


图4-6 各省及其教育行政部门权力事项数统计

注：省级政府权力事项数以各省级政府公布的数据为准或者是各省级政府公布的政府组成部门的事项数加成，省级教育部门事项数以各省教育厅行政权力事项数为准。

由图 4-6 可知，各省份的权力事项数从 1400 多项到 7000 多项，呈现巨大差异；教育行政权力事项数也从 9 项到 100 余项，呈现较大差异。这种差异的背后依然是各级主体在梳理和审核权力事项时掌握标准的差异。同时，我们还可以发现一个有趣的现象：北上广江浙等地在改革实践和大众印象中是改革最有活力、简政放权最彻底的地区，照此推测其政府行政事项数应该是相对较少的地区，但从其公布的行政事项数来看，很难支持这一推测。

图 4-6 提供的各省级政府权力事项数和省级教育行政部门权力事项数的比较，让我们对省级层面权力事项数的千差万别有一个宏观认知，如果我们以绝大多数省份教育行政部门有的“行政许可类”和“其他类别”为例，深入考察这两类权力类型规定的具体内容事项，可以对这种千差万别有更深入的理解。我们将 31 个省级层面教育行政权力清单中的“行政许可类”规定的事项全部列出，抽出 5 个及以上省份共有的事项，汇总如表 4-11 所示。

**表 4-11　省级教育行政权力清单中“行政许可类”规定事项统计**

| 省份 | 1 | 2 | 3 | 4 | 5 | 6 | 7 | 8 | 9 | 10 | 11 | 12 |
|---|---|---|---|---|---|---|---|---|---|---|---|---|
| 北京 | | √ | √ | √ | √ | √ | √ | | | | | |
| 天津 | | | √ | √ | | | | | | | | |
| 河北 | | √ | √ | √ | √ | √ | | √ | √ | √ | | |
| 山西 | | √ | √ | √ | | √ | √ | √ | √ | √ | | |
| 内蒙古 | | | √ | √ | √ | | | | | | | |
| 辽宁 | | √ | √ | | √ | √ | | √ | √ | | | |
| 吉林 | | √ | √ | √ | √ | √ | | √ | √ | √ | √ | |
| 黑龙江 | | | √ | | √ | √ | | | | | | √ |
| 上海 | | | √ | √ | √ | √ | √ | √ | | √ | √ | |
| 江苏 | √ | √ | √ | √ | √ | | √ | | | √ | √ | |
| 浙江 | | | √ | √ | | √ | | | | √ | | |
| 安徽 | | | √ | | | √ | | | | | | |
| 福建 | | | √ | | | | | | | √ | | |
| 江西 | √ | | √ | √ | √ | √ | | √ | | √ | | |
| 山东 | √ | | | √ | √ | √ | | | | √ | | |
| 河南 | | | √ | | √ | | | | | √ | | |
| 湖北 | √ | √ | √ | √ | √ | | | | | √ | | |
| 湖南 | | √ | √ | √ | √ | √ | √ | √ | √ | √ | √ | |
| 广东 | | √ | √ | √ | √ | √ | | | | √ | | |
| 广西 | | | √ | √ | √ | | | √ | | √ | | √ |
| 海南 | √ | √ | √ | | √ | | | | | √ | | |

续表

| 省份 | 1 | 2 | 3 | 4 | 5 | 6 | 7 | 8 | 9 | 10 | 11 | 12 |
|---|---|---|---|---|---|---|---|---|---|---|---|---|
| 四川 | | | √ | | | | | | | √ | | √ |
| 重庆 | √ | √ | √ | √ | √ | | | | | √ | | |
| 贵州 | √ | | √ | √ | | | | | | | | |
| 云南 | √ | √ | √ | √ | √ | √ | | √ | √ | √ | √ | |
| 西藏 | √ | | √ | √ | √ | | √ | | | | | |
| 陕西 | √ | √ | √ | √ | | | √ | √ | √ | √ | | |
| 甘肃 | | √ | √ | √ | | | | | | √ | | |
| 青海 | √ | | √ | √ | √ | √ | | | | √ | | √ |
| 宁夏 | √ | | √ | √ | √ | | | | | √ | | √ |
| 新疆 | | √ | √ | √ | √ | | √ | √ | √ | √ | √ | |

注：表中事项代码分别指 1：民办高校审批；2：高校章程修改核准；3：中外合作办学机构审批；4：教师资格认定高校；5：中小学地方课程教材编写审定；6：民办、普通高等专科学校审批；7：民办学校以捐赠者姓名作为校名审批；8：高等学校修业年限调整审批；9：地方性中小学教学地图审定；10：开办外籍人员子女学校审批；11：学士学位授予单位、专业审批；12：自费出国留学中介服务机构资格认定。划“√”代表有此事项，反之则无。另有北京、广东、广西的“民办高校举办者变更”；广东的“义务教学阶段学校审批”；广东、重庆的“高中学校审批”；福建、广东的“公办中职学校审批”；河北的“医药类民办学校审批，教育专项资金分配、划拨，教师及技术任职资格评审，硕士点申请博士点审核”；黑龙江的“高等学校副教授评审权审批，高等教育自学考试专科专业审批，范围外本科专业和国家控制的其他专业审批”；上海的“对学校组织优秀体育后备人才训练的许可”；江苏、广西的“民办高校招生简章和广告备案”；江苏的“幼儿园审批”；江西的“权限内公办学校参与举办民办学校的审批”；海南、宁夏的“高等学校副教授评审权审批”；陕西的“普通话测试站审批备案”；甘肃、新疆的“中等专业学校设置、调整或停办审批”；青海的“省级自学考试机构开考高等教育自学考试专业审批”等由于共同省份太少没有列入表中。

从表 4-11 及说明可以看出，“行政许可”作为教育行政部门履职尽责的重要手段和管理教育的权力类型，在全国范围内就其具体内容而言，包含从学前教育到高等教育的举办、师资、教材、专业等各种具体事项达 31 种之多，各省份规定的事项数为 2—12，具体事项也各不相同，只有“中外合作办学机构审批”“教师资格认定高校”“中小学地方课程教材编写审定”“开办外籍人员子女学校审批”“高校章程修改核准”“民办、普通高等专科学校审批”6 项事项有大致共识。就更广泛的政府治理而言，哪些事项应该列入“行政许可”应该有相对明确的界定和大致的共同认同，而就现实而言似乎这种界定和认同并不存在，从而导致各省标准不一、各自为政。“行政许可”类尚且如此，遑论本就是自由裁量权和“兜底”类型的“其他类别”。

除了辽宁、重庆、贵州、陕西没有“其他类别”外，把其余 27 个省份教育行政权力清单中的“其他类别”规定的事项全部列出（表 4-12），由此可见“其他类别”所规定事项的丰富性。

表 4-12　省级教育行政权力清单中“其他类别”规定事项统计

| 省份 | 1 | 2 | 3 | 4 | 5 | 6 | 7 | 8 | 9 | 10 | 11 | 12 | 13 | 14 | 15 | 16 | 17 | 18 | 19 | 20 | 21 |
|---|---|---|---|---|---|---|---|---|---|---|---|---|---|---|---|---|---|---|---|---|---|
| 北京 | √ | √ | | √ | √ | √ | √ | √ | √ | | √ | √ | | √ | | | | | | √ | |
| 天津 | | | √ | √ | | | | | √ | | √ | | | √ | | | √ | | √ | | |
| 河北 | | √ | | | | | | | | | | | √ | | | | | | | | |
| 山西 | | | | | | | √ | | | | | √ | √ | | √ | √ | | | | | |
| 内蒙古 | √ | | | | | | | | | | | | | | | | | | | | |
| 吉林 | | | | | | | | | | | | | | | | | | | | | |
| 黑龙江 | | | | | | | | | √ | | | | √ | | | | | | | √ | √ |
| 上海 | | | | | | | | | | | | | | | | | | | | | |
| 江苏 | √ | | | | √ | √ | | √ | √ | | | | | | | √ | | | | | √ |
| 浙江 | √ | | | | | | | | | | | | | | √ | | √ | | | | |
| 安徽 | | | | | | | | | | | | | | | | √ | | | √ | | |
| 福建 | √ | | | | √ | | | | | | | | | | | √ | √ | √ | | | |
| 江西 | √ | | √ | | | | | | | √ | | | | | | | | | √ | | |
| 山东 | √ | | √ | | | | | | | | √ | | | √ | | √ | √ | | | | |
| 河南 | | | | | | | | | | | | | √ | | √ | | | | | | |
| 湖北 | | | √ | | | | | √ | | √ | | √ | | | | | | | | √ | |
| 湖南 | | | | | | | | | | | √ | | | √ | | | | | | | |
| 广东 | √ | √ | √ | √ | | | √ | √ | | | √ | | | | | | | | | √ | |
| 广西 | | | | | | | √ | | | √ | | | | √ | | | | | √ | | |
| 海南 | √ | √ | √ | √ | | | √ | √ | | | | √ | √ | | | | | √ | | √ | √ |
| 四川 | | | | | | | | | | | | | | | | | | | | | √ |

续表

| 省份 | 1 | 2 | 3 | 4 | 5 | 6 | 7 | 8 | 9 | 10 | 11 | 12 | 13 | 14 | 15 | 16 | 17 | 18 | 19 | 20 | 21 |
|---|---|---|---|---|---|---|---|---|---|---|---|---|---|---|---|---|---|---|---|---|---|
| 云南 | | | | | | √ | √ | | √ | | | | √ | √ | | | | √ | | | |
| 西藏 | | | | | √ | √ | √ | √ | | √ | | | | | | | | | | | |
| 甘肃 | √ | | | | | | √ | | | | | | √ | | | | | √ | √ | √ | |
| 青海 | | √ | | | √ | | √ | | | | | | | | | | | | | | |
| 宁夏 | | | | | | | | | | | √ | | | √ | | | | | | | |
| 新疆 | | | | | | | | | | √ | | | | | √ | | | | | | |

注：表中事项代码分别指 1：民办学校章程修改备案；2：中外合作机构项目招生简章广告样本备案；3：实施中外合作办学项目审批；4：中外合作课程和教材清单及说明备案；5：民办学校招生简章与广告备案；6：毕业生就业报到证的签发与改派；7：接受外国留学生资格的备案；8：民办学校决策机构组成人员备案；9：民办学校办学状况评估；10：普通高等学校教育评估；11：教师申诉受理；12：新增博士硕士学位授予单位授权点初审；13：新增学士学位授权、授权专业审批；14：学生申诉受理；15：普通话证书核发测试点设置；16：民办高校年检；17：中小学地方课程教材审定；18：教育经费审核；19：学生转学备案；20：高、中等职业学校专业设置备案；21：高等学校设置函授站（点）备案。划“√”代表有此事项，反之则无。

从表 4-12 及其说明可以清晰地观察到，“其他类别”事项在各省份更加离散，很难找到 1/3 的省份对同一个“其他类别”事项有共同的认定，更别说过半省份认同，而各省对不同事项的不同认定更是让人无从理解其列入或归类标准。同时，我们比较表 4-11 和表 4-12 的内容可以发现，部分省份在同一事项的认定类型也不同。以“中外合作办学”事项为例，部分省份将“中外合作办学”视为同一个事项，都归入“行政许可类”；部分省份将“中外合作办学”分为“中外合作办学机构”和“中外合作办学项目”，有两类都归入“行政许可类”的，有将“机构”归入“行政许可类”、将“项目”归入“其他类别”的；部分省份将“中外合作办学项目”分为“专科合作办学项目”和“本科以上合作办学机构和项目”，将前者归入“行政许可类”，后者归入“其他类别”。

除了上表列及的事项外，各省份共同事项有 2—3 项的如下：吉林、河南、甘肃的“高校专业设置”事项；黑龙江、安徽、甘肃的“高等职业院校人才培养工作评估”事项；吉林、浙江、云南的“省市幼儿园等级审定”事项；河南、青海、广东的“高校招生计划审核”事项；山西、青海的“考生、考试机构和人员违规行为处理”事项；上海、新疆的“教育工作信息公开教育信访办理”事项；浙江、云南的“考试资格、考试成绩取消”事项；天津、甘肃的“民办学校办学许可证”事项等。

还有下列省份只有本省份才有的独一事项。

北京：毕业生就业报到证的签发与改派，对外汉语教师和志愿者出国任教初审，高等教育学生在校期间修改或变更身份信息，高等学校招收港澳台侨学生备案初审，高级专家延长退休年龄审批，评选北京市优秀学生（含高等学校优秀毕业生）、三好学生、优秀学生干部和先进班集体，普通高等学校学生管理规定或者纪律处分规定备案，市属高等学校招收港澳台侨学生备案，新增博士硕士学位授予单位与博士硕士学位授权点初审，在京教育类境外非政府组织代表机构设立、变更登记事项、下一年度活动计划、上一年度工作报告的审核、聘用工作人员信息备案。

天津：对国家级教学成果奖的推荐（初审上报）；对学校国防教育工作的考核；对高校教师职称评审工作实施监管；对本市行政区域内国际学生工作进行监管；对教育类社会团体成立、变更、注销等登记前的审查（初审转报）；中外合作办学水平和教育质量进行评估。

河北：省属国办中等职业学校及市、县所属卫生、师范类学生学历学籍备案、毕业证书审核验印；外国及港澳台地区教育机构与我省教育机构设立本科及以上层次中外合作办学项目审核；外国及港澳台地区教育机构与内地教育机构设立中外合作办学机构审核。

山西：中小学校长培训机构资格认定。

吉林：吉林省高等教育教学研究课题立项评审；吉林省高等院校重点学科评审及验收；省属高校基本建设项目的项目建议书、可行性研究报告、初步设计的初审；高校专业设置备案。

江苏：省高校重点实验室建设、自然科学基础研究计划项目、优秀科技创新团队、哲学社会科学研究基金项目和基地、协同创新中心、高职院校工程技术研究开发中心、省政府留学奖学金人员、示范性高等职业院校、依法治校示范校创建、省级语言文字规范化示范校等评审立项；民办高校出资人取得回报比例的决定及相关材料的备案；教育系统内部审计；对未成年人送工读学校进行矫治和接受教育的批准；对学生体育、艺术、科技等特长生认定的审核；对县人民政府和各级各类学校及其他教育机构的督导；幼儿园年检；适龄儿童少年因故要延缓、免于或中断义务教育学业批准。

浙江：民办中小学跨区（县、市）招生计划审批。

安徽：中职教育省级重点专业点、重点实训基地项目评选；研究生学费收费标准备案；全省各类教育事业发展规划编制。

福建：规范性文件审查报备；受理行政复议申请；政府信息公开；学生资助工作；全省普通高校招生总量及分校招生计划安排；民办高等教育机构登记事项变更审核；中外合作办学机构合作办学者、住所、法定代表人变更核准；普通高校港澳台预科生转为本科生的核准；地方性教育法规、政府规章起草。

江西：普通高校家庭经济困难新生入学资金给付；全省中等职业学校学籍管理审核转报；高等学校招收国际学生备案。

山东：申请法院强制执行；加处罚款；先行登记保存。

河南：自考合格课程跨省转移办理；自考考生免考课程确认。

湖北：学位信息备案；奖学金、助学金、学费资助服务；举办国际教育展览备案；本科层次普通高等学校设置的初审；初高中起点高等职业教育录取名单备案。

四川：换发民办学校及其他民办教育机构办学许可证。

宁夏：民办教育发展专项资金；西部人才培养特别项目；勒令外国留学生退学或开除学籍的备案；中职学生跨省转学或非正常死亡的备案；区属高校招收港澳台学生情况的备案；普通高等学校退学学生的备案；特殊教育专项资金。

甘肃：教师职称评审；对学校体育工作的督导评估；边远贫困地区、边疆民族地区、和革命老区人才支持计划教师专项计划审核；对学校卫生与健康教育、禁毒教育工作的考评；高等教育自学考试助学机构登记注册；少数民族高层次骨干人才计划审核；

西藏：免费师范毕业生解约和跨省就业的审核；免费师范毕业生就业管理；举办国际教育展览备案；中等职业学校毕业证书验印服务。

云南：20 项不同类别的奖助学金给付；负责民办学校校长任职资格认定；考生或考试工作人员复核申请决定；民族学校认定备案；学历证书电子注册；大学生创业示范园；省级优秀博士硕士学位论文评选；云南省省级幼儿园园长骨干教师培训基地遴选；对报考少数民族高层次骨干培养计划人员资格的确认；办理省属普通高校、省属中专离校前已落实就业单位，地属中专毕业生到中央在滇单位、省属单位以及跨地州、市就业毕业生《毕业生就业报到证》和《毕业生就业登记证》。

海南：国家级重点中职学校初审；民办高校对学习时间 1 年以上的非学历教育学生登记名单及有关情况的备案；中介服务机构跨地区开展中介服务业务，与其服务对象签署具有法律效力的《自费出国留学中介服务协议书》样本，住所、主要工作人员发生变化的备案；高校对退学的学生、对外国留学生作勒令退学或开除学籍处分的备案；考生考籍建立、考籍变更，考生资格审核；“全国高校优秀辅导员”评选表彰的初审；省属学校参加艺术比赛或活动的备案；艺术教育等级测评；特级教师评选的初审；高等学校聘请外国文教专家和外籍教师资格的初审；中外合作举办教育考试审核；自费出国留学中介服务机构年审；自考助学机构登记注册；有条件的普通中小学校、农业中学、职业中学、中等专业学校可以开展培养优秀体育后备人才训练的批准；普通高等学校设立、变更、终止的初审；高考、成考、中招考生加分资格审查。

广东：公办中小学、高中以上（含高中）学校年度招生计划审批；中等以下学校教师职称评审；高校毕业生到农村从教上岗退费；参与教育部免费师范生培养和就业指导工作；对高校举办国际会议进行备案；出具中等职业学校毕业生学历证明书；珠江学者遴选；组织高等学校申报升格、更名；各类中等职业学校（不含技工学校）、普通高中新生录取审批；对合作考试机构擅自在华合作举办教育考试或设立考点，未履行备案手续等行为的处理；民办学校建立学籍和教学管理制度备案；组织全省的自学考试工作；负责全省应考者的考籍管理，颁发毕业证书、课程合格证书；公办学校参与举办民办学校的核准；组织独立学院申报转设；高等学校成人高等学历教育备案；高等学校港澳台试读插班生转为正式在籍生备案对民办学校申领办学许可证的受理。

由上可见，各省教育行政权力清单中的各类型权力事项数、同一权力类型事项、同一事项权利类型等都莫衷一是，缺乏大致可比较、可借鉴和可研究的标准，这是制约权力清单制度进一步深化的重要方面。

### （三）权力清单执行偏差影响清单效果

在权力清单制度实行过程中，不同地方政府的理念和方式等的偏差不仅在一定程度上影响了制度的规范性，也在一定程度上影响了制度的效果。

一是形式主义消极应对。权力清单制度不管是确权还是晒权，最终的目的都是限权，这对于政府部门来说无异于“割肉”，但自上而下的压力和要求又让政府部门不得不“刀口向内”，“自我革命”的阻力可想而知，五花八门的变通也就悄然上演。有的地方政府以“清水衙门”“上级为放权”“文件未规定”等理由，变相地抵制上级政府要求，拖延权力清单制度推行；有的地方政府虽然公布了所谓的权力清单，也只是在上级要求下为完成工作任务进行的简单化、形式化梳理，并没有真正从权力清单制度的目的出发认真对待；有的政府部门只是将原本就比较烦琐的工作流程进行了书面化梳理，对于通过权力清单实现高效高质的行政和本身的合理性合法性没有进行认真检验；还有的政府部门将权力清单作为“懒政”和“不作为”的“免战牌”，即使群众有需求，也以不在清单范围作为理由逃避，没有真正理解“人民对美好生活的向往就是我们的奋斗目标”。

二是片面理解权力清单。部分地方政府在推行权力清单制度时片面追求数量上的缩减，甚至将应由本部门承担的责任也进行了清理或下放，这不仅不符合简政放权和权力清单的本意，在某种程度上也是在追责问责背景下的不作为和不担责。政府推行权力清单制度有简政放权之意，放权更不等于弃权。“简”是相对“多”“杂”而言，是要“放掉”不该管的事，但并不是放得越多越好，更不是一弃了之。因此，权力清单是要在确权基础上更好地行权。实事求是的做法应该是：我的责任我来扛，我的权力坚决行，不是我的坚决放。教育行政部门某些方面的权力，特别是在市场经济条件下事关教育公平与正义等方面的监管与调控权力不仅不应该被削弱，反而应该被强化。市场在资源配置中的决定性作用和更好发挥政府作用的论述同样适用于权力清单制度。还有部分地方政府将权力清单简单地等同于职能清单。职能清单列举的是某一行政机关所应履行的职责和功能，从权力形态的角度出发是指该机关出于自身理解和任务导向将应享有的权力事项梳理成表，而权力清单强调的是来自法律法规明确的规定和授权的权力确权公布，二者人治和法治的色彩大相径庭。自身理解和工作需要与法律授权之间还是有相当大的差距的，更不用说其间还可能夹杂扩权的“私货”。真正从法律授权的角度将二者统一起来毕竟是理想状态，因此，简单地将权力清单等同于职能清单，只是换汤不换药，从根本上违背了权力清单的制度价值。

三是监督体系弱化。在目前权力清单的制定和执行基本都由政府部门“自说自话”的现实情况下，监督体系的完整与独立就显得尤为重要。就权力清单制度的监督，《指导意见》只是提出“建立有效的权力运行监督机制”和“相关部门适时组织对权力清单制度推行情况的督查”，并没有明确何种机关如何监督的问题，在地方政府的执行中大都演变为内部有限的考核或评估，即使在确权过程中编办和法制办的审核监督也基本流于程序。做得相对较好的地方也只是在权力清单的制定过程中征求了同级党委或人大的意见，民主党派、社会团体的监督作用还比较薄弱，真正意义上的监督尚需加强。深入研究教育行政部门公布的各种监督方式，发现内部监督仍然是主要形式，而内部监督事实上很难对其行政行为进行有效监督和实质约束。可以说，没有建立起真正的权力监督机制的权力清单制度不是真正意义上的权力清单制度。

### （四）制度自身建设滞后影响清单推进

权力清单制度是典型的政府自上而下的自我约束的强制性变迁，加之酝酿时间较短、推行过程较为急促、后续总结和推进没有跟进，带来了除上述法理主体、法定依据、权力类型、权力事项等操作层面的问题之外，其制度本身在认识层面和实践层面也存在亟待改进的地方，需要理论界的深入研究和各级政府的担当和创新，并在实践中不断发展和完善。

**1. 权力清单的性质定位模糊不清**

权力清单在性质上到底是一种具有法律约束力的规范性文件，还是政府向社会公开的一种信息，或者是其他的政策文本，至今从实践层面到理论层面都尚未得到明确确认。

从《指导意见》和《试点方案》以及各省份公布的关于开展权力清单制度的有关文件可以发现，从国务院到各省份都是把“权力清单”作为一个既定的概念提出，没有规定权力清单到底是什么性质，有无法律效力或者有何种法律效力。如果公布的权力清单只是一般性的资料收集，只是为了方便公民查阅和知晓行政机构权限，就不具备任何法律效力，因为它既不能作为行政部门执法的依据，也不能作为公民办事的依据。但从目前已经公布的中央和各省份文件来看，权力清单的效力似乎又不止于此。国务院在上述两个文件中都随着权力清单提出了责任清单的问题，并且强调“对不按权力清单履行职权的单位和人员，依纪依法追究责任”，各省份也基本上在权力清单之外建立了相应的责任清单，并明确了责任追究。这些规定和实践似乎想表明权力清单不是一般的资料收集，而是具有法律强制力的规范性文件。如果具备法律效力，那么此效力从何而来？如果法律效力不清，就会带来行政执法主体的困惑和迷茫，让行政相对人无所适从。

学界目前大致有四种观点。

一是认为权力清单属于政府信息的主动公开，因为其满足《中华人民共和国政府信息公开条例》第十九条“对涉及公众利益调整、需要公众广泛知晓或者需要公众参与决策的政府信息，行政机关应当主动公开”的规定，以及该条例第二十条规定的行政机关应主动公开的十五项内容中的其中两种：一是“办理行政许可和其他对外管理服务事项的依据、条件、程序以及办理结果”，二是“实施行政处罚、行政强制的依据、条件、程序以及本行政机关认为具有一定社会影响的行政处罚决定”①。因此，各级政府发布权力清单就是将行政组织信息向不特定相对人公开，而不宜将其定位为行政规范性文件，否则就将造成权力清单对法律的僭越②。就其观点而言，权力清单虽然满足《中华人民共和国政府信息公开条例》的规定，但如果将其定位为政府信息，则既不能承载权力清单简政规范放权和全面深化改革的功能，也不能承担行政权力、程序责任的厘定功能，有弱化和简化之嫌。

二是认为权力清单具有行政规范性文件性质。③这种观点认为权力清单是依据现行法律法规对行政权力的配置和运行进行的梳理和确认，具有合法性和普遍性，应该视为是立法或准立法活动，属于规范性法律文件。④如果将其定位为行政规范性法律文件，在实践中必然涉及行政规范性文件种类繁多和内容宽泛带来的操作性和针对性难题以及行政规范性文件的适用效力的短暂性问题。同时大多数行政规范文件主要约束的是行政相对人，显然与权力清单只规范行政主体不一样，有对象适用错误之嫌。

三是认为权力清单应由地方人大及其常委会通过后成为法律，赋予依权力清单行政就是依法行政的合法性。“任何行政权力必须进清单，清单之外没有行政权力，或者说不属于清单列举范围内的职能和权限，行政机关不得行使。”⑤照此观点，如果将权力清单上升为法律法规，如何解决现有法律体系最初没有清单规定的衔接问题，如何解决人大对此问题事实上的能力不足问题。国家推行权力清单制度的初衷是建立行政系统内部的控权机制，其相关政策文件中本就没有涉及和设计各级人大及其常委的规定，同时宪法和法律都规定行政机关依法有权对如何行使权力做出具体规定。行政机关的创新措施如果都需要地方人大及其常委会确认，似乎也有过度拔高和有违客观之嫌。

四是认为权力清单只是简政放权的具体行政措施，还不能上升到规范文件的层面，甚至认为它“与民主法治国家的限权原则相违背，没有法律依据和超

---

① 中华人民共和国政府信息公开条例. http://www.gov.cn/zhengce/content/2019-04/15/content_5382991.htm.（2019-04-15）[2021-12-25].

② 申海平. 权力清单的定位不能僭越法律. 学术界，2015（1）：126-134.

③ 陈向芳，邓薇. 价值定位与路径导向：权力清单制度再思考. 中共福建省委党校学报，2015（8）：30-34.

④ 林孝文. 地方政府权力清单法律效力研究. 政治与法律，2015（7）：64-70.

⑤ 任进. 权力清单和负面清单的法治意义. 学习时报，2014-01-27.

越法律规定”[①]。就此而言，权力清单制度在我国具有依法确权的法律基础和依单规范行权的实践基础，在一定程度上可以弥补法律规定的缺失和滞后，填补法律原则性规定带来的实践漏洞，对规范行政权力的配置和运行起非常重要的作用，将其定位为简单的行政措施似乎也有弱化和矮化之嫌。

权力清单的性质定位直接决定了清单约束力和权威性，权力清单法律定位和效力的不清必然反映在教育行政权力清单。教育行政权力清单到底是部门规章还是非规范性文件，到底在多大层面具有何种法律效力，如果不弄清楚这些问题，就会造成大学行政权力清单依此作为外部规制依据的法律效力不足。从逻辑上显而易见是一回事，法律是否依此逻辑进行规定是另一回事，二者在权力清单上显然存在内在分叉。

### 2. 权力清单的内部自律控权思路有待改进

权力清单制度自 2005 年地方试点开始到 2015 年底省级政府基本完成清单制定。如果说权力清单制度在试点阶段依靠政策性文件和政府部门自身来实现确权和督权的内部控制功能既有效也必要，但时至今日，在权力清单已进入全面铺开和逐步深化的阶段，继续延续内部自律控权的思路有可能难以实现既定目标。

从前述学者的观点和各省份的实践不难看出，各方都在一定程度上将权力清单的构建视为行政系统内部的自我控制，实践中主要通过“上命下从”的行政手段实现对现有法定职权的归并、整合及公示。虽然中央对权力清单的制定提出了基层、专家学者和社会公众参与审查的要求，但实践中如何梳理、如何确权、如何审核以及如何公布自始至终都由行政机关自行决定。如果行政机关既是权力清单的制定者又是执行者，甚至还是自我监督者，以实现对自我权力的自我控制和约束，那么这种内部自律控权思路下的行政政策性权力清单在实践中表现为行政机关自行构建，现行法定职权形式化表面化清整，自上而下命令式限时完成，这些表现就会带来推行主体单一、推行效果难符预期、推行难以持久等问题，也会存在一些难以克服的弊端。

第一，推行思路的顺序错置。根据职权法定原则，应先有法律规定后有权

① 蒋德海. “权力清单”应慎行——我国政务管理之法治原则反思. 同济大学学报（社会科学版），2015（5）：67-74.

力法定，因此权力清单的推进也应当先梳理法律依据再依法确定权力。《指导意见》中也明确提出“需修改法律法规的，要先修法再调整行政职权，先立后破，有序推进”的要求，但实践中由于“上命下从”、限时办结和修法不易等原因，先修法后制订清单往往难以实现，出现形式化、表面化清理，希望通过权力清单的制定实现法律法规的废改立进而实现限权基础上的依法行政就会落空，原来希望的“事半功倍”“标本兼治”也往往是“事倍功半”“治标不治本”。按照科层制的行政管理，权力清单推进的路径选择应该先中央后地方。权力清单制度本就是一项自上而下的改革探索，上级机关的改革对下级机关具有天然的示范效应和推动作用，先中央后地方的路径更符合我国单一制中央集权的体制和行政管理科层制的要求。同时，在我国现行行政管理体制下地方政府部门的行政职权与中央政府部门的行政职权有千丝万缕的联系，地方政府部门职权基本上是中央政府部门职权的“复制和翻版”，历史上若干次的简政放权也主要是中央集权的下放或归还。因此，只有采取自上而下的推进路径，才能避免目前清单中存在的因中央政府部门职权“未清”和“未定”导致的下级政府部门职权“清不了”“调不动”等问题。《指导意见》提出，省级政府要在2015年12月底完成清单的公布，《试点方案》提出国家发展改革委、民政部、司法部、文化部、海关总署、税务总局、证监会等7家单位要在2016年底完成试点工作。可见，实践中权力清单的推行是按照先地方后中央、先地方全面后中央试点的路线进行的。同时，目前31个省份乃至各市县基本公布了权力清单，而中央部门包括试点部委似乎依然处于公布“行政审批”事项的阶段。这种推行路径应用于国家行政系统职权的系统配置，其科学性和有效性还有待提高，否则就会影响权力清单制度的实践。

第二，推行主体的单兵突进。党中央、国务院要求行政机关自行将其行使的各项行政职权的权力名称、实施主体、权力依据、运行流程、监督救济方式等以清单形式公布并接受社会监督。可见，中央和政府都将政府行政部门视为权力清单的推行主体。从《指导意见》以及《浙江省政府部门权力清单管理办法》、湖南省的《关于推行各级政府工作部门权力清单制度的实施意见》、安徽省的《关于推行省级行政权力清单制度的通知》等各省份文件来看，政府部门自行梳理、同级机构编制部门或政府法制部门审核、同级党委和政府进行确认和在政府网站等平台公布，是各地制定权力清单的基本程序。这些基本程序的前提是政府部门的自行梳理，至于按什么梳理、如何梳理等标准掌握在行政部门手中，这也让政府部门在权力清单的制定过程中从权力梳理的基础性地位变成了事实上的权力清单的构建主体，作用也从基础变成了“主导”甚至是“主宰”。然而，推行权力清单制度并非“单兵突进”的线性运动，而是一项艰巨复杂的系统工程，对现有行政职权的归整、转移、合并和划定，不仅涉及政府部门本身，还牵涉立法乃至司法等多个层面，因此权力清单的构建“不仅仅是一项行政活动，更是一项法律活动”①。多方参与配合比仅靠政府部门的“单兵作战”更有利于和更符合权力清单制度的推行。

## 二、教育行政权力清单制度规范化改进

权力清单作为发轫于地方自主探索又具有鲜明本土色彩的一项制度创新，要实现在我国社会系统中有效管理和约束行政权力的制度价值，就必须从制度规范的角度进行优化和完善。法治本质是规则之治。权力清单制度只有通过法治手段实现从行政政策向行政规范的转变，才能迎来自身的新生之路。权力清单制度只有从根本上实现合法规范，才能为教育行政权力清单制度提供合法规范化依据。质言之，教育行政权力清单制度只要遵循权力清单制度的所有合法规范化要件，就会取得合法性基础并规范化运行。

### （一）制定程序和制定主体的合法性

程序和主体作为权力合法规范运行的要件，必须明确规定才能从源头上保证权力的合法。程序合法是形式合法的重要组成部分，也是法治的基石。正如英国著名行政法学家韦德所说：“程序不是次要的事。随着政府权力持续不断的急剧增长，只有依靠程序公正，才可以变得让人可以容忍。”②在权力清单的制定程序方面，为了改变各地程序不一的现状，中央政府可对具体的启动程序、清理程序、批准程序、公布程序、实施程序、公众与社会协商参与程序和修改程序等予以明确规定，同时从上达下从、以上率下的程序来说，国务院组成部门宜尽快制订和发布各自的权力清单，以为省级政府权力清单制定的程序合法提供借鉴和帮助。当然，一套科学、完整而合法的制定程序，不仅要有政

① 王克稳. 行政审批（许可）权力清单建构中的法律问题. 中国法学，2017（1）：89-108.

② 威廉·韦德. 行政法. 徐炳，潘世强，李湘如，等译. 北京：中国大百科全书出版社，1997：94.

府部门的起草、人大的审查和政府的发布，也需要社会团体、专家学者、民众等多主体的参与。因此，在人大进行合法性审查之前向社会公示，或组织听证会、说明会等，集中听取各方意见和建议，也是保证权力清单制定程序合法的必要环节。

在制定主体合法方面，必然涉及梳理主体、审查主体和发布主体的各自职责。需要明确的是，政府作为国家权力机关的执行机关，本身既不是权力的法理来源，也不是权力的法理裁量者[①]，无权规定自身的权力范围，所以目前政府编办或者政府法制办审核审查权力清单的合法性从法理上值得商榷。从合法性来说，各级人大及其常委会有权对上下级法律法规进行必要的梳理，也有权通过监督政府权力来维护法律权威，因此作为权力清单的审查主体是合法而权威的。从实际出发，考虑到政府权力法律来源的广泛性、复杂性、专业性以及人大代表的非专职性，同时兼顾主体资格与专业能力的平衡，目前由政府各职能部门分别依法梳理本部门权力事项，形成初步的权力清单样本的做法是可行而合适的。换言之，政府各部门应该承担起权力清单事项的梳理主体责任。梳理出来的权力清单样本汇总到本级政府后由政府统一提交同级人大进行合法性审查。审查通过则由政府作为唯一的发布主体向社会公开发布，反之则修改后再次审查直至通过。简言之，即“政府部门梳理，同级人大审查，政府统一发布”。这样不仅可发挥政府部门在梳理环节的优势和专业，又可赋予权力清单必要的合法性与法律效力，能够有效解决主体资格与专业能力间的矛盾。尽管教育部不是国务院组成部门权力清单制度的试点单位，但从教育事项关涉者众的角度，教育部宜尽快推进自身的权力清单制度建设。从目前教育部公布的权力清单来看，其类型还主要集中在行政许可事项。

### （二）形成大致统一的权力清单编制模式

权力清单制度的严肃性和权威性需要全国大致统一的规范予以维护和保证。就权力清单的编制而言，各省各级政府应形成大致一致的编制模式。这种一致主要包括三个层面。

第一，形成一致的行政权力分类标准。各级政府应统一按照《指导意见》中列明的行政许可、行政处罚、行政强制、行政征收等十项类别对权力进行分

① 赵福生，荀一成. 推进权力清单制度的实施原则与方略. 领导科学，2015（4）：4-7.

类，既不能自设其他分类，也不能随意扩大或缩小权力范围，应力求做到全覆盖、无遗漏、可比较，否则权力清单制度就会失去它的全国性意义。需要指出的是，在这十项权力类别中，应着重明确“其他类别”的标准。因为“其他类别”本质上属于一种“兜底条款”，而“兜底条款”作为一项立法技术，本意是将法律法规没有包括的、难以包括的或难以预测的内容包含在这个条款中，以应对千变万化的复杂实践，而这个“兜底条款”在实践中又容易异化为“无限条款”和什么都能装的“箩筐”。目前，有的省份教育行政权力清单中“其他类别”规定的事项数仅次于“行政许可”，可见实践中这是一个很好的什么都装的“箩筐”。因此，要尽量避免以“兜底条款”来简化分类或者形成其他形式的“隐形权力”和“兜底权力”。同时，要对各类别进行大致的界定，避免形成目前实践中的“行政许可”“行政审批”混杂的情况和看似有类实则无类的情况。

第二，形成基本一致的权力清单内容。各省份教育行政部门应详细列出与教育行政权力事项有关的类别、编号、实施主体、实施依据、办事流程、监督方式等各项信息，避免目前信息不等、信息不全的情况。只有内容基本一致，全国范围内的教育行政权力清单才能比较和评估。各省份教育行政部门作为与广大人民群众联系密切教育部门，更要从方便群众查询和使用的角度将清单内容细化和具体化。

第三，形成基本一致的权力清单公布方式。各级人大审查通过的权力清单应以便于民众知悉和查询为出发点，由同级人民政府在政府官方网站上公布权力清单的具体内容，并通过报纸、电视、新媒体等多种方式广而告之，避免目前在很多政府网站和部门网站，甚至是政务服务网和编办网查询不到的情况。另外，考虑到不同年龄群体的差异性特征，还应广泛运用宣传栏、宣传单页、电子显示屏、人工咨询等多种方式进行宣解，以此展现政府部门自我限权和接受督权的态度和诚意。

需要说明的是，之所以强调一致性是因为权力清单制度作为全国普遍推行的制度，在实践中有太多的不一致，甚至是“千人千面”，侵蚀了权力清单制度的权威性和规范性。事实上，我国地域辽阔、国情复杂的现实让各级政府在行政级别、权力大小、机构设置、社会发展程度等各方面都存在较大差异，致使各地在制定权力清单时规范程度不一。就规范性而言，强调一致性并不否定地方政府的自主性，但从当前权力清单制度的推进情况来看，规范性的需求大于自主性。

### （三）完善相关教育法律体系和配套制度

权力清单制度尽管看似一个具体的制度安排，但其规范化运行需要相关法律体系和配套制度提供坚实的保障。因此，不断完善有关法律体系和配套制度就显得尤为重要。

第一，明确权力清单的法律性质。由于权力清单制度是典型的“实践先行”，所以对相关的理论研究还比较缺乏。目前，不同学者的不同观点和执行中的不同理解给实践带来了许多困惑和弊端，导致目前“学术研究观点不一、地方政府各行其是”。为清楚回答和有效解决有关问题，建议全国人大从法律上明确权力清单的法律性质，或者国务院制定“地方政府权力清单管理条例”，改变目前靠政府文件推行、政府文件规定不明的现状。

第二，完善相关法律体系。一方面，建议以《中华人民共和国立法法》（简称《立法法》）为核心，逐步完善教育法律法规规章的相关条款，将权力清单制度的精神嵌入这些法律；另一方面，建议及时修改和废止那些不适应全面深化改革要求的法律法规，特别是应集中清理、修改和废除教育行政部门自行颁布的数量繁多的“红头”文件。这是实现教育行政部门法定职责必须为、法无授权不可为的基础，也是深化完善权力清单制度的基本保证。

第三，建立常态化的调整机制。任何法律和文件都有有效期，教育行政权力清单也不例外。建议省级政府在公布教育行政权力清单时明确有效期，在该有效期临近时，各级政府和教育行政部门要对其进行评估分析，主动调整应对各种问题，避免形成目前清单公布固化导致的清单事实失效。当务之急是中央政府和教育部牵头对省级政府及其教育行政部门第一轮的实施情况进行评估，在评估的基础上进行修订，通过以评促改来保证权力清单的严肃性、合法性和时效性。

# 第五章　大学行政权力清单制度内部规制：大学章程

中世纪大学的合法性来源于教皇或王室以特许状的形式赋予大学开设课程、聘请教师以及大学师生的居住权、审判权、罢课权、免税权、迁徙权等特权，这些特权构成了大学“安身立命”的“宪章”，后来逐渐演变成今天的大学章程。在我国，大学章程经历了从“大学条例”“组织大纲”“组织规程”“大纲”到“章程”的转变。尽管“章程”由于《教育法》《高等教育法》中的“学校章程”称谓而成为一个法律词语已20多年，但关于大学章程的认识从“学校章程就是学校规章制度”①到“学校章程是学校自律性基本文件”②，乃至今天“大学章程是大学法人成立的基本要件，具有法律规范的性质、特征和功能”③的认识，可谓在进步中众说纷纭。

大学章程是现代大学的基本制度，其主要功能是通过规定和调整大学与政府之间的关系以及规定和规范大学权力内部配置和运行来实现大学使命。大学权力作为大学为实现其使命、保证其运行，由利益相关者共同享有、规定大学内外部法律关系的各种权力的综合体，与大学章程互为表里，是内容与形式的关系，其中大学章程是形式和表，大学权力是内容和里。因此，离开大学权力谈大学章程将失去大学章程的灵魂，离开大学章程谈大学权力将失去大学权力合法性和规范运行的根本依据。大学行政权力是大学权力的主要组成部分，其

---

① 唐朝纪，金汉杰. 依法治教：《中华人民共和国教育法》学习问答. 北京：人民出版社，1995：120.

② 陈立鹏. 学校章程. 北京：光明日报出版社，1999：7；王国文，王大敏. 学校章程的法律分析//劳凯声. 中国教育法制评论（第2辑）. 北京：教育科学出版社，2003：112；米俊魁. 大学章程价值研究. 青岛：中国海洋大学出版社，2006：18.

③ 陈学敏. 关于大学章程的法律分析. 武汉大学学报（哲学社会科学版），2008（2）：169-172.

配置和规制自然要在大学章程中得到体现。如前所述，制定大学行政权力清单要外依国家教育行政权力，内依大学章程规定的权力配置，正是二者的关系以及大学章程的地位和作用决定了制定大学行政权力清单必须以大学章程为内部规制依据。

## 第一节 大学章程是制定大学行政权力清单的内在依据

大学章程作为大学最基本要素的规定，“依据国家法律法规、尊重大学组织特性、遵守行政法规制定程序，制定出来的上承国家法律法规、下启内部各项规章制度的大学最高纲领，作为大学依法自主办学的基本依据、大学存在和发展的制度性根基和大学治理的‘宪章’”①。它一方面规定大学的办学宗旨、办学目的、机构设置和规章制度，以此调整和规范大学内外部关系；另一方面也是大学的“组织法”，主要规定大学的教学事务、学生事务、教师职称评聘、职员聘任和管理、师生的权益维护等内部治理事宜的方方面面，为大学内部法人治理提供合法依据。不仅大学行政权力是大学章程规定的内部合法治理的重要内容，而且大学章程的法律地位为大学行政权力的合法存在和合法行使提供法理依据。既然大学行政权力清单主要是规范和限制大学行政权力的运行，大学章程又主要是规制大学权力的运行，自然大学章程不仅为清单提供法理依据，也只有依据大学章程制定的清单制度才能从法理和权威上取得合法性依据。

### 一、大学章程的性质为大学行政权力清单提供了法理依据

#### （一）大学章程的法律地位

关于大学章程的法律地位问题，刘香菊和周光礼认为，“大学章程是由大学权力机构制定的、上承国家或州政府教育政策或教育法规，下启大学内部管理的具有一定法律效力的治校总纲，是大学治理的‘宪章’，是大学与政府、社会交流沟通的合法中介，是大学内外制度的衔接者”②。陈学敏认为，“大学

① 朱家德. 权力的规制：大学章程的历史流变与当代形态. 北京：中国社会科学出版社，2013：59.

② 刘香菊，周光礼. 大学章程的法律透视. 高教探索，2004（3）：39-41.

章程依法制定并依法实施，应该具有法的基本特性，包括规范性、权威性、强制性、现实性、可诉性等，属于自治规章，隶属行政法范畴；大学章程一经生效，无论是政府、社会还是大学成员都必须严格遵守章程的规定”①。马陆亭认为，“章程既是大学自主办学的需要和产物，也是外部对大学施加影响的需要和产物，一方面从合法性上明确了大学自治空间和自治权范围，也从根本上确立了大学的管理体制，另一方面也是政府和社会参与大学治理的一个机制”②。因此，“大学章程从终极意义上是国家法治和高等教育法治的具体表现和本质内涵”③。《高等学校章程制定暂行办法》明确指出，“章程是高等学校依法自主办学、实施管理和履行公共职能的基本准则。高等学校应当以章程为依据，制定内部管理制度及规范性文件、实施办学和管理活动、开展社会合作”。可见，从学界到教育主管部门都认为，大学章程是大学内部的最高规范，是大学治理的基本制度，是保障大学正常运转的基本规定，其对于大学之地位犹如宪法之于国家。

### （二）大学章程的法律性质

关于大学章程的法律性质，目前学界大致形成了“自治法说”“契约说”“公法说”“混合说”等观点。持“自治法说”的学者大多认为，大学作为肇始于中世纪欧洲的学者行会组织，当时教权和皇权颁发的特许状，也就是大学章程的雏形，就是“为了保护自由探索知识的各种权力，也就是大学的自治权力”④，而制定大学章程也是“为了落实大学办学自主权，满足大学自主管理和依法治校的需要”⑤。持“契约说”的学者认为，大学章程是学校办学各方以各自意思表示为基础，协商后达成的关于权利义务的表达，基于不同的理论和契约主体，一种观点认为，“大学章程是大学内部制定的，是内部组织成员

---

① 陈学敏. 关于大学章程的法律分析. 武汉大学学报（哲学社会科学版），2008（2）：169-172.

② 马陆亭. 大学章程地位与要素的国际比较. 教育研究，2009（6）：70-76.

③ 张建初. 论高等学校章程. 教育研究，2009（2）：88-92；李昕欣. 我国大学章程历史演进与内涵分析. 辽宁教育研究，2006（11）：36-37.

④ 张建初. 论高等学校章程. 教育研究，2009（2）：88-92；王国文，王大敏. 学校章程的法律分析//劳凯声. 中国教育法制评论（第2辑）. 北京：教育科学出版社，2003：112.

⑤ 陈立荣，严俊俊. 大学章程：落实高校办学自主权的制度保障——对大学章程制定主体的思考. 现代教育科学（高教研究），2009（3）：57-60.

之间的协议，具有民事契约的性质”[①]；另一种观点认为，大学章程是“举办者（政府、社会）和办学者（大学、大学成员）共同制订的契约，尤其对于公立大学的章程，是政府与公办高校签署的一份行政契约，通过契约明确政府与公办高校的权力和职责”[②]。持“公法说”的学者从《高等教育法》《高等学校章程制定暂行办法》等法律法规文本出发，认为“教育主管部门对大学章程的审核属于行政许可行为，大学章程作为一种自治规章，是对国家行政法的具体化，具有行政法性质”[③]。持“混合说”的学者则从外延视角、法律位阶视角、特征和价值视角，将大学章程综合定位为大学内部“宪法”和外部“权利宣言”、行政规范性文件和软法[④]，认为“从举办者角度，大学章程是举办者与办学者和师生员工之间的组织性契约和格式合同；从办学者角度，大学章程是大学自治法；从大学行政管理相对人角度，大学章程具有公法性质，可作为大学师生提起行政诉讼和司法审查的依据”[⑤]。这四种观点从不同视角揭示了大学章程的法律性质，也从不同侧面展示了大学法律地位的多重性带来的大学章程法律性质的多重性和复杂性。

### （三）大学章程的法律效力

大学章程经核准公布后就对大学内外部各种关系主体具有法律效力，而大学章程最终由谁颁布，决定了大学章程的权威性和效力等级。[⑥]目前大学章程取得法定效力的途径主要有四种：立法机构审议通过、颁布政府令、教育主管部门审核公布、大学内部通过报教育主管部门备案。就法律效力和权威性而言，这四种方式依次递减。我国目前采用的是第三种方式，这也是目前我国大学章程制定和产生“大学章程现象”[⑦]或“章程运动”[⑧]的最大问题。因此，有学者建议，要解决大学章程法律效力危机，弥补大学章程法律效力缺陷，必须以正视历史文化渊源为开端，以理论修正为基础，对大学章程制定程序进行符

① 杨德齐. 我国大学章程的法律之困及其解决——基于与公司章程之比较. 学术交流，2012（4）：200-203.
② 周光礼. 从管理到治理：大学章程再定位. 湖南师范大学教育科学学报，2014（2）：71-77.
③ 陈学敏. 关于大学章程的法律分析. 武汉大学学报（哲学社会科学版），2008（2）：169-172.
④ 陶好飞，徐雷. 大学章程性质的法理透视. 北京联合大学学报（人文社会科学版），2018（3）：109-115.
⑤ 米俊魁. 大学章程法律性质探析. 现代大学教育，2006（1）：52-55.
⑥ 陈学敏. 关于大学章程的法律分析. 武汉大学学报（哲学社会科学版），2008（2）：169-172.
⑦ 刘益东，周作宇，张建锋. 论“大学章程现象”. 中国高教研究，2017（3）：21-26.
⑧ 周光礼. 从管理到治理：大学章程再定位. 湖南师范大学教育科学学报，2014（2）：71-77.

合《立法法》的改革。①

总之，尽管我国大学章程建设还存在“大学章程文本质量不高、大学章程宣传不到位、大学章程执行机制缺位、大学章程执行人员素质不高、大学章程实施环境欠佳”②和“大学章程作为成文的正式制度，忽视其本身的文化内涵，走向表象上的形式主义”③等各种问题，大学章程的地位和作用还有待进一步凸显，但大学章程的法律地位、法律性质和法律效力决定了制定大学行政权力清单时必须依此作为其内部的法律依据。反之，舍此则不会带来合法性，也没有任何其他大学内部的规章制度可以代替大学章程成为大学行政权力清单的根本依据。

## 二、大学章程主要功能是规制各种权力

### （一）大学章程历史演变中的权力规制

在欧洲这个独特的既分裂又分权的社会中，皇权和教权都希望扩大自己的影响和势力，而当时的大学为寻求与大学之外其他势力冲突的保护，巴黎大学先后于1215年和1231年获得罗马教廷颁布的章程，获得“教师资格证书的发放权、法人自治权、教师服饰、葬礼、教学方法等方面的权利”以及“法权自治、结社权、罢课权、授予学位专一权、司法豁免权等特权”④，以此获得自身基于行会组织的合法性。可见，大学章程的产生就是大学基于生存和发展获得的各种权利的规定，“在法律上体现为法人性质，整个大学组织作为单个法律主体对外部承担责任和拥有权利。印章作为法人标志以实物的方式标识大学组织的法律性存在。法人性质所具有的价值和意义是大学存在的合法性和自治性前提”⑤。行会选举会长，大学作为行会选举校长。在校长最初由主教本人或其代理人担任，教皇特许令确认，其后转变为大学教职工选举校长，主教认

---

① 曾威. 论我国大学章程法律效力的缺陷及弥合——以法律渊源为考察视角. 信阳师范学院学报（哲学社会科学版），2019（2）：32-36，47.

② 孙曙光. 如何破解我国大学章程的实施困境. 中国高校科技，2016（9）：48-51.

③ 尹建锋，黄臻伟. 章程实施与大学组织文化生成机制. 湖北社会科学，2016（4）：179-183.

④ 尹建锋，刘陵东，陈晴晴. 论西方大学章程的制度变迁功能——基于宏大历史叙事的分析. 扬州大学学报（高教研究版），2020（2）：13-19.

⑤ 尹建锋，刘陵东，陈晴晴. 论西方大学章程的制度变迁功能——基于宏大历史叙事的分析. 扬州大学学报（高教研究版），2020（2）：13-19.

可，再之后认可成为形式，校长按照大学章程行使权力。这个过程既是大学章程在大学漫长的历史长河中由习俗自发演变而来的，也是基于大学章程的大学自治制度逐渐成长时期。

中世纪后期，随着宗教控制力度的减弱，地方王权、文艺复兴和宗教改革等对传统大学产生诸多影响，大学从中世纪的宗教化生存转向近现代的世俗化生存，大学组织架构也从宗教代理人治理转向世俗化的委员会治理。随着民族国家的形成以及近代启蒙运动和科学革命带来的专业化和世俗化，教授由牧师身份转变成专门研究者，教授会转变为专司学术事务的管理机构，逐渐演变成今天大学章程中的学术委员会或评议会，大学章程也由法人组织的行会特征向现代大学的开放性迈进，出现对大学行政权力与学术权力的明确界分。其后，洪堡大学确立了现代大学科学研究与课程教学的有机结合以及因洪堡本人特殊身份确立了通过大学章程保障在国家权力强势情况下的学术自由体制。美国师法德国，但并没有照搬德国模式，而是在“服务社会”的理念下采用了董事会与监事会的两会制或单一的董事会制度，并且逐渐发展为“外行董事会”，开启了多元共治模式，大学章程内容也随之发生变化。

在英文中，大学章程有法令法规（statute）、条例（ordinance）、许可证（charter）、规章制度（bylaw）等不同侧重点的表述，也可按其不同的侧重分为特许章程或授权章程、法律性章程或规范性章程等不同类型。从前述不同国外大学的内外部权力结构和权力配置的规定看，英美法系的国家，其大学章程赋予利益相关者参与权，强调决策权、执行权和监督权的分离制衡，具有规范大学同政府关系的特点；大陆法系的国家，如德国、法国、日本等，其大学章程具有强调政府参与的优先权，决策权、执行权和监督权的三权合一，重视基层学术组织的自治权等特点。

关于我国大学章程的起源：一种观点认为“由古代书院的‘院规’或‘训示’而来”[①]，一种观点认为“始于 1895 年盛宣怀起草的《拟设天津中西学堂章程禀》”[②]，还有一种观点认为“源于 1898 年梁启超起草的《奏拟京师大学

① 邓洪波. 中国书院章程. 长沙：湖南大学出版社，2000：3.

② 陈敏. 我国现代大学章程的缘起与困境分析. 现代教育科学（高教研究），2007（4）：29-32；韦斌. 盛宣怀与中国教育的近代化. 新疆教育学院学报，2005（2）：91-94.

堂章程》和之后的《钦定京师大学堂章程》和《奏定大学堂章程》”[①]。根据前述我国大学行政权力的外部规制和大学章程规制的分析，本书赞同第三种观点。《奏拟京师大学堂章程》得到光绪皇帝批准之后，1901 年，时任山东巡抚袁世凯组织起草了《山东试办大学堂暂行章程》。此后，各地多以山东大学堂为样板，参照其制定章程或开办省级大学堂。1920 年，蔡元培借鉴德国柏林大学制度制定了《国立北京大学现行章程》。这是民国时期第一部由大学自行起草、评议会通过、教育部备案的国立大学章程。随后《东南大学组织大纲》（1921 年）、《清华学校组织大纲》（1927 年）相继制定。

中华人民共和国成立后，大学的一切事务由政府规划和统领，大学没有制定章程，都是国家教育政策的具体执行。“文化大革命”时期，大学章程更是无从谈起。1985 年，中共中央颁布的《关于教育体制改革的决定》提出“简政放权，扩大高校办学自主权”；1995 年通过的《教育法》规定“章程是设立学校及其他教育机构必须具备的基本条件”；1998 年通过的《高等教育法》规定申请设立高等学校的，应当向审批机关提交章程；2010 年颁布的《国家中长期教育改革和发展规划纲要（2010—2020 年）》提出“完善中国特色现代大学制度；各类高校应依法制定章程，依照章程规定管理学校”；2011 年，教育部通过的《高等学校章程制定暂行办法》规定了大学章程的内容、制定程序、核准与监督等，为大学章程的制定提供了规范；2012 年，教育部印发的《全面推进依法治校实施纲要》提出“加强章程建设，健全学校依法办学自主管理的制度体系”；2013 年，教育部发布《中央部委所属高等学校章程建设行动计划（2013—2015 年）》，要求“985 工程”高校在 2014 年 6 月底前完成章程起草工作，“211 工程”高校在 2014 年底前完成章程起草工作，所有高校在 2015 年底前完成章程起草工作。到 2017 年 2 月，全国部委属高校章程全部核准公布，各省属高校的章程也基本公布，实现了“一校一章程”的目标。章程中有关权力规制的描述在前述“我国大学行政权力的章程规制”中专门详细梳理了从京师大学堂到现在的北京大学章程的历史演变、权力结构和权力制约，在此不再赘述。

从大学章程的中外演变可以看出，大学章程主要规定大学与政府之间的关

---

① 马陆亭，范文曜. 大学章程要素的国际比较. 北京：教育科学出版社，2010：308.

系和大学内部权力配置。大学与政府的关系主要集中体现在大学的最高权力机构，而判断大学最高权力机构主要看该机构是否有制定大学章程的权力和选举、任命校长的权力。美国大学的最高权力机构是董事会，英国是大学和政府共同行使权力，德国、法国和日本的大学没有唯一的最高权力机构，中国大学的最高权力机构是校党委会。不同国家的现代大学已经或正在成为具有法人资格的公共机构，其内部权力配置和运行主要通过大学章程进行规定，其内容主要包括校院两级的权力配置和相应决策权、执行权和监督权的规定。通常大学行政决策权在校长主持的各种委员会手中，学术决策权在大学学术评议会手中，但不同国家有不同侧重：美英大学的董事会行使学术决策权；德法日大学的行政决策权和学术决策权有时同构；我国大学的行政决策权在党委会和校长办公会，学术决策权则在学术委员会和党委会、校长办公会。大学的监督权在美英是董事会，德法日则是政府或大学任命的学监，中国则是中国共产党的纪律监察委员会。基层学术组织的决策权在教授会或院务会，执行权则在院长和系主任手中，决策机构和行政机构的界限不是特别明显。总之，简要梳理就可明显看出，大学章程的主要作用就是通过规定和配置大学内外各种权力，保障实现大学使命。

### （二）我国大学章程规定为大学行政权力清单提供了内容依据

任何事物都需要回答是什么、为什么、怎么办的问题。毫无疑问，大学章程也应如此。尽管我们已经论及前两个问题，但如果我们不能回答我国大学章程能够解决什么问题的话，所制定的章程就可能只有理论和形式上的意义，而不能真正发挥其应有的作用。大学章程到底应该规定什么问题是针对大学章程本身的属性而提出的功能要求，能够解决什么问题则是针对具体的办学环境及其影响和大学章程所能发挥的作用而言。前述论及大学章程主要规定大学内外部权力关系，这里主要是从大学章程的一般性、纲领性和规范性而言的功能问题，而能够解决什么问题则要具体问题具体分析。

回答我国大学章程应该具体解决什么问题之前，需要澄清几个问题。①大学章程的具体指向。大学有抽象和具体之分：抽象大学是普遍的、超越时空的，只可能存在于人们的憧憬和学者的研究之中；具体大学则是现实的、存在于特定环境、受具体时代和具体国家或地区社会背景制约。大学章程一如大学，其纲领性和规范性主要由大学的文化传统和章程的自然特征决定，反映了不同时期不同国家或地区所有大学章程共有的一般属性，在此抽象意义上，我国大学章程要具有一般属性。但是，任何大学又都是遗传和环境的产物，不存在超越时空的具体大学。我国大学办学受惠也受制于我国现实的社会环境，这是我国大学章程的“中国”标记，超越这个标记来讨论我国大学章程能干什么，可能对制定大学章程实际而言帮助不大。②大学章程的借鉴价值。大学章程由来已久，欧美现代大学成立先于我国，且我国现代大学也曾先后师法欧美，但我国在很长一段时间内没有制定成文的章程，于是很多学者在探讨我国大学章程时，自然将视线转向国外大学，特别是欧美国家的大学章程，意图从中获取一些可资借鉴的经验，包括本书前面所做的“大学行政权力规制的国际比较”。应该说，这一思路无可非议，也确有可能为我们提供很多启示。但需要注意的是，任何不加选择和甄别的模仿或套用都可能导致“南橘北枳”。因此，如何借鉴、借鉴什么，是我国大学章程制定中需要谨慎对待的，也是笔者在国际比较研究中不断提醒自己注意的。③大学章程的作用考量。诚然，一如我们前面言及的，大学章程是大学的根本大法，是大学的根本制度，但这些“本”是否能如我们期望的那样在解决我国大学发展问题上发挥“根本大法”的作用，还需要我们理性地对待和客观地评估。实事求是地说，从没有章程到制定章程并公布章程是重大进步，它无疑对大学办学发挥着一定的作用，而这个作用的大小在很大程度上取决于我国的大学办学环境和管理体制。对此，我们既不能期望过高，也不应妄自菲薄，而应当从实际出发，准确把握在当下的社会环境和大学领导管理体制下章程应有的地位和能发挥的作用。

关于我国大学章程具体应该规定什么问题，有学者认为，大学章程应当具体解决大学的身份认同、职能定位、体制机制模型、利益相关者权利保障以及大学自身的合法性与章程的适应性等问题。[①]基于此以及上述澄清的问题和本书关注的问题，笔者认为，目前我国大学章程制定到底能解决哪些问题，应该从《高等学校章程制定暂行办法》中寻找。

《高等学校章程制定暂行办法》由“总则”“章程内容”“章程制定程序”“章程核准与监督”“附则”五部分构成：“总则”规定了章程制定的基

① 别敦荣. 我国大学章程应当或能够解决问题的理性透视. 中国高教研究，2014（3）：1-7.

本原则；“章程制定程序”规定了从起草到报送核准的过程及相关环节的参与人员；“章程核准与监督”规定了不同类型高校章程的核准程序、核准机关的核准程序和高校章程落实情况的监督机制；“附则”主要规定了新设立学校的章程问题和生效日期。与大学行政权力关系最为密切的是“章程内容”。

“章程内容”除了规定章程必须载明的学校名称、校址、办学宗旨、办学规模、学科门类的设置、教育形式、内部管理体制、经费来源、财产和财务制度、举办者与学校之间的权利和义务、章程修改程序和其他必须由章程规定的事项等外，还涉及大学办学自主权的下述事项明确基本规则、决策程序与监督机制：“（一）开展教学活动、科学研究、技术开发和社会服务；（二）设置和调整学科、专业；（三）制订招生方案，调节系科招生比例，确定选拔学生的条件、标准、办法和程序；（四）制订学校规划并组织实施；（五）设置教学、科研及行政职能部门；（六）确定内部收入分配原则；（七）招聘、管理和使用人才；（八）学校财产和经费的使用与管理；（九）其他学校可以自主决定的重大事项。”同时，“章程内容”还明确了党委领导下的校长负责制的议事规则、决策程序，校长职权，校长办公会议或者校务会议的组成、职责、议事规则，内部治理结构和组织框架，学院（学部、系）、其他内设机构以及教学、科研基层组织的领导体制、管理制度，学术委员会、学位评定委员会以及其他学术组织的组成原则、负责人产生机制、运行规则与监督机制，学术评价和学位授予的基本规则和办法，教职工代表大会、学生代表大会的地位作用、职责权限、组成与负责人产生规则以及议事程序，学校自主设置的如校务委员会、教授委员会、校友会等机构的地位、宗旨以及基本的组织与议事规则，社会支持和监督学校发展的长效机制，自主设置的理事会或者董事会的地位作用、组成和议事规则，学科、专业、课程以及教学、科研的水平与质量进行评价、考核的基本规则，教师、学生申诉的机构与程序。

《高等学校章程制定暂行办法》基本规定了大学章程应该回答的办大学的所有问题，而这些问题绝大多数是大学行政权力的职权范围，即使涉及学术评价、学科建设等事务，在今天的大学也离不开行政权力的参与，只是二者如何界分的问题。换言之，大学章程不仅为大学行政权力规定了职权范围，更以其性质和地位为大学行政权力职权提供了根本的合法性。申言之，制定大学行政权力清单必须依照大学章程规定的大学行政权力职权范围，任何自创或者扩权形成的大学行政权力清单必然不具备合法性。当然，反过来说，依照大学章程规定的行政职权制定的大学行政权力清单也并不必然带来合法性，二者构成了必要不充分条件。按照合法性理论，基于大学章程规定的权力制定清单，某种程度上只是满足了形式合法，而同样关键的实质合法，特别是在大学这个特殊的组织中，大学行政权力如何在服务学术、学者、学生和大学管理中保持张力平衡，不仅考验办学者的智慧，更要体现在具体的制度设计中。

## 第二节　中国大学章程的内容分析

关于大学章程的定性分析，前述已简要介绍，这也是目前学界教育学和法学背景的学者讨论较多的问题，而关于大学章程的定量研究或定量和定性相结合的研究还相对较少，使得大学章程研究在性质、主体、作用等方面的思辨较多，而针对大学章程的实证研究相对较少。这就带来许多实践中的困惑：大学章程怎么说都有道理，但就是解决不了实际问题；大学章程高挂纸上和嘴上，但实际运行依然故我；大学章程端坐神龛，具体制度凡间不管；大学章程只关领导，其他皆是看客等。具体到大学权力，较少有人关心大学章程到底规定哪些是行政权力、哪些是学术权力，总觉得“我的是我的，你的还是我的”，甚少问及“哪些是你的，哪些是我的”；我们总说要限制大学行政权力，但限制哪些、如何限制，学术权力是否也要受限、如何受限等问题都在似真实假、知易行难中旁落。就大学行政权力清单制定而言，内依大学章程前面已经述及，至于大学章程是否依靠得住，是另一个方面的问题，从有比没有好和有则必依考量，研究大学章程规定的权力结构、权力内容、权力制约等就成为制定大学行政权力清单的不二选择。

实践中，自 1995 年颁布的《教育法》规定“设立学校及其他教育机构，必须要有组织机构和章程”以来，1998 年颁布的《高等教育法》也规定“申请设立高等学校必须向审批机关提交章程”。但事实上，20 世纪 90 年代，我们基本上没看到哪所新设公立高校提交了章程，也没看到哪所高校制定了章程来满足法律规定，直到进入 21 世纪，现代大学制度建设引起了教育部的重视，大学章程建设才自上而下地开始推行。按照《高等学校章程制定暂行办法》第二十三条规定的“地方政府举办的高等学校的章程由省级教育行政部门核准，其中本科以上高等学校的章程核准后，应当报教育部备案；教育部直属高等学校的章程由教育部核准；其他中央部门所属高校的章程，经主管部门同意，报教育部核准”的程序，截至2017年2月，教育部对部委属112所高校（华侨大学实行董事会制，团中央所属中国青年政治学院部分整合至中国社会科学院大学，新成立的中国社会科学院大学官网上有章程/草案，但未见教育部核准公布）全部进行了章程核准公布。这112所高校按照机构改革后的主管部门中，教育部主管75所，具体名单及章程核准时间如表5-1所示。

**表5-1　教育部核准公布的部委属高校章程名单统计**

| 主管部门 | 高校名称 | 核准时间 |
|---|---|---|
| 教育部（75所） | 中国人民大学、东南大学、东华大学、上海外国语大学、武汉理工大学、华中师范大学 | 2013-11-16 |
| | 吉林大学、上海交通大学、同济大学、四川大学、西北农林科技大学、东北师范大学、上海财经大学、中国矿业大学、西南大学 | 2014-05-13 |
| | 兰州大学、天津大学、东北大学、华东师范大学、武汉大学、重庆大学、北京外国语大学、山东大学 | 2014-07-21 |
| | 北京大学、清华大学、中国农业大学、南开大学、浙江大学、中南大学、中山大学、电子科技大学、西安交通大学 | 2014-09-03 |
| | 中国海洋大学、北京师范大学、大连理工大学、复旦大学、南京大学、厦门大学、华中科技大学、湖南大学、华南理工大学 | 2014-10-11 |
| | 北京科技大学、中央财经大学、对外经济贸易大学、东北林业大学、华东理工大学、河海大学、江南大学、合肥工业大学、中国石油大学（华东）、中国地质大学（武汉）、西南财经大学、西南交通大学、陕西师范大学、西安电子科技大学 | 2015-03-11 |
| | 中南财经政法大学、北京交通大学、长安大学、华中农业大学、中国传媒大学、中国政法大学、华北电力大学、北京中医药大学、中国药科大学、北京化工大学、北京林业大学、南京农业大学、中国矿业大学（北京）、中国地质大学（北京）、中国石油大学（北京）、中央音乐学院、北京邮电大学 | 2015-06-26 |
| | 中央美术学院、中央戏剧学院、北京语言大学 | 2016-04-24 |
| 工信部（7所） | 北京理工大学、北京航空航天大学、哈尔滨工业大学、西北工业大学 | 2014-10-11 |
| | 哈尔滨工程大学、南京理工大学、南京航空航天大学 | 2015-06-26 |
| 公安部（7所） | 中国人民公安大学、中国刑事警察学院、中国人民武装警察部队学院、铁道警察学院、公安海警学院、防灾科技学院、南京森林警察学院 | 2017-01-11 |
| 国家民族事务委员会（6所） | 中央民族大学 | 2014-10-11 |
| | 北方民族大学、西北民族大学、西南民族大学、大连民族大学、中南民族大学 | 2017-01-11 |

续表

| 主管部门 | 高校名称 | 核准时间 |
| --- | --- | --- |
| 民用航空局（3 所） | 中国民航大学、广州民航职业技术学院 | 2016-04-24 |
| | 中国民用航空飞行学院 | 2017-01-11 |
| 中国科学院（2 所） | 中国科学技术大学 | 2014-10-11 |
| | 中国科学院大学 | 2016-04-24 |
| 中央办公厅 | 北京电子科技学院 | 2017-01-11 |
| 国家安全部 | 国际关系学院 | 2017-01-11 |
| 体育总局 | 北京体育大学 | 2015-03-11 |
| 卫健委 | 北京协和医学院 | 2017-01-11 |
| 国务院侨办 | 暨南大学 | 2015-06-26 |
| 海关总署 | 上海海关学院 | 2017-01-11 |
| 交通部 | 大连海事大学 | 2015-06-26 |
| 司法部 | 中央司法警官学院 | 2017-01-11 |
| 外交部 | 外交学院 | 2016-04-24 |
| 应急管理部 | 华北科技学院 | 2017-01-11 |
| 全国妇联 | 中华女子学院 | 2016-04-24 |
| 全国总工会 | 中国劳动关系学院 | 2017-01-11 |

这些在我国高等教育领域具有重要地位和示范效应的高校，其章程如何规定权力配置、如何规制大学行政权力等，对于我们研究大学章程、大学行政权力和制定大学行政权力清单具有重要的借鉴和研究价值。正是基于上述困惑和考虑，本节采用政策内容分析法以及扎根理论研究法①构建方法论框架，借助 NVivo 12.0 Pro 软件②对教育部公布的 75 所部属高校章程进行质性分析，试图在弄清楚各大学在按照“办法”规定制定大学章程的基础上，提炼出相关核心概念，进而为制定大学行政权力清单提供依据和参考。

需要说明的是，任何一种研究方法或研究工具都有其优劣。以 NVivo 软件

① 扎根理论（Grounded Theory）研究法是哥伦比亚大学的斯特劳斯（Anselm Strauss）和格拉斯（Barnev G. Glaser）两位学者共同发展的一种质性研究方法，主要分为产生研究问题、数据收集、数据处理和理论构建四个步骤，要求研究者在研究开始之前一般没有理论假设，直接从实际观察入手，从原始资料中通过开放式编码（open coding）、主轴式编码（axial coding）与选择式编码（selective coding），归纳出经验概括，然后构建出理论。

② NVivo 是由澳大利亚定性解决方案研究有限公司（Qualitative Solution & Research Pty Ltd，QSR）开发的基于扎根理论的主流质性分析软件，提供了现场笔记、编辑、编码、储存、搜寻和提取、资料键接、备忘录、内容分析、呈现数据、获得结论及确证、建立理论、视觉化分析等多种功能，能够快速有效地分析多种不同类型数据，大大提高了质性研究的严谨性、信实度和趣味性。

为代表的质性数据分析工具而言，其“超越人工局限的数据编码能力”①，对“图形、声音与视频等较难人工编码的数据形式提供的编码与分析的可能”②等各种“更加高效精准地检索、分析与编码数据的能力”③有助于“在研究中分析大数据和构建理论命题”④，但同时“质性分析软件的固有程序会给质性研究活动加上方法论上的‘直夹克’”⑤，“如果研究人员的分析围绕软件功能，遵从程序要求，或囿于软件参数设定而使用某种分析技术，也可能会限制研究人员根据实际问题设计和执行质性分析的能力”⑥。就本节研究主要侧重结构化、规范化和封闭性的政策文本的分析而言，NVivo 软件无疑具有较强的适切性。

## 一、大学章程编码的基本信息

### （一）数据来源

2017 年 2 月前，教育部所属 75 所大学全部完成了章程核定和公示工作，9 月以后，北京大学等 13 所高校（北京大学、中国农业大学、兰州大学、中南大学、中国药科大学、重庆大学、合肥工业大学、北京科技大学、同济大学、中国人民大学、陕西师范大学、复旦大学、南京大学）又对其章程进行了部分条款修订，并获得了教育部的批复，查询这 13 所高校网站发现，除北京大学、兰州大学、中国药科大学外，其他 10 所高校都公布了修改后的章程。因此，本节研究除了以这 10 所大学按照修改后的章程为准外，其他 65 所高校都以教育部首次核准的章程为据进行分析。

---

① Richards L，Richards T. Qualitative data analysis：Can computers do it? Journal of Sociology，1987，23（1）：23-35.

② Dohan D，Sanchez-Jankowski M. Using computers to analyze ethnographic field data：Theoretical and practical considerations. Annual Review of Sociology，1998，24（1）：477-498.

③ Shelly A，Sibert E. Using logic programming to facilitate qualitative data analysis. Qualitative Sociology，1986，9（2）：145-161.

④ Hesse-Biber S，Dupuis P，Kinder T S. Hyper research：A computer program for the analysis of qualitative data with an emphasis on hypothesis testing and multimedia analysis. Qualitative Sociology，1991，14（4）：289-306.

⑤ Butcher L M，Holbrook A. Uses of qualitative data analysis software in educational research：The literature，the hard questions and some specific research applications. Australian Educational Researcher，1996，23（3）：55-80.

⑥ Garcia-Horta J B，Guerra-Ramos M T. The use of CAQDAS in educational research：Some advantages，limitations and potential risks. International Journal of Research & Method in Education，2009，32（2）：151-165.

### （二）编码程序

第一步，认真阅读文本。文本主要包括《高等学校章程制定暂行办法》和75所大学章程。通过阅读该办法，熟悉该办法规定的大学章程应该载明的内容和制定修改程序；通过阅读75所大学章程，对每所大学章程的框架、规定的内容和制定修改程序有具体的感性认知；通过这两类文本的阅读比较和对照，初步形成意向编码内容。

第二步，编码分析。在熟悉原始材料之后，基于扎根理论对文本进行自上而下、自下而上的编码，即通过对章程文本的整理、归纳，找出章程文本中与之相关的内容，探索和剖析概念间的逻辑关系。关于本章研究的编码分析，有两点需要说明：一是政策文本的编码分析与访谈资料和其他类型资料的编码分析有些许不同。后者完全是基于扎根理论，在资料开放性的基础上自下而上地逐层编码、逐步抽象和建立概念，从而构建本土理论，被称为扎根编码或归纳编码。前者由于政策文本的结构化和非开放性、非故事性特征导致整个编码不是完全按照扎根理论的范式，而是在已有初步理论、论证理论、修正理论的过程中形成正式理论，称之为思维导图编码或演绎编码。甚至有学者认为，按照已有理论框架设定编码变量的编码方式更加有效和现实[①]。具体到本章研究，由于《高等学校章程制定暂行办法》已经规定大学章程制定必须涵盖的内容和程序，因此在前期理论研究的基础上结合该暂行办法规定已经大致形成本章研究的理论、概念和编码结构，而该暂行办法规定使得大学章程文本只能是结构化、规范化和封闭性的政策文本，本章研究在编码阶段主要通过对具体每所大学章程的阅读和编码进行论证，当然，在具体编码过程中依然可以对相关概念和节点进行修正，甚至是重新编码和形成新的概念和理论，但完全推翻前设概念和理论的可能性较小。有学者完全按照扎根理论对110部大学章程用NVivo软件分析后得出“章程文本‘千校一面’”“各校章程存在内容高度雷同、缺乏创新性”的结论[②]，一方面确实与我们现阶段大学章程制定存在的问题有关，但同时也不得不承认，主要问题还是没注意二者的区别，机械套用扎根理

① Miles M B，Huberman A M. Qualitative Data Analysis：An Expanded Sourcebook. New York：Sage Publications，1994.

② 余怡春. 现代大学章程现状研究——基于110部高校章程文本的NVivo分析. 宁波大学学报（教育科学版），2018（2）：41-49.

论必然导致不甚客观的结论，因为各大学制定章程时只能按照《高等学校章程制定暂行办法》规定的内容和程序制定，而运用扎根理论对照此规定制定的文本进行编码研究，必然得出这个结论。这个结论看似科学，并且与大多数人的认知相符，但从研究方法来看，研究结论则谬矣。

正是基于政策文本类资料与访谈类资料的不同带来的编码差异，因此，本章研究在编码之前已经基于《高等学校章程制定暂行办法》规定的大学章程内容初步形成了若干判断标准的编码主题，归纳出 54 个子节点，并在此基础上根据研究内容将其提炼成 5 个父节点和 2 个观测维度。其中，“基本情况”“法人地位”“人事任命”等 3 个子节点构成“政学基本关系”父节点，“章程制定修改主体”和“章程制定修改程序”2 个子节点构成“章程制定修改”父节点。“政学基本关系”和“章程制定修改”等 2 个父节点考察大学与政府的权力关系，“权力主体”“内容程序”“监督规制”等 3 个父节点主要从大学权力内部配置和规制的角度考察“谁在行使大学行政权力”“行使什么权力”“按什么程序行使权力”“这些权力是否受到监督和制约”等，而每一个方面又都基于“办法”的规定内容将其分解为 16 个二子节点，“监督规制”还增加了“权力监督机构”这个子节点。

在编码过程中发现，75 所高校的大学章程基本上都涵盖了《高等学校章程制定暂行办法》规定的主要内容，但也有不少大学章程规定了该办法中没有提及的许多事项，特别是学生和教师的权利、义务等，无法纳入按照组织和工作内容进行的上述编码，对这些内容则完全基于扎根理论，按照自下而上逐层编码、逐步抽象和建立概念的程序，新建了由“学生”和“教职工”构成的 6 个子节点，最终形成了基于该办法规定和具体大学章程规定的、自上而下和自下而上相结合的、由 5 个父节点、60 个子节点、若干标准构成的大学章程编码表（表 5-2）。

**表 5-2　大学章程编码表**

| 维度 | 父节点 | 子节点 | 主要标准 |
|---|---|---|---|
| 大学与政府基本关系 | 政学基本关系 | 基本情况 | 大学名称、地点、办学层次、规模、性质、定位、使命、学科、教育形式、经费等基本情况 |
| | | 法人地位 | 大学法人地位、法律地位、领导体制、决策机制等 |
| | | 人事任命 | 举办者及其考核方式，学校负责人的产生与任命等 |
| | 章程制定修改 | 制定修改主体 | 关于章程制定或修改的主体表述 |
| | | 制定修改程序 | 关于章程制定、修改和解释权的程序规定 |

续表

| 维度 | 父节点 | 子节点 | 主要标准 |
| --- | --- | --- | --- |
| 大学内部权力配置与规制 | 权力主体 | 大学规划 | 关于大学规划制定主体的表述 |
| | | 党委领导 | 党委换届、组成成员和纪监委部门、成员的规定 |
| | | 校长办公会 | 哪些人组成或参加校长办公会 |
| | | 内设机构 | 内设机构负责人或组成人员规定 |
| | | 学术组织 | 哪些人参加这些组织、负责人是谁 |
| | | 其他组织 | 教代会、工代会、校务会、学位评定委员会、教授会、董事会、校友会等组织的成员 |
| | | 教学工作 | 教学管理工作的机构和管理主体规定 |
| | | 科研工作 | 科研管理工作的机构和管理主体规定 |
| | | 学科专业 | 学科和专业建设的机构和管理主体规定 |
| | | 招生工作 | 负责招生工作的机构和管理主体规定 |
| | | 社会服务 | 管理机构和有关人员组成 |
| | | 经费收入 | 哪些人参与经费和收入分配政策的制定和执行 |
| | | 职称评聘 | 职称评聘的机构和组成人员 |
| | | 人才招聘 | 人才招聘的机构和组成人员 |
| | | 申诉救济 | 师生员工的申诉渠道和组成人员 |
| | | 其他事项 | 哪些人参与和决定涉及学校合并、分立、终止以及校徽、校歌和发展的其他重大事项 |
| | | 学生 | 关于学生权利义务的规定 |
| | | 教职工 | 关于教职工权利义务的规定 |
| | 内容程序 | 大学规划 | 关于大学规划制定的程序规定 |
| | | 党委领导 | 党委职责、议事规则和决策程序 |
| | | 校长办公会 | 校长办公会的职责和议事规则 |
| | | 内设机构 | 内设机构的职责权限、管理程序和议事执行程序 |
| | | 学术组织 | 学术组织在学科建设、专业设置、学术评价、学术发展、教学科研计划方案制定、教师队伍建设等方面发挥作用的规定，学术评价和学位授予的基本规则和办法；尊重和保障师生依法享有的学术自由、探索自由的规定 |
| | | 其他组织 | 各种群团组织和其他组织的议事规则和议事程序规定 |
| | | 教学工作 | 课程以及教学的管理体制机制 |
| | | 科研工作 | 科研工作的管理规定 |
| | | 学科专业 | 学科和专业建设的管理规定 |
| | | 招生工作 | 招生工作的管理规定 |
| | | 社会服务 | 开展社会服务、获得社会支持的原则和办法 |
| | | 经费收入 | 经费分配和收入分配的规则和程序 |
| | | 职称评聘 | 教师职称评定和聘任规则和程序 |
| | | 人才招聘 | 人才招聘工作的规则和程序 |

续表

| 维度 | 父节点 | 子节点 | 主要标准 |
|---|---|---|---|
| 大学内部权力配置与规制 | 内容程序 | 申诉救济 | 教师、学生权益维护和救济的机制和程序 |
| | | 其他事项 | 其他重大事项的决策机制和程序 |
| | | 学生 | 学生享有哪些权利和义务、如何行使 |
| | | 教职工 | 教职工享有哪些权利和义务、如何行使 |
| | 监督规制 | 权力监督机构 | 对权力监督的机构、制度和程序 |
| | | 大学规划 | 大学规划的审批、执行的评估和监督规定 |
| | | 党委领导 | 受哪级机构规制、监督的规定和程序 |
| | | 校长办公会 | 校党委和上级部门是否监督规制、是否制定了相关规定和程序 |
| | | 内设机构 | 职能部门和学院如何监督，监督主体和程序规定 |
| | | 学术组织 | 学术组织受哪些组织监督，如何监督的规定 |
| | | 其他组织 | 其他组织的运行监督、决策监督等规定 |
| | | 教学工作 | 教学质量评估、教学管理监控、教学事故处理等相关规定和制定 |
| | | 科研工作 | 科研机构管理工作的监督、学术评价的标准和程序、学术不端行为的处理机制等 |
| | | 学科专业 | 学科专业建设的评估和考核机制 |
| | | 招生工作 | 招生方案、过程合规性的监督主体和监督内容、监督程序 |
| | | 社会服务 | 在社会服务和获得社会支持等方面的监督主体和监督程序 |
| | | 经费收入 | 经费分配和收入分配制度制定、决策程序和执行情况的监督主体和监督程序 |
| | | 职称评聘 | 职称评定和聘任过程中的方案制定、执行过程和效果评价的监督主体和监督程序 |
| | | 人才招聘 | 人才招聘中的程序、透明度和公平性监督 |
| | | 申诉救济 | 申诉和救济的制度和程序监督，效果监督 |
| | | 其他事项 | 在其他重大事项决定和执行中是否有监督机制、如何监督 |
| | | 学生 | 学生权利义务的监督保障机制 |
| | | 教职工 | 教职工权利义务的监督保障机制 |

一是本书关注的大学权力问题。学界关于大学权力的分类，有政治（政党）权力、行政权力、学术权力、教师权力、学生权力、市场权力、其他权力等诸多分类，聚焦到本书研究的大学行政权力，由于我国政治权力（在大学章程中主要表现为党委系统的权力）与行政权力在高校内部治理的实际运行逻辑的高度同构，本章研究在编码时将二者统归入广义上的“行政权力”；二是除了学者在学术组织中就学术事务行使的权力外，学者基于学者身份和学术影响力在学校党委会、校长办公会、校务委员会、学位评定委员会（从“国务院学位委员会”的称呼和建制可以看出，该委员会行使国家教育行政管理职能）、

学院党政联席会等机构就相关事务发表的意见和行使的权力视为行政管理行为（即使内容事关学术事务，此时依然是行政管理行为，应该将其视为行政权力而非学术权力），在大学章程中将此类规定编码至“行政权力”类。

第三步，信效度检验。为减少编码的主观性，保证科学严谨的研究结果，需要对编码信度进行检验。两位研究者分别对五所相同大学章程独立编码，然后采用 NVivo 12 Pro 软件中的“编码比较”功能，通过“编码一致百分比”衡量原始材料编码的一致程度，以保证研究的信度和效度。通常认为，“信度在 0.7 以上时，具有可靠性”①。结果显示，文本中 5 个节点的一致性百分比均高于 92%，表明编码者一致性程度高，本次编码具备必要的可信性和有效性。

## 二、大学章程内容分析

### （一）大学章程词频分析

词频是词汇在所有政策文本中出现的次数，词频的高低反映出文本对特定词汇的重视程度，而词云是词频直观、可视化的呈现方式。在这种方式中，词汇的大小代表词汇出现频率的高低，字体越大表示频率越高，字体越小表示频率越低。通过 NVivo 12 Pro 软件对 75 所大学章程文本进行最小长度为 2 个字、显示 100 个词的词云可视化如图 5-1 所示。

图 5-1　75 所大学章程文本词云图

① Nunnally J C. Psychometric Theory. New York：McCraw-Hill，1978：124-135.

由图 5-1 可以看出，学校、教育、管理、组织、发展、工作、学术、委员会、学生等词语属于大学章程的高频词，而学院、法律、章程、制度、监督、机构、依法等属于次高频词。同时，为了进一步准确反映各词语出现频率的精准数值，表 5-3 按出现频率列出了前 30 个词语，并统计了占比。

表 5-3　75 所大学章程高频词表

| 词汇 | 计数 | 加权百分比/% |
|---|---|---|
| 学校 | 15 979 | 5.12 |
| 管理 | 3 568 | 1.14 |
| 工作 | 3 554 | 1.14 |
| 学术 | 3 092 | 0.99 |
| 委员会 | 3 010 | 0.96 |
| 教育 | 2 701 | 0.86 |
| 学生 | 2 618 | 0.84 |
| 发展 | 2 551 | 0.82 |
| 组织 | 2 395 | 0.77 |
| 建设 | 2 168 | 0.69 |
| 教学 | 2 163 | 0.69 |
| 规定 | 2 159 | 0.69 |
| 学院 | 1 880 | 0.60 |
| 社会 | 1 825 | 0.58 |
| 办学 | 1 819 | 0.58 |
| 教职工 | 1 794 | 0.57 |
| 依法 | 1 791 | 0.57 |
| 机构 | 1 767 | 0.57 |
| 章程 | 1 712 | 0.55 |
| 开展 | 1 677 | 0.54 |
| 党委 | 1 673 | 0.54 |
| 校长 | 1 654 | 0.53 |
| 制度 | 1 598 | 0.51 |
| 领导 | 1 405 | 0.45 |
| 服务 | 1 397 | 0.45 |
| 大学 | 1 391 | 0.45 |
| 国家 | 1 370 | 0.44 |
| 研究 | 1 362 | 0.44 |
| 法律 | 1 360 | 0.44 |
| 人才 | 1 341 | 0.43 |

对这 30 个高频词进行归类后发现，主要是 4 类词语：一是反映大学章程的主题词：管理、工作、教育、规定、章程、制度、法律等；二是权力内容：学术、教学等；三是权力主客体：学校、委员会、学生、组织、学院、社会、教职工、机构、党委、校长、大学、国家、人才等；四是动词：发展、建设、办学、领导、服务、依法、开展等。高频词表及分类较为清晰地展现了 75 所大学章程文本词汇使用的频率和主要特点。

### （二）学章程文本节点编码分析

如前所述，从逻辑上讲，基于大学行政权力的大学章程编码主要从大学与政府的基本关系和大学内部权力的配置与规制两个维度进行，前者主要涉及大学与国家政府有关的基本情况和大学章程的制定修改，后者主要涉及权力主体、权力内容的规则程序和权力的监督规制，由此构成 5 个父节点，基本涵盖了大学行政权力清单中行政权力的来源、运行和监督问题。从内容上看，按照“办法”规定和编码补充，大学与政府的基本关系主要包括大学的基本情况，大学法人地位、政府对大学的人事任命以及大学章程制定修改的主体和程序，权力主体、权力内容和权力监督分别涵盖大学规划、党委领导、校长办公会、内设机构、学术组织、其他组织、教学工作、科研工作、学科专业、招生工作、社会服务、经费收入、职称评聘、人才招聘、申诉救济、其他事项、学生、教职工和监督机构等 19 项内容，由此构成 60 个子节点（相关编码统计见表 5-2）。

#### 1. 大学与政府基本关系

大学与政府的基本关系主要包括大学的基本情况、法律关系、与举办者的关系等，这些都是大学办学的前置条件，就《高等学校章程制定暂行办法》的结构和内容来看，国家也不将这些事项视为大学办学自主权的范围。同时，由于大学章程的“大学宪章”地位及其与政府的关系，也将其置于大学与政府的基本关系维度之下。就《高等学校章程制定暂行办法》规定而言，主要体现在第七条要求章程必须载明的十条内容。这两个父节点涵盖的子节点的文本来源数目和参考数值如表 5-4 所示。

表 5-4 “大学与政府基本关系”及子节点参考数值

| 父节点 | 子节点 | 文本来源数目 | 参考点数值 |
|---|---|---|---|
| 政学基本关系 | 大学基本情况 | 75 | 719 |
| | 大学法人地位 | 75 | 193 |
| | 政府人事任命 | 75 | 185 |
| 章程制定修改 | 章程制定修改主体 | 75 | 207 |
| | 章程制定修改程序 | 75 | 166 |

由表 5-4 可见，所有 75 所大学章程都对大学名称、办学地点、办学层次、规模、性质、定位、使命等基本情况，对大学非营利性事业单位的法人地位、举办者与大学的关系（国家举办，接受监管）、举办者对大学的管理考核方式、学校负责人的产生和任命机制等进行了规定，这也就意味着大学以章程的形式宣告接受党和国家的领导和法律法规的规定，这些问题不仅是事关大学存在与发展的根本性问题，同时这些问题的确定也为大学行政权力提供了外部来源的合法性，进而为大学行政权力作为政府行政权力的延伸在大学行政权力清单中提供了合法性来源和合法性依据。同时，这 75 所大学章程都对大学制定修改主体和程序进行了规定，基本上按照教代会讨论、校务委员会或校长办公会审议、校党委会审定，报国务院教育行政主管部门核准的程序制定和修改，还有部分高校对大学章程的地位、效力和解释进行了规定，基本上都表述为“基本准则”“基本规范”“学校其他各项规章制度均应依据本章程制定和修订，不一致的均以本章程的规定为准进行修订”等，解释权归校党委会或校党委常委会或章程委员会。从章程制定、修改和解释的主体、程序、效力等可以看出大学章程作为“大学宪章”的地位和作用，这也为制定大学行政权力清单时依据大学章程规定进行确权和梳理提供了权威的法理依据。

### 2. 大学内部权力配置与规制中的权力主体

按照《高等学校章程制定暂行办法》的规定，大学章程的内容必须涵盖大学规划、党委领导、校长办公会、内设机构、学术组织、其他组织、教学工作、科研工作、学科专业、招生工作、社会服务、经费收入、职称评聘、人才招聘、申诉救济、其他事项等内容，这些除了“学术组织”和“职称评聘”以及“人才招聘”等涉及学术评价之外的内容，绝大多数是行政管理行为，其权力应该界定为行政权力，也就是大学行政权力清单涵盖的范围，而从权力的角度必然涉及“谁来行使权力”的问题，也就是权力主体的问题，而学生和教职工作为大学的两大主体自然无法回避，据此构成表 5-5 的统计结果。

**表 5-5 “权力主体”及子节点参考数值**

| 父节点 | 子节点 | 文本来源数目 | 参考点数值 |
|---|---|---|---|
| 权力主体 | 大学规划 | 56 | 506 |
| | 党委领导 | 75 | 283 |
| | 校长办公会 | 71 | 143 |
| | 内设机构 | 72 | 300 |
| | 学术组织 | 71 | 224 |
| | 其他组织 | 75 | 524 |
| | 教学工作 | 59 | 161 |
| | 科研工作 | 58 | 125 |
| | 学科专业 | 45 | 82 |
| | 招生工作 | 44 | 73 |
| | 社会服务 | 50 | 83 |
| | 经费收入 | 73 | 202 |
| | 职称评聘 | 42 | 72 |
| | 人才招聘 | 46 | 92 |
| | 申诉救济 | 4 | 5 |
| | 其他事项 | 51 | 211 |
| | 学生 | 74 | 94 |
| | 教职工 | 71 | 93 |

由表 5-5 可见，对《高等学校章程制定暂行办法》要求大学章程必须规定的 16 项事务，大多数高校规定了权力主体，但程度又各有不同，绝大多数高校对党委会、党委常委会、校长办公会、内设机构、学术组织、其他组织、经费收入等事务主体和学生、教职工的权利义务进行了规定，其他事务主体规定则不明确或没有规定，但《高等学校章程制定暂行办法》中明确规定要求大学章程载明“组成”的包括内设机构、校长办公会或校务会议、学术委员会、学位评定委员会以及其他学术组织、教职工代表大会、学生代表大会等。本书研究重点关注了事关大学治理的两个核心机构——党委会（党委常委会）和校长办公会的规定情况，发现党委会和党委常委会的主体和绝大部分高校校长办公会议（或校务会议）的主体是明确的，但也有部分高校（如上海交通大学、浙江大学、中南财经政法大学、中南大学等）的章程规定了校长职权职责，也提

到了校长办公会议（或校务会议），但并没有具体规定权力主体。另外，就申诉救济而言，绝大多数高校都只是载明权利和建立机制，没有规定成立类似申诉委员会的机构，更没有规定其组成人员。

### 3. 大学内部权力配置与规制中的内容程序

《高等学校章程制定暂行办法》要求大学章程规定的16项事务具体是什么，也就是不同领域的权力内容，学生、教职工的权利义务，以及这些权力、权利按照什么程序行使等大学章程应该明确规定的，也是建立大学行政权力清单过程中依据大学章程来梳理不同领域的行政权力的内容，确定行权程序时必须要弄清楚的。相关文本来源数目和编码参考点数值统计如表5-6所示。

**表5-6　“内容程序”及子节点参考数值**

| 父节点 | 子节点 | 文本来源数目 | 参考点数值 |
|---|---|---|---|
| 内容程序 | 大学规划 | 69 | 157 |
| | 党委领导 | 75 | 370 |
| | 校长办公会 | 62 | 142 |
| | 内设机构 | 71 | 254 |
| | 学术组织 | 71 | 224 |
| | 其他组织 | 74 | 435 |
| | 教学工作 | 62 | 231 |
| | 科研工作 | 56 | 221 |
| | 学科专业 | 50 | 103 |
| | 招生工作 | 44 | 73 |
| | 社会服务 | 58 | 170 |
| | 经费收入 | 74 | 290 |
| | 职称评聘 | 42 | 72 |
| | 人才招聘 | 59 | 147 |
| | 申诉救济 | 65 | 143 |
| | 其他事项 | 48 | 142 |
| | 学生 | 75 | 484 |
| | 教职工 | 75 | 490 |

从以上统计可以看出，绝大多数大学章程对这些权力内容进行了明确规定，正是这些内容构成了大学章程的主体，也成为建立大学行政权力清单时依据大学章程规定进行权力内容梳理的依据。同时在编码中也发现，绝大多数大

学章程尽管对这些权力内容进行了规定，但并没有规定这些权力按照什么程序行使，这也许是因为大学章程不可能规定如此具体，或者程序规定体现在相关具体制度中。这既是大学章程制定修改需要完善之处，也是建立大学行政权力清单时依据大学章程规定进行确权时需要注意或者延伸至具体制度之处。就《高等学校章程制定暂行办法》规定而言，明确提到“原则、规则、职责、程序”的事项和组织包括：学校的主要学科门类以及设置和调整，内设机构，经费和捐赠，招生，党委领导下的校长负责制，党委集体领导，校长办公会议或校务会议，学术委员会、学位评定委员会以及其他学术组织，学术评价和学位授予，校务委员会、教授委员会、校友会等自主设置的组织，理事会或者董事会，学科、专业、课程以及教学、科研的水平与质量等。对比该办法规定和统计结果，还是可以发现不少不太符合规定的事项。同时，本章研究由于前期的编码框架所限，没有将权力内容和行权程序分开编码，若将二者分开编码，可能相关统计就能更好支持前述结论。

#### 4. 大学内部权力配置与规制中的监督规制

大学章程本质上是大学内外部权力的分配和管理行为的规定，既然有权则必受监督，既然是管理则必受规制，无规制、无监督的权力和管理必然乱象丛生。就大学行政权力清单的组成而言，监督权也是清单必不可少的组成部分。就《高等学校章程制定暂行办法》规定而言，明确要求建立学校层面的监督机制和办学自主权的监督机制。换言之，大学所有的权力事项都需要建立监督机制。统计 75 所大学章程中有关“监督规制”的文本来源数目和参考点数值如表 5-7 所示。

**表 5-7　“监督规制”及子节点参考数值**

| 父节点 | 子节点 | 文本来源数目 | 参考点数值 |
|---|---|---|---|
| 监督规制 | 大学规划 | 43 | 81 |
| | 党委领导 | 57 | 95 |
| | 校长办公会 | 16 | 22 |
| | 内设机构 | 31 | 44 |
| | 学术组织 | 42 | 66 |
| | 其他组织 | 57 | 147 |
| | 教学工作 | 28 | 39 |
| | 科研工作 | 20 | 26 |

续表

| 父节点 | 子节点 | 文本来源数目 | 参考点数值 |
|---|---|---|---|
| 监督规制 | 学科专业 | 9 | 10 |
| | 招生工作 | 16 | 17 |
| | 社会服务 | 22 | 24 |
| | 经费收入 | 67 | 154 |
| | 职称评聘 | 16 | 20 |
| | 人才招聘 | 10 | 14 |
| | 申诉救济 | 24 | 33 |
| | 其他事项 | 22 | 30 |
| | 学生 | 47 | 75 |
| | 教职工 | 55 | 80 |
| | 监督机构 | 40 | 67 |

比较表 5-5—表 5-7 可见，不管是文本来源数目还是参考点数值，75 所大学章程中关于权力“监督规制”的规定比关于“权力主体”“权力内容”“权力程序”的规定明显少了许多，这就意味着不少权力事项并没有建立相应的监督机制，特别是在“人才招聘”“职称评聘”“学科专业”建设领域。在监督机构的规定上，绝大多数高校都规定了党内的纪委监督、行政的监察监督、教职工代表大会、学生代表大会、研究生代表大会和各民主党派的民主监督，南开大学、南京农业大学、中国地质大学（武汉）等还规定了理事会履行社会监督的职责，北京大学和北京邮电大学等还成立了监察委员会。换言之，尽管绝大多数高校在起草章程时设计了监督机构，在部分领域也建立了监督机制，但全覆盖、全环节、全链条的监督机制并没有在章程中得到全面体现。这从一个侧面折射出一段时期以来大学治理问题频出的部分原因，也反映了不少大学在治理过程中还没有真正树立“有权必受监督”的意识和理念。从建立大学行政权力清单的角度而言，该事项统计显示，监督权显得更加重要且任重道远。

## 第三节　基于大学章程编码的大学行政权力清单制定

前面两节分别从理论和实践层面探讨了基于大学章程的大学行政权力制定问题。在理论层面，主要从大学章程的法律性质、法律地位和法律效力等方面回答了大学章程为什么能作为制定大学行政权力清单的法律依据；在实践层面，以教育部所属 75 所大学章程为文本来源，对应权力清单的构成要素，从权力主体、权力内容、权力程序和权力监督等方面分析了现状，以期为本节内容提供现实依据。考虑到大学行政权力清单制度是一个具体的实践探索，因此，本节主要在上节内容的基础上，基于 75 所大学章程的文本状况，从实践层面重申和验证第一节的部分观点，提出依其制定大学行政权力清单时需要注意的问题。

## 一、大学章程能够为制定大学行政权力清单提供权威依据

### （一）章程效力规定和制定修改解释程序赋予大学行政权力清单依此确权的权威性

法律的权威性除了法理上的权威性外，还包括制定主体的权威性和法律本身效力的规定性。换言之，由代表性最广、权威性最高的制定主体制定的法律，其权威性最高。同时，法律条文本身也会规定法律的适用对象和范围，自然，适用范围最广、效力最强的法律权威性也最高。依此，笔者统计了关于 75 所大学章程效力规定和制定修改解释程序描述（表 5-8）。

**表 5-8　75 所大学章程效力和描述统计**

| 大学名称 | 章程效力描述（序号） | 制定、修改、解释程序（序号） |
| --- | --- | --- |
| 北京大学 | ② | ④ |
| 北京化工大学 | ①+② | ③ |
| 北京交通大学 | ② | ⑤ |
| 北京科技大学 | ①+② | ⑤ |
| 北京林业大学 | ① | ③ |
| 北京师范大学 | ① | ③ |
| 北京外国语大学 | ① | ⑤ |
| 北京邮电大学 | ① | ③ |
| 北京语言大学 | ① | ③ |
| 北京中医药大学 | 无 | ③ |
| 大连理工大学 | ① | ③ |
| 电子科技大学 | 无 | ⑤ |
| 东北大学 | ① | ⑦ - |
| 东北林业大学 | ① | ⑤ |
| 东北师范大学 | ① | ③ |

续表

| 大学名称 | 章程效力描述（序号） | 制定、修改、解释程序（序号） |
| --- | --- | --- |
| 东华大学 | 无 | ③ |
| 东南大学 | ② | ⑥ |
| 对外经济贸易大学 | ① | ⑦- |
| 复旦大学 | ② | ③ |
| 合肥工业大学 | ① | ⑤ |
| 河海大学 | ① | ③ |
| 湖南大学 | 无 | ⑤ |
| 华北电力大学 | ① | ③ |
| 华东理工大学 | ② | ③ |
| 华东师范大学 | ① | ③ |
| 华南理工大学 | 无 | ③ |
| 华中科技大学 | ① | ③ |
| 华中农业大学 | ① | ③ |
| 华中师范大学 | ① | ③ |
| 吉林大学 | ① | ⑥ |
| 江南大学 | ①+② | ③+⑥ |
| 兰州大学 | ① | ③ |
| 南京大学 | ① | ③+⑥ |
| 南京农业大学 | ① | ③ |
| 南开大学 | ① | ③ |
| 清华大学 | 无 | ③ |
| 厦门大学 | 无 | ⑦ |
| 山东大学 | ① | ③ |
| 陕西师范大学 | ① | ⑤ |
| 上海财经大学 | ① | ③ |
| 上海交通大学 | 无 | ③+⑥ |
| 上海外国语大学 | ①+② | ⑦ |
| 四川大学 | ① | ⑤ |
| 天津大学 | ② | ③ |
| 同济大学 | 无 | ③+⑥ |
| 武汉大学 | ① | ③ |
| 武汉理工大学 | 无 | ⑤ |
| 西安电子科技大学 | ①+② | ③ |
| 西安交通大学 | ① | ③ |
| 西北农林科技大学 | ① | ③ |
| 西南财经大学 | ① | ③+⑥ |

续表

| 大学名称 | 章程效力描述（序号） | 制定、修改、解释程序（序号） |
|---|---|---|
| 西南大学 | 无 | ③ |
| 西南交通大学 | ② | ⑤ |
| 长安大学 | ① | ③+⑥ |
| 浙江大学 | 无 | ③+⑥ |
| 中国传媒大学 | ① | ③ |
| 中国地质大学（北京） | ① | ③ |
| 中国地质大学（武汉） | ① | ⑤ |
| 中国海洋大学 | ① | ③ |
| 中国矿业大学（北京） | ①+② | ③ |
| 中国矿业大学 | 无 | ③ |
| 中国农业大学 | ① | ⑤ |
| 中国人民大学 | 无 | ③ |
| 中国石油大学（北京） | 无 | ③ |
| 中国石油大学（华东） | ① | ③ |
| 中国药科大学 | 无 | ③ |
| 中国政法大学 | ①+② | ③ |
| 中南财经政法大学 | ① | ③ |
| 中南大学 | ② | ③+⑥ |
| 中山大学 | 无 | ⑤ |
| 中央财经大学 | ① | ⑤ |
| 中央美术学院 | 无 | ③ |
| 中央戏剧学院 | 无 | ③ |
| 中央音乐学院 | ① | ⑤ |
| 重庆大学 | ① | ③ |

注：①代表章程从地位上规定了“本章程是学校运行的基本规范，校内其他规章应依据本章程制定、修改，不得与本章程相抵触”。②代表章程从效力上规定了“本章程生效之前制定的学校规章制度与本章程不一致的，以本章程为准”。③代表章程规定了章程的制定和修改是教代会讨论，校长办公会或校务委员会审议，党委会审定，国务院教育行政部门核准备案后公布，党委会或党委常委会解释。④代表章程规定了章程的制定和修改是教代会讨论，校长办公会或校务委员会审议，党委会审定，国务院教育行政部门核准备案后公布，章程委员会解释。⑤代表章程规定了章程的制定是教代会讨论，校长办公会或校务委员会审议，党委会审定，国务院教育行政部门核准备案后公布，修改则由常委会、校长或教代会 1/5 以上的代表提议，其他程序同制定。党委会或党委常委会解释。⑥代表章程规定了章程修改由校长办公会议或校务委员会或党委常委会提议后提交教代会讨论，党委会审定，国务院教育行政部门核准备案后公布，党委会或党委常委会解释。⑦代表章程规定了修改由教代会讨论，校长办公会或校务委员会审议（该程序部分高校没有，则标为⑦-），党委会审定，国务院教育行政部门核准备案后公布。无制定程序规定。党委会或党委常委会解释。

由表 5-8 可见，75 所大学章程的制定和修订都经过了教代会讨论、校长办公会或校务委员会审议，党委会审定，教育主管部门审核的过程，尽管不同高校基于自身实际在具体规定上些许出入，但作为大学，其制定主体的广泛性和权威性已毋庸置疑。同时，就大学章程本身效力的规定性而言，除了 19 所大学没有就此做出规定外，大多数高校赋予大学章程“治校基本规范”的权威效力，部分高校还就章程生效的前后衔接问题做出了从章程规定的权威性，而不是通常以生效先后划分效力的规定。同时，即使没有就此作出规定的大学，也可从前述关于大学章程的理论探讨和本身制定主体权威性的规定中推测，也许这些大学已将大学章程效力的权威性视为不言自明的“公理”。

既然实践中从制定主体和效力规定都赋予大学章程治校的权威性，校内其他规章制度都要从其规定，更不用说作为校内规章制度中有关大学行政权力的梳理和确定。实难想象，大学行政权力清单制定中涉及的权力依据、权力内容、权力程序和权力监督，除了大学章程外，还有更权威的依据。

### （二）章程内容规定赋予大学行政权力清单依此确权、行权和督权的全面性

前述及大学章程制定主体和效力规定的权威性赋予大学行政权力清单依此制定的权威性，但大学章程内容的规定性能否为制定大学行政权力清单提供全面依据，也就是在“应依”的基础上能否“可依”。下面依然基于章程编码，从两个方面进行回答。

一是以“权力”为搜索词构成的词树状结构图（图 5-2）。该树状结构图清晰地展示了 75 所大学章程中与“权力”有关的规定词条，我们可以直观地读出和感受大学章程中有关权力的规定和描述是如何贯穿大学章程始终的，是如何全方位地体现在大学治理的方方面面的。正如前面所述，大学章程规定中除了涉及学术权力、学术评价等事务外，绝大多数是行政管理行为。从图 5-2 可明显看出，大学章程规定的大学治理内容的全面性为大学行政权力清单提供了全面依据。

二是 75 所大学章程编码和参考点的覆盖范围（表 5-9）。75 所大学章程的编码统计和参考点数值大致一致的统计结果说明，绝大多数高校大学章程规定内容具有一致性，这种一致性背后体现的是大学章程规定的大学治理内容的全面性，按照我们的编码框架，自然可以有逻辑地推出大学章程中有关大学权力规定的全面性，自然为依此制定大学行政权力清单提供了内容的全面性。

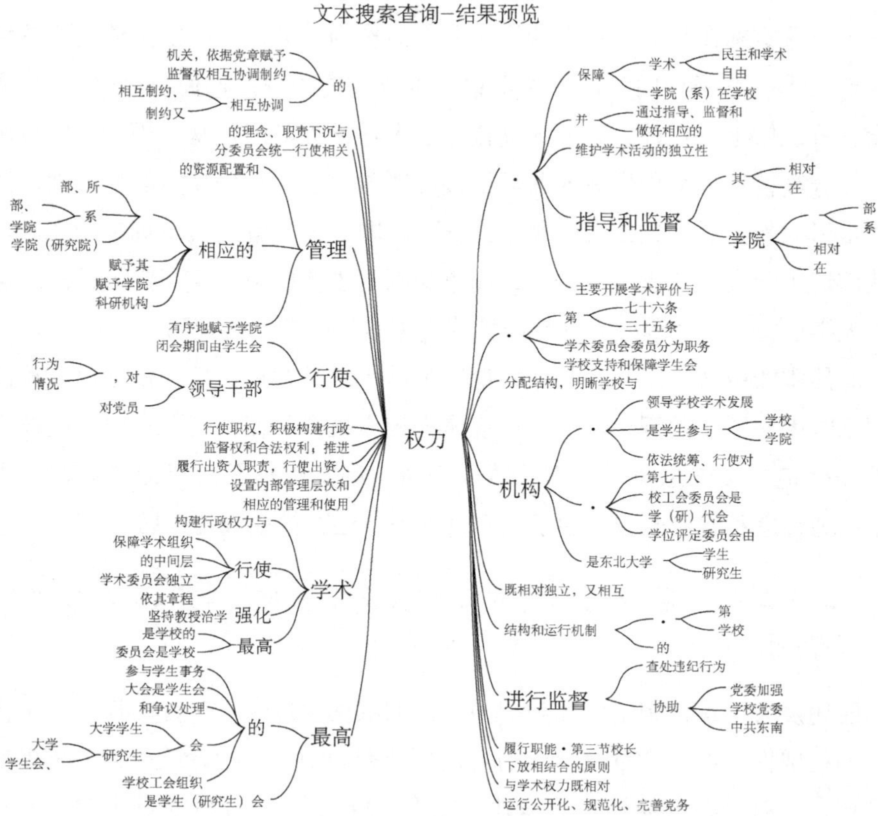


图 5-2　以“ 权力”为搜索词构成的词树状结构截图

**表 5-9　75 所大学章程编码和参考点统计**

| 大学名称 | 编码 | 参考点 |
|---|---|---|
| 北京大学 | 44 | 122 |
| 北京化工大学 | 45 | 131 |
| 北京交通大学 | 48 | 113 |
| 北京科技大学 | 44 | 110 |
| 北京林业大学 | 47 | 101 |
| 北京师范大学 | 44 | 116 |
| 北京外国语大学 | 45 | 107 |
| 北京邮电大学 | 44 | 117 |
| 北京语言大学 | 43 | 101 |
| 北京中医药大学 | 42 | 96 |
| 大连理工大学 | 46 | 111 |
| 电子科技大学 | 43 | 109 |
| 东北大学 | 45 | 151 |

续表

| 大学名称 | 编码 | 参考点 |
| --- | --- | --- |
| 东北林业大学 | 37 | 104 |
| 东北师范大学 | 43 | 114 |
| 东华大学 | 40 | 97 |
| 东南大学 | 41 | 134 |
| 对外经济贸易大学 | 41 | 95 |
| 复旦大学 | 49 | 118 |
| 合肥工业大学 | 46 | 141 |
| 河海大学 | 48 | 165 |
| 湖南大学 | 50 | 140 |
| 华北电力大学 | 38 | 121 |
| 华东理工大学 | 39 | 108 |
| 华东师范大学 | 40 | 116 |
| 华南理工大学 | 51 | 139 |
| 华中科技大学 | 35 | 80 |
| 华中农业大学 | 48 | 126 |
| 华中师范大学 | 42 | 125 |
| 吉林大学 | 44 | 118 |
| 江南大学 | 39 | 122 |
| 兰州大学 | 41 | 146 |
| 南京大学 | 41 | 177 |
| 南京农业大学 | 45 | 171 |
| 南开大学 | 38 | 149 |
| 清华大学 | 34 | 72 |
| 厦门大学 | 40 | 167 |
| 山东大学 | 43 | 175 |
| 陕西师范大学 | 44 | 150 |
| 上海财经大学 | 42 | 185 |
| 上海交通大学 | 45 | 151 |
| 上海外国语大学 | 43 | 169 |
| 四川大学 | 51 | 169 |
| 天津大学 | 46 | 138 |
| 同济大学 | 42 | 143 |
| 武汉大学 | 48 | 130 |
| 武汉理工大学 | 47 | 190 |
| 西安电子科技大学 | 47 | 174 |
| 西安交通大学 | 48 | 160 |

续表

| 大学名称 | 编码 | 参考点 |
|---|---|---|
| 西北农林科技大学 | 49 | 153 |
| 西南财经大学 | 45 | 137 |
| 西南大学 | 46 | 171 |
| 西南交通大学 | 42 | 147 |
| 长安大学 | 47 | 150 |
| 浙江大学 | 44 | 143 |
| 中国传媒大学 | 46 | 138 |
| 中国地质大学（北京） | 37 | 97 |
| 中国地质大学（武汉） | 49 | 184 |
| 中国海洋大学 | 43 | 149 |
| 中国矿业大学（北京） | 42 | 135 |
| 中国矿业大学 | 45 | 131 |
| 中国农业大学 | 44 | 116 |
| 中国人民大学 | 42 | 125 |
| 中国石油大学（北京） | 49 | 133 |
| 中国石油大学（华东） | 47 | 110 |
| 中国药科大学 | 40 | 91 |
| 中国政法大学 | 42 | 111 |
| 中南财经政法大学 | 45 | 158 |
| 中南大学 | 37 | 104 |
| 中山大学 | 39 | 129 |
| 中央财经大学 | 38 | 113 |
| 中央美术学院 | 43 | 147 |
| 中央戏剧学院 | 37 | 82 |
| 中央音乐学院 | 32 | 73 |
| 重庆大学 | 46 | 172 |

## 二、大学章程有待完善之处为制定大学行政权力清单提供了启示

尽管大学章程为制定大学行政权力清单提供了权威依据和全面内容，但就大学章程的主要功能是规制大学内外部权力关系而言，我们依然可以发现大学章程在权力主体、权力内容和权力监督等方面存在不少有待完善之处，这为我们依此制定大学行政权力清单提供了很好的提醒和启示。

### 1. 权力主体规定不够明晰

“谁行使权力”不仅是一个权力主体的问题，更关系到一所大学对大学使

命、大学精神、大学治理、学术与行政等深层次的认识问题，既是一个实践问题，也是一个理论问题，理应在大学章程中做出明晰的规定。但我们在编码过程中发现，不少大学章程仅对大学治理中的各类组织，比如党委会、校长办公会、校务委员会、学术委员会、教授委员会、监督委员会及各类学生群团组织提出了概念性的主体，并没有明确规定这些组织由谁组成。比如事关大学治理的核心组织，行使大学行政权力的典型和代表组织——校长办公会议由哪些人组成，各大学章程规定各异：大多数大学规定为校长、副校长，部分高校规定除此之外还有秘书长、教务长、总务长、监察处长等，还有部分高校笼统地规定为“学校领导班子成员和有关方面负责人”，甚至还有部分高校没有对此做出规定，或者仅以“校长办公会议议事规则另行制定”处理。从大学章程的法理地位来说，这些不明确的规定不仅降低和影响了校长办公会议这个权威决策机构的合法性，还涉及其后续治理行为和决策行为的合法性问题。从实践来说，校党委常委理应是学校领导班子成员，若都参加校长办公会，那党委常委会和校长办公会各自职责和权限边界在哪里？党委“管大局、把方向、保落实”如何体现？党委领导下的校长负责制具有法律和实践的合法性，但实践中存在的“党委领导”和“校长负责”各自不清的问题从校长办公会议的组成人员可窥见一斑。大学章程中关于各类权力主体的规定提醒我们，在制定大学行政权力清单时务必要高度重视权力主体的问题，尽可能细化具体化各类权力主体，为其权力行为提供合法性基础。同时，在依据大学章程制定大学行政权力清单时，要在大学章程或具体或明晰的规定中进一步明晰各类行政权力的权力主体。只有明晰规定权力主体，权力清单才有实践的可能性。这看似一个不言自明的道理，但在实践中往往是一个易被忽视的问题。

### 2. 权力内容规定不够明确

权责统一是一个权力运行和管理行为的基本原则，只有明确的权力内容，才有明确的权力责任；只有明确的责任，才有明确的追责问责。权力、责任、追责是权力有序运行闭环链条上的基本环节，任何环节的缺失或者弱化，轻则带来权力运行的混乱和无序，重则带来权力运行的任性和妄为。75 所大学章程关于各类组织的职权职责规定不一：绝大多数大学以条目列举的形式规定了党委、校长、学术委员会、学位评定委员会、学院的职权职责；部分高校在此基础上还规定了教学指导委员会、教职工代表大会、学生代表大会、研究生代表大会等的职责；部分高校对有关组织职责的规定泛化甚至以“另行制定”一笔带过。这些情况表明：即使是社会认可度较高、办学历史较长、治理水平较高的部属75所高校在大学章程制定中对有关权力内容的规定依然理解不一，也存在哪些应该规定、规定到什么程度等不同认识。自然，这些不同状况的规定会反映在权力的实际运行中。依然以学校党委会和校长的职权规定为例，75所大学章程都规定党委领导下的校长负责制，支持校长独立依法负责地行使职权，但在党委职责中除了涉及自身职责的若干项规定外，都有“讨论决定事关学校改革发展稳定及教学、科研、行政管理中的重大事项和基本管理制度”的规定，而在校长职权规定中又都有“全面负责学校的教学、科学研究和其他行政管理工作”的规定，这种职责的交叉重叠和“全面负责但不能决定”的状况反映在现实中就是普遍关注的党委领导下的校长负责制的运行问题。按照党对教育事业的全面领导主要是把方向、管大局、作决策、抓班子、带队伍、保落实[①]的要求，如何在大学章程中细化党委和校长职权，让该领导的真正领导、该负责的全面负责、该执行的认真执行，依然还是一个有待继续探索和实践的问题。大学章程中有关职权内容规定不明确的状况提醒我们，制定大学行政权力清单时不仅要按照目前大学章程的规定梳理好有关权力内容，更要在大学章程的原则规定下，按照校内有关具体制度规定系统梳理、明确细化有关权力内容，尽可能不要留下模糊地带或权责不清的情况。

### 3. 权力监督规定不够到位

有权必受监督，无监督的权力必然导致权力滥用和权力腐败，这既被人类发展史所证明，也为大学行政权力中的基建、招生、财务等领域腐败案频发所实证。大学相较其他社会组织之所以容易发生权力腐败，引发社会关注，除了社会对高校道德期望值较高外，主要还是假设高校没有太多权力和资源分配能力而引起的权力监督机制不到位所致。如前所述，从大学章程的规定中可见一斑。

第一，尽管75所大学章程都建立了以纪委、审计和监察部门组成的监督执纪的专责机构，但所有的规定都是原则性的，即使在党的十八大以来全面从

① 本书编写组. 习近平总书记教育重要论述讲义. 北京：高等教育出版社，2020：22.

严治党持续纵深推进和纪检委本身职能“三转”改革的背景下，纪检委监督执纪的力度和制度建设空前加强，从可查询的10所新修订的大学章程的规定中发现，监督执纪专责机构的规定也依然是原则性的，甚至不如学术委员会、教代会、研代会和学代会般明确规定了具体职责。

第二，以教代会、工代会、学代会等组织为代表的民主监督形式上，大学章程的规定依然是原则性的。很难想象，这种自下而上的权力监督形式没有权威明确的制度支撑，仅寄希望于部门规章为其赋权树威，其监督职责可能沦为“橡皮图章”。

第三，全程忽视程序在监督中的作用。纵观《高等学校章程制定暂行办法》规定的16项事务，基本只规定了权力（权利），很少涉及如何行使。尽管大学章程不可能对所有事务都规定行权程序，但从基本不规定之中还是可以看出程序监督的价值。制定大学行政权力清单中的重要一环就是公布权力运行程序，将其置于透明、监督和可执行状态之下，以程序正义保证实质正义，以程序控权实现权力监督。大学章程关于权力监督规定的不到位提醒我们，制定大学行政权力时务必要强化权力流程图的设计，要通过流程图各环节的设计实现权力主体的自律和流程图各环节的透明实现权力主体的他律的统一，努力通过清单形式解决大学行政权力监督乏力的困境。

# 第六章　制定大学行政权力清单的机制建构

就大学行政权力清单的制定问题，前面的相关章节已分别从权力清单、大学行政权力的历史与逻辑、大学行政权力的中外比较、大学行政权力的内外依据等不同角度述及制定大学行政权力清单所涉及的基本问题。概言之，根据权力清单的基本要求，大学行政权力清单必然包括权力依据、权力内容、权力运行和权力监督等基本内容。为了回答这些问题，第二章和第三章分别从中外大学行政权力演变、中外大学治理结构和大学行政权力内外规制的历史演变中得出，制定大学行政权力清单需要从不同国情、法律制度、文化传统、大学实际等出发，处理好政府与大学以及大学内部各权力主体的边界、内容和制约。政府与大学的权力关系界定和制约主要依靠法律法规和规范性文件，这构成了大学行政权力清单的外部合法性；大学内部各权力主体的权力关系界定和制约主要依靠大学章程，这构成了大学行政权力清单的内部合法性。之所以要进行中外大学行政权力的比较研究，不仅有"他山之石"的借鉴之意，更主要的是通过中外比较，凸显"扎根中国大地办中国特色社会主义大学"的现实价值，大学行政权力清单的制定则更需要强化此意识。

具体到中国大学行政权力清单的制定问题，外部合法性的分析主要体现在第四章有关教育行政部门权力清单的梳理和研究，内部合法性的分析主要是第五章有关教育部直属 75 所高校章程的文本分析。这两个方面的研究既为大学行政权力清单的制定提供了内外合法性依据，同时存在的问题也有助于我们制定更加完善的大学行政权力清单。至此，前述章节分别从本体、历史、比较和内外等各方面回答了有关大学行政权力清单是什么、为什么、依据什么等基本问题。

本章主要回答怎么办的问题。鉴于大学组织的特殊性和补充前述章节没有涉及的问题，操作层面主要从变革方向和制定涉及的基本问题两个方面尝试做出回答。有些问题前面已经部分涉及，在本章中再次提出主要是凸显和聚焦，有些问题则是具体到大学行政权力清单制定的操作层面必须回答的问题。

## 第一节　制定大学行政权力清单的变革方向

制定大学行政权力清单看似一个按照法律法规、大学章程和有关规定进行清权、确权、晒权、行权和督权的简单操作问题，但背后包含如何认识大学、如何治理大学、如何认知大学治理结构等理论问题，延伸之，包含大学如何通过构建合理合规有效的治理结构来实现大学目标的实践问题，具体到中国大学则涉及如何建立中国特色社会主义现代大学制度的根本问题。思路决定出路，如果这些深层次的问题没有认识和理解到位，就无法准确理解为什么要制定大学行政权力清单。那么，制定出来的大学行政权力清单可能无法实现大学善治的理想目标，还有可能出现前述“教育行政清单制度”中的“以清单之名行扩权之实”的问题。换言之，只有对这些问题有基本客观科学的认识，才能制定出符合大学属性、助力大学目标的大学行政权力清单。对这些认知问题，本书称之为制定大学行政权力清单的变革方向。

### 一、大学治理的目标：善治

#### （一）治理与善治

“治理”作为如今改革的高频词频繁见诸各种场合和媒介，大学场域亦不能外。近年来，围绕高校治理国家出台了系列政策：《国家中长期教育改革和发展规划纲要（2010—2020 年）》提出“完善治理结构”的原则性要求，开展高校试点；党的十八大将治理体系和治理能力现代化上升至国家意志，以管办评分离为抓手推动政府高校边界重构，以章程建设为突破口突出高校内部治理结构规范；出台《关于进一步落实和扩大高校办学自主权完善高校内部治理结构的意见》，围绕教职工代表大会、学术委员会出台规程，将“完善内部治理结构”与“双一流”建设结合等。可见，高校治理结构已是政策关注的重心，而在政府政策的推动下，高校内部治理日益引起高度重视并初具雏形。同时，“治理”一词本身“在过去15年来，它在许多语境中大行其道，以至成为一个可以指涉任何事物或毫无意义的‘时髦词语’”[①]。因此，在众说纷纭中弄清“治理”的来龙去脉和基本义蕴自是大学治理结构和大学行政权力清单的必然之意。

有学者认为，治理理论之所以在全球兴起，全球化、公民社会的兴起和第三部门力量的壮大以及信息技术的发展和广泛应用是其时代背景、社会背景和技术基础。[②]据有关文献，“治理”首创于世界银行1989年报告中有关非洲情形的“治理危机”，其后于1992年发表《治理与发展》年度报告，开始被经合组织（1996年的“促进参与式发展与善治的项目评估”）、联合国开发署（1996年的“人类可持续发展的治理、管理的发展与治理的分工”）、联合国教科文组织（1997年的“治理与联合国教科文组织”）及其有关机构（成立“全球治理委员会”，出版名为《全球治理》的杂志）等认同，继而在包括政治、经济、社会等管理领域和社会科学研究领域（1998年《国际社会科学杂志1998年第3期还专门出了名为“治理”的专号》）获得了广泛运用。但也有学者认为治理一词在13世纪就在法国流行过，14世纪末亨利四世也使用过这个概念，还是17—18世纪关于王权和议会权力平衡的讨论所涉及的重要内容之一[③]。

治理（governance）作为治理理论的核心概念，与“government”（统治）曾交叉使用，意味着引导、控制、操纵等，直到20世纪90年代以后才赋予governance“治理”的含义，传统意义上指与国家公共事务相关的管理活动和政治活动。世界银行将其界定为“使用政治管理国家事务”，联合国开发署则定义为运用正式权力管理国家事务的实践，主要包含三个要素：国家政治权威的存在形式，在管理经济和社会资源时权威的运用手段，政府通过设计、形成和执行正确的规制以高质高效地履行政府职能的能力。[④]

通过国际组织和西方国家的政治与行政实践的运用和检验，治理开始溢出

① 鲍勃·杰索普. 治理的兴起及其失败的风险：以经济发展为例的论述. 漆蕪译. 国际社会科学杂志，1999（1）：31-48.

② 赵泽虎，颜世颀. 从治理到善治：生态学视野中的大学治理研究. 苏州：苏州大学出版社，2012：2-5.

③ 让-皮埃尔·戈丹. 何谓治理. 钟震宇译. 北京：社会科学文献出版社，2010：4.

④ 眭依凡. 论大学的善治. 江苏高教，2014（6）：15-21，26.

政治领域，广泛运用于社会经济领域，并不断拥有新的含义。治理理论的主要创始人之一，美国著名学者罗西瑙（J. N. Rosenau）在其代表作《没有政府统治的治理》和《21 世纪的治理》中把治理定义为“一种由共同的目标支持的活动，这些管理活动的主体未必是政府，也无须依靠国家的强制力量来实现”[①]。英国学者罗伯特·罗茨（Robert Rhodes）对治理做了六种不同的界定，即“作为最小国家的管理活动的治理”“作为公司管理的治理”“作为新公共管理的治理”“作为善治的治理”“作为社会—控制体系的治理”“作为自组织网络的治理”。[②]另一权威学者格里·斯托克（Gerry Stoker）梳理了目前各国学者的五种主要观点：“①治理指出自政府、但又不限于政府的一套社会公共机构和行为者；②治理明确指出在为社会和经济问题寻求解决方案的过程中存在的界限和责任方面的模糊之点；③治理明确肯定在涉及集体行为的各个社会公共机构之间存在的权力依赖；④治理指行为者网络的自主自治；⑤治理认定，办好事情的能力并不在于政府的权力，不在于政府下命令或运用其权威。政府可以动用新的工具和技术来控制和指引，而政府的能力和责任均在于此。”[③]各种定义中最权威的莫过于前述全球治理委员会在 1995 年发表的《我们的全球伙伴关系》的研究报告中的界定：治理是各种公共的或私人的个人和机构管理其共同事务的诸多方式的综合，它是使相互冲突的或不同的利益得以调和并且采取联合行动的持续的过程，并指出其四个特征：“①治理不是一整套规则，也不是一种活动而是一个过程；②治理过程的基础不是控制而是协调；③治理既涉及公共部门，也包括私人部门；④治理不是一种正式的制度，而是持续的互动。”[④]

目前，国内关于治理的研究是热点，在不同领域形成了不同的观点，难以枚举，较早的集大成者当数俞可平。他根据西方诸多治理概念重新对治理的基本含义进行了界定：“在一个既定的范围内运用权威维持秩序，满足公众的需要；治理的目的是在各种不同的制度关系中运用权力去引导、控制和规范公民的各种活动，以最大限度地增进公共利益；从政治学的角度看，治理是指政治管理的过程，它包括政治权威的规范基础、处理政治事务的方式和对公共资源

---

① 转引自俞可平. 治理与善治. 北京：社会科学文献出版社，2000：2.

② 转引自俞可平. 治理与善治. 北京：社会科学文献出版社，2000：2-3.

③ 格里·斯托克. 作为理论的治理：五个论点. 华夏风译. 国际社会科学杂志，1999（2）：19-30.

④ Commission on Global Governance. Our Global Neighborhood. Oxford：Oxford University Press，1995：23.

的管理；它特别地关注在一个限定的领域内维持社会秩序所需要的政治权威的作用和对行政权力的运用。”[①]眭依凡对治理亦做过界定：“治理是一种在领导层权力体系主导下协调被管理层共同管理的新型管理模式，不只是居高临下、自上而下的权力运行过程，其基础不是控制而是协调和共享管理；具有整体性和框架性，是组织之间及其成员相互依存的关系结构；是在公共目标支配下的强调效率的管理活动。”[②]

正是治理与统治的根本不同极大地顺应了社会公共管理及组织管理日益复杂、被管理者参与管理的利益诉求日益高涨的社会需要以及国家和市场的失效，导致“治理理念占了上风，成为对旧式统治风格而言的一种前景光明的现代化。治理的胜利显得如此轻而易举，以至于现在已经成为经济、社会管理以及媒体经常挂在嘴边的一个词”[③]。但同时治理也不是万能的，依然存在治理失效和治理更加有效的问题，于是，在“元治理”“健全的治理”“有效的治理”“善治”等回答中，“善治”理论最有影响。

何为善治？俞可平梳理文献后将其概括为，使公共利益最大化的社会管理过程。其本质特征是政府与公民对公共生活的合作管理，是政治国家与民主社会的一种新颖关系和最佳状态。他将善治归纳为六个基本要素：“①合法性：指秩序与权威被认可和服从的性质和状态，也就是政治学上的合法性问题。合法性越大善治的程度就越高。②透明性：指信息的公开性。组织内部每个人都有获得与自己利益相关信息的知情权，包括制度安排、规划设计、预算编制、管理实施等。透明度越高越有利于对公共治理的监督。透明性越高，善治程度亦越高。③责任性：指组织管理者及其他成员不仅要承担自己的职责尽自己的义务，还必须对自己的行为负责。责任性越高，善治的程度亦越高。④法治：依法治理，法治的目的是规范管理，是对组织及其成员行为的约束和限制。法治是善治的基础，没有法治就没秩序，没有秩序就无所谓善治。⑤回应：是责任性的延伸。对来自基层及其成员的诉求及时呼应，回应越及时越有效，善治程度越高。⑥有效：即管理的效率，包括机构设置合理、管理程序科学、管理

---

① 俞可平. 治理与善治. 北京：社会科学文献出版社，2000：5.

② 眭依凡. 论大学的善治. 江苏高教，2014（6）：15-21，26.

③ 让-皮埃尔·戈丹. 何谓治理. 钟震宇译. 北京：社会科学文献出版社，2010：4

活动灵活和降低管理成本。管理的有效性越高，善治程度亦越高。”[①]眭依凡认为，“善治是一种对以自上而下的统治为手段、以就事论事的碎片化行政为特征、以利用经验的简单管理之管理模式的扬弃。善治是使不同利益主体缓解或放弃冲突，并以共同的目标为纽带，以互动合作的方式走到一起的旨在追求效率的管理模式。善治能改变官僚管理模式导致的管理不善、效率不高等问题，适应了现代管理对象的日益复杂、多样、快变且必须重视管理过程的整体性和动态性的需求，因此势在必行”[②]。

现代大学作为肩负人才培养、科学研究、社会服务和文化传承创新等诸多公共职能的社会组织和学术组织，其公共属性和学术本质决定了善治是大学治理的必然选择。而大学善治作为一个新的研究视域，目前中外学界尚未对其本质内涵形成一致的观点。在西方学者看来，大学的治理有效性就是大学善治的目标，善治（good governance）、有效治理（effective governance）与治理有效性（governance effectiveness）基本等同。因此，西方学者主要讨论治理结构与机制、人际关系和领导力等在实现大学善治中的作用，甚至将大学善治与有效治理的目标片面等同于效率的提升，在研究取向上呈现出较为明显的工具理性倾向。与西方学者有所不同的是，我国学者对于大学善治的理解，则多基于“良好的治理”的视角。例如，褚宏启认为，“教育治理的直接目的是善治，即‘好治理’；最终目标是‘好教育’，即建立高效、公平、自由、有序的教育新格局”[③]。许长青明确指出，“大学善治必须以良好的现代大学制度为基础，而实现大学善治就必须重构大学治理结构，进行现代大学制度创新，体现现代制度文明，实现高等教育领域公共利益最大化”[④]。胡敏认为，“大学善治是大学治理的目标，其核心是协调大学各利益相关者的相互关系，以共同目标为纽带协商合作实现有效健全的管理”[⑤]。金保华和刘晓洁认为，“民主是大学善治的前提，法治是大学善治的基础，有效是大学善治的目标，负责与透明是大学善治的保障”[⑥]。尽管西方的“有效的治理”和我国的“良好的治理”不存在本

---

① 俞可平. 治理与善治. 北京：社会科学文献出版社，2000：8-11.
② 眭依凡. 论大学的善治. 江苏高教，2014（6）：15-21，26.
③ 褚宏启. 教育治理：以共治求善治. 教育研究，2014（10）：4-11.
④ 许长青. 制度文明、大学善治与现代大学制度创新. 现代教育管理，2015（7）：57-65.
⑤ 胡敏. 大学善治视野下学生利益诉求表达机制建构. 高教探索，2015（10）：15-19.
⑥ 金保华，刘晓洁. 大学善治的理论逻辑与价值要素. 现代教育管理，2019（10）：41-46.

质上的差异，但也提醒我们对于大学善治的研究，不仅要与具体的时代背景、制度环境以及文化传统相适应，更要将工具理性与价值理性有机结合起来。基于此，本章在参考借鉴其他学者的观点，尝试将大学善治界定为：大学各利益相关者在法律法规和规章制度的约束下，以协商原则，以实现大学职能为目标，提升大学治理有效性和公共利益最大化的过程。

### （二）大学为什么要善治

《大学》开篇有云："大学之道，在明明德，在亲民，在止于至善。知止而后有定；定而后能静；静而后能安；安而后能虑；虑而后能得。"尽管该句之"大学"与今日之"大学"所指对象、范围、职能等皆有较大出入，所论"大学之道"主要言及"人"而非今日之组织，同时该"善"与大学善治之"善"也有较大区别，但从境界和本质而言，二者之"善"实有异曲同工之妙。同时，我们经常言及的是前半句，较少提及后半句，联系如今大学治理之乱象，思及大学如何之善治，同样能给予我们启迪。明白大学之道和治理之道方是大学善治之根本。

大学组织的复杂性和松散联合是决定大学善治的内在逻辑。组织理论告诉我们，一个组织其子系统越多，涉及的要素越多，关系就越复杂，行为的不确定性就越大，结果就越难以预测。大学就是典型的复杂型社会组织。①大学作为一个以知识、专业和学科为基础的庞大、多权威的学术组织，组织结构和权力结构都十分复杂。②大学不管人才培养，还是科学研究、社会服务、文化传承与创新等，都是以知识传承与创新为基础的探索性、艰巨性、长期性、创造性活动，都是既有个体性又有群体性的极为复杂的智力活动。③智力劳动的性质和知识的特殊性赋予大学成员更多的独立个性、更强的批评精神和更高的参与意愿，这种成员的复杂性是由大学复杂的智力劳动决定的，而这也决定了大学不是一个可以依靠权力就能驾驭的组织。④大学内部成员的复杂必然导致结构关系的复杂，各种制度化的正规关系和非制度化的非正规关系相互交织，构成复杂的网状结构，共同对大学发挥着各种影响。⑤大学的社会职能及其目标的多样性使得了大学组织具有复杂性，多样性程度越高复杂性也就越大，使之呈现有组织的无政府状态。这些复杂性丝毫不意味大学只有通过"统治"才能达至有序，相反却根本性地决定了大学彻头彻尾就是共同管理、共享治理的复杂系统。

从系统论的角度看，大学由许多子系统组成，子系统之间、子系统内部和子系统与环境之间相互作用，构成或松散或牢固的联合。大学作为开放系统，松散联合更为普遍，主要表现在：①结构的松散性。无论是学院、系，还是专业、学科，都可谓“松散结合、并排而列的专门化细胞”[①]，彼此之间具有相当的独立性和差异性。同时，大学的子系统之间管理功能各异，结构呈现出松散性，让大学难以利用管理手段对系统发挥显见作用。②观念的多元化。正如伯恩鲍姆所言：“官僚组织的管理人员所追求的目标是理性，学会组织的管理人员所追求的是意见一致，政党组织的管理人员追求的是和平，象征组织的管理人员追求的是感觉，而控制组织的管理人员所追求的主要目标是平衡。”[②]这种观念多元化带来的松散使大学的治理难以朝着管理人员所希望的方向发展。③制度的弹性。各种松散联合必然带来手段和目标之间的不确定性，传统科层管理的刚性制度在相对稳定性和灵活弹性中更多发挥着文化象征与价值规范的功能。不同组织对制度的不同理解带来的松散联合必然消解管理效率。④管理的多样性。大学不同对象、不同层级的特性决定了单一管理模式不可取，必然带来的管理多样性既是大学组织松散联合的表征，也加大了管理的难度，从而让善治成为必然选择。

大学管理面临的挑战和治理现代化是大学善治的外在诉求。众所周知，大学自诞生之日起就以研究高深学问为志业，逐渐形成了超脱世俗、独特自由的精神特质，以此才走进了“象牙塔”，乃至成为“社会的灯塔”。随着时代的发展，国家和社会赋予大学更多的职能，大学也在适应和巨型化中逐渐走近社会的中心，乃至成为“社会的动力站”。而作为典型的资源依赖性组织的大学，在获取资源、长足发展的同时必然对外界权力和利益驱使和诱惑做出各种反应，于是有的大学逐渐丧失应有的理性，偏离本应坚守的育人之道，在承担期盼和现实失望中招致政府不满和社会批评。其最大问题有三：①在价值理念上，偏离了“培养人才、知识创新”的存在之本，忽视了“以生为本、以师为

---

① 伯顿·克拉克. 高等教育系统——学术组织的跨国研究. 王承绪，等译. 杭州：杭州大学出版社，1994：17.

② 罗伯特·伯恩鲍姆. 大学运行模式：大学组织与领导的控制系统. 别敦荣主译. 青岛：中国海洋大学出版社，2003：216.

尊”的治校逻辑，缺乏对知识的敬畏和大学属性规律的持守。②在管理模式上，缺乏顶层设计和制度安排，习惯人治的急功近利和就事论事的碎片化管理，大到学校规划，小到具体管理行为，莫不如此。③在办学效率上，管理混乱、效率低下，有规划没落实，有数量没质量，有预算没审计，有口号没办法等比比皆是。一些大学的不尽如人意尽管有外界的影响，但主要原因还是大学内部治理不善。有什么样的治理就有什么样的大学。况且，大学的知识属性决定了大学应该自警、自律和自修复，不管是大学的自主权还是大学的自治权，都不可把自己的过错迁怒于政府和社会。既享有众多的社会资源，又要很好地担负起人才培养和知识创新使命的责任，这无疑给大学带来了挑战。

面对挑战和批评，善治作为一种以人为本的为价值前提，以效率目标为依据、以整体设计为逻辑、以民主管理为手段、以制度规范为保障的治理体系①，不失为大学在寻求治理体系和治理能力现代化的过程中的理想选择。①大学规模越来越大、关联要素越来越多、面对的问题日益复杂，传统的单向的“统治”模式已经力不从心，善治是必然选择。②大学的本质属性及特征决定了大学不是也绝不能是一个以行政权力为中心的、完全依靠行政权力运行和控制的组织。善治的共同管理能有效避免目前存在的大学行政权力的独大。③善治是一个注重整体长远利益和顶层设计的自我治理系统，能通过结构关系的调整和互动关系的建立对大学特有的动态性、复杂性、多样性进行较好的回应，从而避免管理的混乱和不确定性。④大学的善治有利于保证学校的公共目标及重大决策是各权力主体讨论协商的结果，这种以专业知识论证为前提并经多利益主体博弈，被大家共同认可的目标体系不仅能够避免决策高层一厢情愿的选择甚至是拍脑袋的决策，也有利于目标实现的组织互动结构形成。⑤善治可以从根本上避免其领导人尤其是一把手独断专行的治理结构，从而避免把大学带入歧途。综上，大学善治是大学新的治理结构，也是大学治理目的之一。

## 二、大学善治的基础：治理结构

大学善治是理念，是目标，其实现要依赖大学治理结构。制定大学行政权力清单是具体办法，本质上属于大学治理结构的范畴。因此，大学治理结构是

---

① 眭依凡. 论大学的善治. 江苏高教，2014（6）：15-21，26.

上联理念、下达实践的中层结构。制定大学行政权力清单无论如何都绕不开大学治理结构。同时，翻看中外大学的发展史、校史和校长治校史，众多论述和实践都证明，有什么样的大学理念，就有什么样的大学治理结构。有什么样的治理结构，就有什么样的办学水平。什么样的办学水平决定了大学是辉煌还是沉沦。

### （一）大学治理结构概述

按照学界目前的共识，大学治理结构包括外部治理结构和内部治理结构。外部治理结构主要涉及大学与政府、社会等相关治理主体的关系问题，内部治理结构主要是大学内部各治理主体的权力分配问题。就制定我国大学行政权力清单而言，尽管也涉及内外两个治理结构的问题，但考察我国大学的历史、传统、管理体制和权力清单本身等就可发现，外部治理结构在大学行政权力清单中主要表现为清单如何体现和落实法律法规规定的办学自主权的问题，也就是如何“接权”以及“接权”之后的内部行权问题，本身还不具备主动界定校内外权力分配的传统、能力和制度安排，实质上还是外部治理结构的内部治理问题。换言之，大学行政权力清单主要是大学内部治理结构问题，因此概述主要关注国内关于大学内部治理结构的研究。同时，考虑到制定大学行政权力清单是一个典型的中国操作问题，故本处不对国外大学治理结构的具体研究进行梳理，仅做简要述评如下：由于国外大学自治和学术自由素有传统，加之外部环境比较成熟，因此，其研究主要关注大学内部权力的分配和平衡，从大学治理结构的概念、结构中的利益群体、结构中的权力来源和冲突、权力结构同组织结构的关系等进行了深入研究，目前处于迎接新挑战的阶段。

国内关于大学内部治理结构的研究在2005年以前主要是从高校内部管理、学术组织的特征等角度对权力结构进行分析，基本是在大学管理的框架中进行的与治理相关的研究，主要体现在前述“大学行政权力”的有关梳理中。2006年以后，随着治理、治理结构等基本概念的逐渐明晰，相关研究主要涉及以下几个方面：①内涵的界定。张维迎认为，“体制就是治理结构”[①]。赵成和陈通认为，“大学治理结构是一种体制安排、权力制衡机制以及决策体制，涵盖内在和外在两个部分，宏观层面指国家政治体制，微观层面指高校存在模

① 张维迎. 大学的逻辑. 北京：北京大学出版社，2004：110.

式”[①]。龚怡祖认为，“大学治理结构的实质是建构能够应对‘冲突和多元利益’需要的决策权结构”[②]。②高校内部关系以及权力划分。刘向东和陈英霞认为，高校各主体的权力划分主要来自相互之间资源的依赖程度，而这种程度主要来自主体自身具有的资本与得到资本路径的多寡，受到本身所处位置与环境的影响。[③]还有学者认为，大学治理架构就是高校内外利益相关者借助于“剩余控制权”的重新分布而开展的利益融合和调节。[④]方芳论述了我国大学治理结构中的权力重构问题，提出关键在于明确政府与学校的权力界限，合理配置大学内部的政治领导权、行政权、学术权以及民主参与权。[⑤]张端鸿则从产权结构的视角对我国公立大学治理结构进行了分析。[⑥]刘虹从权力配置及权力运行的角度对中国大学治理结构进行论述，提出大学外部治理的关键是厘清国家权力与大学自主权之间的关系，内部治理的关键是大学内部权力机构之间的分工与协调，实践中的关键是明确规范党委和校长的权力范围。[⑦]③对策研究。彭宇文从高等教育法律着手，重点从大学法人财产权制度、决策设定、内部管理体制与制衡、约束和激励体制和利益相关者共同治理机制等 5 个层面论述了国内高校法人治理结构的具体制度。[⑧]李建奇分析了我国大学治理结构变迁的路径选择中存在缺乏大学治理理念支撑、以强制性变迁路径为主、缺乏一致目标等问题，并提出了对策建议。[⑨]朱家德在总结 20 世纪 60 年代以来西方国家提高大学治理有效性的若干举措的基础上，提出了提高形式有效性和实质有效性的建议。[⑩]钟云华和向林峰提出我国未来大学治理结构变迁方式应由强制性向诱致性转变。[⑪]张建初从大学治理结构的内外部关系出发，提出了调整

① 赵成，陈通. 现代大学治理结构解析. 天津大学学报（社会科学版），2005（6）：470-474.

② 龚怡祖. 大学治理结构：现代大学制度的基石. 教育研究，2009（6）：22-26.

③ 刘向东，陈英霞. 大学治理结构剖析. 中国软科学，2007（7）：97-104.

④ 潘海生. 作为利益相关者组织的大学治理理论分析. 中国地质大学学报（社会科学版），2007（5）：17-20.

⑤ 方芳. 大学治理结构变迁中的权力冲突与平衡. 当代教育科学，2012（3）：7-9.

⑥ 张端鸿. 大学治理结构的经济学分析. 复旦教育论坛，2013（6）：23-28.

⑦ 刘虹. 大学治理结构的政治学分析. 复旦教育论坛，2013（6）：17-22.

⑧ 彭宇文. 高校法人治理结构的若干要素分析. 中国教育政策评论，2012（1）：217-228.

⑨ 李建奇. 我国大学治理结构变迁的路径选择. 高等教育研究，2009（5）：39-44.

⑩ 朱家德. 提高大学治理的有效性——20 世纪 60 年代以来西方大学治理结构变化的总趋势. 中国地质大学学报（社会科学版），2012（6）：123-130.

⑪ 钟云华，向林峰. 中外大学治理结构变迁方式比较. 现代教育管理，2010（2）：110-113.

政府与大学关系、健全现代法人治理结构以及完善相关利益主体参与大学管理的机制等建议。[①]

近年来，不少学位论文也开始关注大学治理结构。郭卉分析了大学治理中教师的利益表达和制度运作问题。[②]陈昕从高等教育变革的视角提出了大学治理的理论框架，提出我国大学治理的伦理观照、结构设计、公民参与、协调机制、财政安排以及未来指向。[③]郭平研究了我国公办大学内部治理结构的功能和基本架构。[④]贺永平研究了我国公办大学董事会治理制度的可行性及内容，提出了“党委领导-校长负责-董事会监督”的大学治理模式。[⑤]张晓冬以“主体-关系-机制”为主线研究了高等学校的内部权力制约机制。[⑥]丁笑梅从比较教育的角度对大学治理结构进行了分析。[⑦]李永亮从“结构、行动、制度”分析框架分析高校内部治理结构的历史变迁、发展趋势及优化路径。[⑧]丰硕按照“价值-制度-行动”的结构对公立高校内部治理体系进行了分析和研究。[⑨]

综上可见，学者从不同角度对大学内部治理结构进行了较为深入的研究，其中权力配置问题是研究重点，这些研究为制定大学行政权力清单提供了较为宏观的体制和制度参考，但同时现有研究对各种利益群体、权力的分配与制衡协调等关注较少，这也从一个侧面证明了本书研究的价值所在。

### （二）大学治理结构的基本原则

#### 1. 尊重大学常识

常识是浅层次的基本认知，是事物存在的基本内涵。具备常识是人的基本要求，符合常识是人类认知世界的基本起点。只有从常识出发，才能达到理性和信仰的彼岸，但很不幸的是，似乎正是因为常识的浅层次或“低”层次，常常为我们所不屑、忽略或忘记，从而导致各种违背常识、匪夷所思的事情不断

① 张建初. 现代大学制度下的大学治理结构. 教育评论，2009（5）：20-22.
② 郭卉. 权利诉求与大学治理：中国大学教师利益表达的制度运作. 华中科技大学博士学位论文，2006.
③ 陈昕. 高等教育变革视角下的大学治理. 湖南师范大学博士学位论文，2007.
④ 郭平. 我国公办大学内部治理结构研究. 西南大学博士学位论文，2012.
⑤ 贺永平. 公办大学董事会治理制度建构研究. 西南大学博士学位论文，2012.
⑥ 张晓冬. 高等学校内部权力制约机制研究. 华中科技大学博士学位论文，2013.
⑦ 丁笑梅. 大学治理结构研究——基于比较的视角. 华东师范大学博士学位论文，2014.
⑧ 李永亮. 高等学校内部治理结构优化研究. 山东大学博士学位论文，2016.
⑨ 丰硕. 中国公立高校内部治理体系研究. 吉林大学博士学位论文，2016.

上演。我们从认识和实践的关系上常说知易行难，但实际上经常是知难行亦难。我们遑论大学规律、大学属性、大学使命等高大上之词，大学治理先从尊重大学常识开始。

尊重大学是以知识为基的学术组织的常识。这个常识就决定了大学有别于政府机构和其他社会组织的独特性，或者说不要把它当作一般的社会组织来认识和对待。向知识负责、向人类和未来负责就是大学常识，学术自由、自主办学等就是大学常识的基本构成，违背此常识就会导致大学内外相忘于江湖，淡忘其使命，追求“失去灵魂的卓越”①，满足眼前的功利和短视，失去永恒的价值追求和人类命运共同体的思量。具体到大学治理结构，就表现为行政部门势大力沉，行政权力泛化强势，学术组织晦暗不彰。

尊重大学是以培养人才为要的教育组织的常识。这个常识决定了我们不能忘记马克思和恩格斯一再告诫和提醒我们的：“人是人的最高本质”，“人的根本就是人本身”，“人，作为人类历史的经常前提，也是人类历史的经常的产物和结果”。②我们要建立的“是一个以各个人自由发展为一切人自由发展的条件的联合体”③。我们不能高喊“以人为本”，却不知“人”在哪里。我们不能墙挂“十年树木，百年树人”，手却急施“激素”，培养“精致的利己主义者”。具体到治理结构和制度导向，就不能只见物不见人、只讲效率不讲慢工、只挣“工分”不讲“质量”、只有科研没有教学、只顾排名不管学生。

尊重大学是以学者、学生、学科和学院为基本构成的复杂组织的常识。这个常识决定了大学以学者学术为准，大学要尽量为学者静心研究学术营造环境，多理解教授以“学术自由”为理的大声疾呼、愤世嫉俗乃至岿然不动，“多搬凳子，少撂挑子，不甩脸子”，给予学者尊重和宽容。这个常识决定了大学的学科建设在学院，工作的重心在学院。学科建设可以规划，但少些急功近利的要求和吹糠见米的急效，少些指手画脚，多些解决问题。这个常识决定了学校治理的重心在学院，在一定程度上是学院办学而不是学校办学，要充分授权和激活学院组织的活力。具体到治理结构，就是要从“横向分权”转向

---

① 哈瑞·刘易斯. 失去灵魂的卓越：哈佛是如何忘记教育宗旨的. 侯定凯译. 上海：华东师范大学出版社，2007.

② 马克思，恩格斯. 马克思恩格斯选集（第1卷）. 中共中央马克思恩格斯列宁斯大林著作编译局编译. 北京：人民出版社，1995：67

③ 中共中央编译局. 马克思恩格斯全集（第4卷）. 北京：人民出版社，1972：491.

"纵向分权"，重构校、院两级关系，科学合理划分权力边界，制定权力清单，加强学术委员会的职责权限程序，明确建议权、监督权、审议权的具体事项范围。

概括来说，大学内部治理结构的变革要尊重大学常识，切实把大学当成大学来理解，按照现代大学制度要求来办学，按大学自身规律来治校。也就是说，作为大学内部治理结构的具体组成部分的大学行政权力清单，不能忘记"大学行政权力为何存在、存在何为"，不能仅仅从规定的刚性和管理的需要出发确权用权。

**2. 体现中国特色**

大学治理体系作为国家治理体系的组成部分，其结构的建构和变革绝无可能处于"真空"环境，必须考虑社会、文化和制度的嵌入性。纵观前述以我国大学行政权力的外部法律依据和内部章程规制为视角的我国大学治理结构的变迁史：从大学与政府的关系到大学内部领导体制和管理体制的改革，再到构建现代大学制度、完善大学治理体系，无不印证了我国大学治理结构的"关系嵌入性"与"内容嵌入性"。现阶段从"热议'去行政化'开始，到开展'放管服'改革，推进'管评办'分离，公布'权责清单'，'完善高校内部治理结构'，正好映照了治理变革的'时空嵌入性'"①。

任何大学治理结构都不可能"高楼平地起"，大学的历史起点、结构关系、制度安排、路径依赖等都深刻影响着治理结构变革的方向和限度。前述英、美、法、德、日等国的大学治理结构，无不是其文化、传统、制度等因素综合作用的结果，体现了其国情特点。我国大学的治理结构之所以要强调中国本土化，一方面是大学发展的普遍规律和基本共识，是"任何类型的大学都是遗传和环境的产物"②这个普遍结论的中国印证；另一方面是各种理论的本土自洽。我们强调"扎根中国大地办中国特色社会主义大学"，就是要回应和回答"在地性"的问题，探索"不削足能否适履"的问题，一定程度上也是"普遍理论"中国化的问题，只不过我们需要做的是准确把握我国高等教育的历史逻辑，跳出"放乱收死"的治理悖论，努力规避"脱离现实"的治理创新，在

---

① 张衡. 嵌入性与复杂性：高校治理变革的现实思考与创新进路. 江苏高教，2020（1）：47-54.

② 阿什比. 科技发达时代的大学教育. 滕大春，滕大生译. 北京：人民教育出版社，1983：7.

遵循中国特色和我国大学自身发展规律基础上更好地构建适合我国的大学治理结构。

中国大学的内部治理结构的底色和特色有很多，最根本的有党的全面领导和中华民族优秀传统文化两个方面。坚持党的全面领导，反映在大学治理结构中就是要全方位具体体现党的领导权力，具体而言，就是要在坚持党委领导下的校长负责制的基础上不断准确理解、探索完善具体执行方式。我们通过前述比较不同国家大学的治理结构可以看到，各国文化传统的影响不仅体现在日常治理行为上，更潜移默化地影响治理结构的变迁，学习、借鉴甚至移植的大学治理结构最终必将受文化影响而变异，只有深植传统文化的治理结构才能“水土相符”，发挥作用。

概言之，大学治理结构须考虑“嵌入性”，认识到传统的生命力，避免“结构性凝视”误区[①]和脱离现实的建构和变革，从根本上实现从“嫁接”到“自生”、从“接轨”到“建轨”，从仰视到平视、从忽视到重视的转变。换言之，制定大学行政权力清单既不能无视大学的一般性，更不能忽视中国大学的特殊性。只有充分考量二者的同与不同，并且在“美美与共”中实现“各美其美”，大学行政权力清单才能“接地气”，才有生机活力，才管用有效。

### 3. 服务大学善治

构建和完善大学治理结构的最终目的是服务大学善治，这就需要从大学治理的有效性出发，解决治理结构的“形式有效”与“实质有效”的契合问题。在形式上要通过“多元参与、协商共治”来解决治理结构的民主性和合法性，但多元共治的分权结构存在的加大协调难度、产生本位主义和短期行为等“碎片化”风险让我们不能为结构而结构，最终必须要体现在治理的实质有效。“管理低效与善治格格不入”[②]，“效率是大学善治必需依赖的起始目标”[③]。

事实上，面对来自政府和社会的压力，大学以曾经的自治传统为由疾呼政府还权、放权，大学与社会保持适度距离；学者以学术自由为理要求政府和学校还权、放权。面对一些大学反应迟缓和频遭诟病，政府怀疑大学是否有接权和用权能力，社会认为大学作为“服务商”顽固保守。大学综合改革不同层

① 张衡，眭依凡. 大学内部治理体系：现实诉求与构建思路. 高校教育管理，2019（3）：35-43.

② 俞可平. 治理与善治. 北京：社会科学文献出版社，2000：11.

③ 眭依凡. 论大学的善治. 江苏高教，2014（6）：15-21，26.

面、不同程度上出现了“政府想改很难改、学校想改不能改不敢改”“政府在忙、高校在盼，少数人在干、多数人在看，少数高校在试、多数高校在等”“上面加油门、中层挂空挡、下面踩刹车”的问题。[①]因此，有学者指出，仅围绕“谁在治理”来推理演绎治理成效没有多大现实意义。[②]罗伯特·伯恩鲍姆也指出大学的文化、历史、价值选择及人际关系都会直接或间接地影响治理的有效性。[③]阿德里安纳·克撒也认为，对大学治理有效性而言，领导能力、人们间的相互关系和信任比治理结构和正式过程更为重要。[④]特别是我国高等教育整体治理体系尚处“进行时”的当下，大学内部治理结构就更需兼顾“现实与未来”，保持“稳定性与适应性”的动态平衡，处理好“正式制度安排与非正式制度安排”的关系，从“一统体系安排与有效治理的矛盾”出发，既发挥制度的刚性约束，又为“非正式治理”预留空间。[⑤]

这些观点为我们理解大学治理结构提供了更加丰富的视角，有利于我们跳出建立良好治理结构就会带来善治的良好迷思，用复杂性思想[⑥]理解中国大学处于现代化和后现代化“双期叠加”时期的治理结构，既要“解构”既有制度安排以适应治理时代诉求，又要“重建”现代大学制度，二者的张力让大学内部治理结构的效果，不仅在治理结构机制、制度设计多么完美，还要看到治理过程中主体关系、人的主动性调动、大学预设目标与价值追求的实现。[⑦]这种复杂性思维不是要否定治理结构的价值，而是要避免简单线性思维，既要关注治理结构的“形式有效”，更要注重“实质有效”，要在二者的统一中实现大学的善治。延伸之，制定大学行政权力清单不仅要关注清单的形式合法，还要注意清单的实质合法，只有在二者的统一中才能达成清单目的，实现大学善治。

### （三）大学治理结构的体系构建

如前所述，大学治理结构体系一般包括宏观和微观两个层面，宏观治理结

---

① 周海涛. 推进高校综合改革的难点和对策. 探索与争鸣，2017（8）：50-53.

② 李立国：大学治理：治理主体向治理规则的转向. 江苏高教，2016（1）：8-12，18.

③ Birnbaum R. The life cycle of academic management fads. Journal of Higher Education，2000，71（1）：1-16.

④ 转引自李福华. 大学治理的理论基础与组织框架. 北京：教育科学出版社，2008：4.

⑤ 周雪光. 中国国家治理的制度逻辑——一个组织学研究. 北京：生活·读书·新知三联书店，2017：12-41.

⑥ 埃德加·莫兰. 复杂思想：自觉的科学. 陈一壮译. 北京：北京大学出版社，2001.

⑦ 李立国. 解决大学治理困局须认真审视什么. 光明日报，2014-12-16.

构主要针对大学与政府、社会的关系，包括“政府宏观管理、市场适度调节、社会广泛参与、学校依法自主办学”；微观结构主要是大学内部的权力配置和规范运行，包括“党委领导、校长负责、教授治学、民主管理”。[①]大学行政权力清单主要涉及大学微观治理结构，也就是大学内部治理结构。如果将大学治理结构视为一个有机系统，从要素来说，则包括价值体系、结构体系、制度体系、运行体系等[②]；从主体来说，则包括决策系统、执行系统、学术系统、参与系统、法制系统等[③]；从层级来说，则包括由校院两级构成的纵向结构和党政权力、学术权力、民主权力、社会权力等治理主体构成的横向结构。综合各种观点，结合上述治理结构的基本原则和中国大学实际，在参考张衡和眭依凡所提出的体系框架[④]的基础上，本节尝试按照从“一般到具体”的原则，构建包含“理念-制度-执行”的大学治理结构体系框架，如图 6-1 所示。

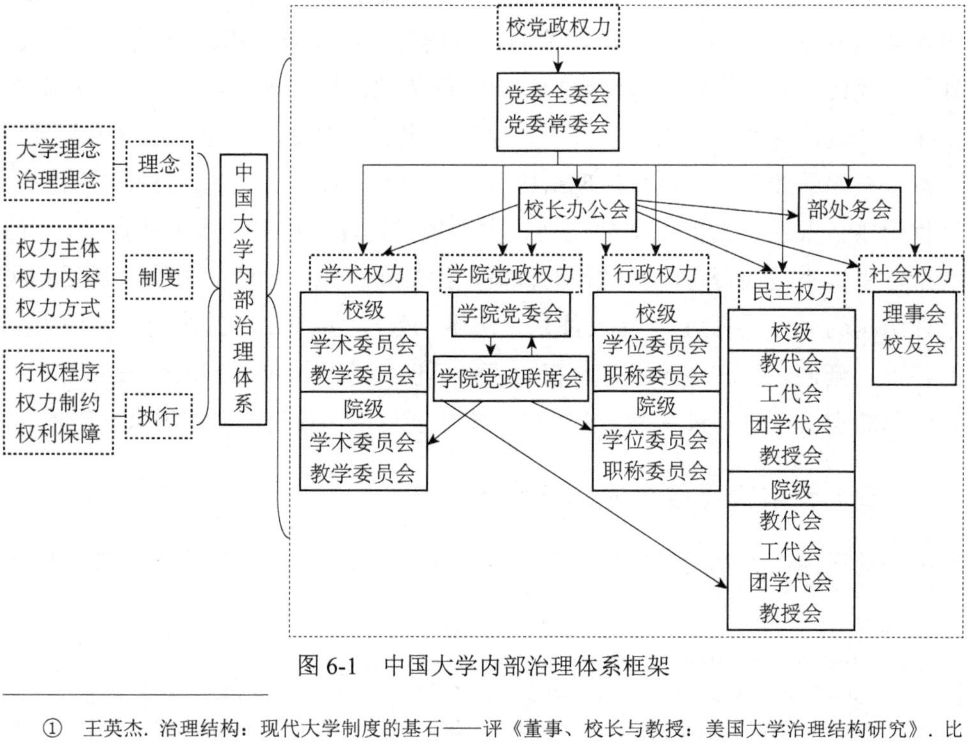


图 6-1 中国大学内部治理体系框架

① 王英杰. 治理结构：现代大学制度的基石——评《董事、校长与教授：美国大学治理结构研究》. 比较教育研究，2012（2）：85-87.

② 李立国. 大学治理的内涵与体系建设. 大学教育科学，2015（1）：20-24.

③ 徐蕾. 系统治理：现代大学治理现代化的现实路径. 复旦教育论坛，2016（2）：23-29.

④ 张衡，眭依凡. 中国特色一流大学治理结构：理论基础、体系架构、变革路径. 中国高教研究，2020（3）：11-16.

该框架体系的左侧主要意指一般意义上的大学治理结构主要由理念、制度和执行等维度构成，其中理念层面主要涉及前述所说的如何认识大学、如何认识大学善治、如何认识中国特色等认识和理解层面，只有认知到位、理解准确，才能构建符合大学特点、有效管用的治理结构。实际上，理念层面的东西看似无形，实则无处不在，体现在每项制度的制定和执行中，体现在每个具体的治理行为中。制度层面则包含治理主体（谁参与、多元还是主体等）、治理内容（参与什么、权力内容等）和治理方式（如何参与、行使何权等）等，主要从制度规定层面体现大学治理。执行层面主要包括权力行使的程序、权力的监督制约和各种权利的保障。权力只有在执行中体现形式合法、受到制约，才能保证权力合法，也才能保障其他权利，才能实现大学善治。目前大学治理结构在这三个方面都不同程度存在亟待完善的地方：认知不到位、制度制定偏离、执行过程随意等都不同程度影响大学治理效果和大学发展。

该框架体系的右侧主要是将左侧理论层面的治理结构具体化，意指现阶段体现“中国特色”“嵌入性”“扎根中国大地办大学”的要求的中国大学治理结构。其中有几点需要说明：①中国大学的政治权力和行政权力尽管看似有区别，实践中也有不同的体系和系统支持，但由于大学的特殊性，实际上与国家和社会层面的政治权力和行政权力还是有所不同，主要还是按照行政权力的逻辑和程序在运行，本书忽略其细微差别，将二者统纳入广义上的行政权力理解，也就是图 6-1 中“党政权力”和“行政权力”，在本书中基本属于同一语，前文对此已有述及。同时，按照有关法律和制度的规定，中国大学实行党委领导下的校长负责制，党对高校的全面领导和具体领导体现在党政关系、权力结构、权力内容等方方面面，落实在每个环节。②本框架中不同权力的关系远不能涵盖中国大学实际治理的复杂情况，简单处理的关系已能不同程度地体现中国大学治理的复杂性、嵌入性和多元治理主体，这些特性体现在纵向和横向的权力配置、学校和学院治理结构、组织权力和个体权利的规定等各个方面，借鉴任何治理结构都不能无视这些特性。③实践中关于学位委员会和职称委员会的权力定位。尽管这两个委员会主要是对学生能否获得学位和教师能否晋升职称进行评定，从内容上看主要是与学生学业和教师教学、科研和服务有关，权力主体也主要是从事教学的教师或者各种与教师业务有关的管理者组成，但从国家制度设计层面看，主要是国务院学位委员会和人力资源保障部分别牵头各自负责，也就是说，在国家层面将其视为行政管理行为。换言之，这两个委员会尽管主要从事学业和研究内容的评定，但行为本身还是一个管理行为，权力主体还是在行使行政权力而不是学术权力，部分学者将其归为学术权力本文难以认同。澄清或明确这两种行为的定性，有助于在中国大学治理结构中更好理解、架构和处理这两种权力、权力主体和权力行为。

综上所述，大学行政权力清单制度是大学治理结构的重要组成部分，制定大学行政权力清单是为了实现大学善治的目标。

## 第二节　制定大学行政权力清单的基本问题

前文已从“为什么需要制定”和“依据什么制定”等方面回答了制定大学行政权力清单的问题，同时就“依据什么”的问题从外依法律法规、内依大学章程两个方面分别对省级教育行政权力清单和 75 所教育部所属高校的大学章程进行了详细论述，大致从理论到实践、从历史到现实、从国内到国外等不同维度阐明了大学行政权力清单制定的主要问题。行文至此，看似进入本书研究的主要内容，实则许多问题已在前面做了基本回答，本节只是对有关问题的“重申”和“再现”，最多算是实践层面的“确认”和“梳理”。

### 一、制定大学行政权力清单的基本原则

#### （一）合法且合理

尽管“自从人类进入政治社会以来，合法性的问题就一直是一个重要的问题，人类历史上的任何一种政治统治和大规模的社会管理形式，都在谋求合法性上做出了努力”[①]，但“在政治学词汇里，很少有比‘合法性’因明确的原因引起更大麻烦的术语”[②]。尽管如此，在浩如烟海、纷繁复杂、各执己见的关于“合法性”的讨论中还是形成了基本的共识：合法性是合法律性、有效性和正义性的统一，有实质合法与形式合法之分，二者并不具备必然的逻辑关系，实质合法主要解决权力何以可能的问题，形式合法则着眼于权力何以有效

① 张康之. 合法性的思维历程：从韦伯到哈贝马斯. 教学与研究，2002（3）：63-68.

② 罗伯特·杰克曼. 不需暴力的权力：民族国家的政治能力. 欧阳景根译. 天津：天津人民出版社，2005：124.

的问题，二者从价值和工具两个向度形成了啮合紧密的结构，共同构成了更广意义上的合法性。

依此观之，大学行政权力清单的合法合理原则至少包括以下内容。

1）就实质合法而言，权力的确定必须符合国家法律法规规章对教育、高等教育的规定，以及高等教育内部管理的规定和以大学章程为统领的校内规章制度的规定，也就是前面一再述及的外依教育行政权力清单规定的权力、内依大学章程和规章制度规定的权力。二者从硬法和软法的角度在功能上形成优势互补的关系[1]，外部法律规定的硬法为大学行政权力设定底线并提供了法律依据，内部规章制度规定的软法为硬法提供了细致补充。这里需要指出的是，教育行政权力清单规制的是政府教育行政管理部门的权力，大学的特殊性致使其与大学行政权力清单并不具有完全的一致性，但从“权力链条的延伸角度”[2]和更广泛的意义上讲，二者的实质合法都来源于法律法规的规定和授权，至少可以作为大学行政权力清单的重要合法性来源。同时，教育行政权力清单本身可能存在不合法的情况，但这是教育行政权力清单有待改进的地方，并不能因此否定大学行政权力清单的合法性。换言之，编入大学行政权力清单的权力必须是二者规定和授权的，舍此之外的以清单名义创设的任何权力都是不合法的。因为权力清单的逻辑起点是规范和监督权力，而不是设定权力。权力的设定只能以法律法规规章的形式进行。

2）就形式合法而言，主要是程序合法。程序合法作为合法性的要件具有独立价值，对权力起着规制和指引作用，丝毫不亚于实质合法的价值。程序一旦被设定，权力主体就要按照程序规定的方式、步骤、时间行使权力，克服和防止权力运行的随意性。我国经过多年依法治国的宣传和实践，法治精神、法治理念和法治实践逐渐深入人心，就权力行使和监督而言，这个“法”主要体现为“实质合法”，以程序合法为主要标准的形式合法由于其“软”和“隐性”还没有引起足够的重视。某种程度上甚至可以说，我国现阶段权力领域合法性建设的主要任务和主要问题是程序合法，实践中违法（实质合法的“法”）行权的情况在逐渐减少，违法行为主要体现在违反程序规定，表现为以法之名的程序滥用、程序随意和程序肆意。

---

① 罗豪才，宋功德. 认真对待软法——公域软法的一般理论及其中国实践. 中国法学，2006（3）：3-24.

② 冯向东. 大学学术权力的实践逻辑. 高等教育研究，2010（4）：28-34.

具体到大学行政权力清单的制定，程序合法至少包括制定程序合法和运行程序合法两个主要方面。就制定程序合法而言，在制定大学行政权力清单之前，大学要从制定原则、制定主体、制定内容、制定程序、制定监督、合法性审查等方面做出规定，并就该规定出台履行合法性程序，为清单的制定提供基本的合法性遵循。运行程序合法主要是指清单要公布行政权力的运行流程图。流程图是行政权力实际运行程序的书面化，通过流程图明晰行政权力主体在行使权力时必须遵守的方式、步骤、时限等，固化权力运行的各个环节，行政权力主体必须按照预先设定的程序行使权力。我们可以看到，硬软法对高校权力的规定往往抽象笼统，更多的是从实质合法的角度进行规定，较少对运行程序进行规定，这就为权力运行过程的随意提供了较大空间，因人因事而变的权力滥用、权力缺位、权力腐败就可能产生，门难进、脸难看、事难办的情况就可能出现。同时，大学学者的随意和散漫以及大学组织“底部沉重”的特点，为违反程序合法提供了较为深厚的文化土壤、心理因素和行为习惯。因此，大学行政权力运行程序的合法设计一方面抑制和限制了权力主体的随意性，提升了行政权力运行的规范性、可溯性，在有效防止权力主体滥用权力的同时提升了治理效能；另一方面，由于程序的固化和公开，权力相对人在保护权利的同时也能够预测行政权力对自己的影响，从而更好行使和规范自己的行为。因此制定大学行政权力清单一定要遵循程序性原则，优化运行程序，以流程图来规范行政权力运行、抑制行政权力扩张、提高行政权力运行效率、降低治理矛盾和冲突。

3）就合理性而言，大学行政权力清单的制定要充分考虑大学组织的特殊性，也就是前述大学治理结构中的“尊重大学常识”，这与教育行政部门权力清单制定需把握的原则有一定出入。教育行政部门在制定权力清单时主要考虑权力是否有法律依据、权力运行程序是否符合规定，至于权力本身是否合理不是要考虑的问题，而是制定法律法规时应包含的内容。大学行政权力清单则不然，因为大学行政权力清单主要是“接权后的细化”和“办学自主权的规范化”，在这个“化”中就存在如何理解法律法规对大学的规定性和大学办学自主权的边界、内容、监督等问题，“化”中就不仅是梳理权力的问题，还存在梳理合理性的问题。“化”的过程一定程度上还存在确权问题，而这个问题既是办学自主权的体现，把握不好也容易演变成行政权力扩张的过程。同时，就大学行政权力清单制定过程涉及的梳理主体、确权主体、监督主体等来说，尽管必须要分离，但很难做到类似教育行政部门权力清单中的各主体所属各部门的分离带来的制衡，本质上还是大学内部行政权力主导的行政管理行为，而权力天然的扩张冲动势必挤压权力的合理性。只有注重合理性后“化”出来的权力清单才可能规范大学行政权力，提高大学治理效能；反之，则可能演变成“以清单之名行扩权之实”，背离权力清单规范权力的初衷，导致制定出的大学行政权力清单陷入“合法不合理”的状况，变相侵蚀权力清单效力，走向权力清单的反面。

### （二）公开可操作

公开就是制定大学行政权力清单时要贯彻公开透明原则。从权力本身来说，权力来自公民基于公共利益的授权和让渡，因此公民的知情权、参与权和监督权是权力的必有之意。没有知情权就谈不上参与权和监督权，没有参与权也谈不上权力的合法，而没有监督的权力必然导致腐败。参与、监督的前提是知情，知情的基础是权力的公开。因此，公开是公民知情权、参与权和监督权的基础和前提。很多时候正是由于权力运行的不透明，导致信息不对称和权力在不为人知的地方失去控制与界限，从而引发信任危机和腐败。

制定权力清单的目的就是将权力运行置于公众视线之内，接受各种监督，从而规范权力运行。因此在制定大学行政权力清单时一定要把握好公开性原则，力争做到公开是常态，不公开是例外。大学行政权力清单若不公开，就会变成一张写满自我权力的白纸，其制约和监督就会大大缩减，不仅起不到规范权力的作用，甚至会沦为对法治精神和师生知情权的亵渎。坚持公开性原则就要做到：①行政权力主体公开，让师生和有关利益方知晓谁在行使相关权力，谁承担权力侵害权利的责任。这个主体不仅是学校和学院有关行使行政权力的职能部门，应该包括所有界定为行政权力的权利主体。②行政权力类型以及具体内容公开，让师生和有关利益方知晓大学行政权力到底有哪些类型，具体管理和负责哪些事项。实事求是地说，目前大学行政权力到底有哪些类型，各自应该负责哪些事项，到底应该承担什么样的法律责任和管理责任，从理论到实践都不太清楚。这也是实践运行中行政权力能“无限”和“随意”扩大的部分原因。③行政权力运行过程公开，就是将行政权力运行的各个环节，包括运行的步骤、期限、运行状态、结果等进行公开。过程公开既是动态公开，也是最彻底的公开，能将权力运行的各个环节都置于师生和有关利益方的视线之下，压缩自由裁量权，防止权力行使的随意性，真正地起到权力规范、权力监督的作用。④行政权力监督方式公开，是为了监督权力运行，保障公众监督权和参与权。监督方式的公开不仅要提供法律监督、上级监督、同级监督、纪委监督、师生监督、媒体监督等多种监督形式，还要提供信箱、邮件、面对面等多种便利可行的监督方式，切实保证监督形式多样、监督方式有效，不能为监督而监督，或者看似有监督，实则有“玻璃门”“弹簧门”，让监督流于形式。只有将行政权力置于师生和有关利益方监督的视野之下，才能真正达到规范制约权力运行的目的。

大学行政权力清单的可操作指权力内容应当明确具体、便于执行、可操作性强，这既是行政权力清单能够得到较好执行的基本条件，也是保障行政权力清单能够充分发挥功能的必要条件。大学行政权力的运行是一个复杂具体、涉及者众的过程，但无论是国家的法律法规规章还是大学章程和内部管理制度，对行政权力运行的规定往往是笼统、概括和原则性的，缺乏具体的操作依据、操作流程、责任界定等，这样就会产生行政权力行使不规范，甚至越权、滥用和腐败等情况。行政权力运行的规范性和可操作性是当前大学行政权力面临的突出问题，而大学行政权力清单就是要解决大学行政权力运行过程中的规范化、明晰化问题。可操作性同时还要求在制定大学行政权力清单的过程中，注重语言的规范性和准确性，结合每所大学不同的具体情况和实际需求，有针对性地对每项具体行政权力作出适用、可行、有效的规定，明确主体，厘清界限，设计流程，注明监督方式。明确、具体的大学行政权力清单不仅便于行政权力主体操作执行，保证行政权力主体严格按照清单要求和内容行使权力，同时也可保护权力相对人和权力主体的合法权益，最终达到权力规范、权力制约的目的。

### （三）动态可调整

大学行政权力清单的动态可调整是指根据大学内外部环境的发展变化，对大学行政权力清单规定的内容、依据、流程、方式等进行不断调整和完善，实现清单规定与现实条件的最大契合。之所以要遵守动态可调整的原则，一方面是我国社会处于急剧变动和转型期，高等教育领域正在进行着深刻、复杂、涉及面广的放管服、大学自主权、治理结构等体制机制改革，有着各种各样的具体改革措施，这必然带来大学治理结构的变革和权力分配的调整，势必要求在大学行政权力清单之中建立动态调整机制，以适应国家、社会和大学对大学行政权力的要求；另一方面，大学行政权力本身界定不清，关系复杂，涉及面广，不同法律法规规章和大学章程以及内部管理制度对大学行政权力的规定不同，不同主体对大学行政权力和权力清单的理解不同，不同的理解和规定势必带来确权和运行流程的不同等。这些不同决定了很难将行政权力一次性梳理和确定到位，决定了权力清单的制定必然是一个动态调整、不断完善的过程，决定了权力清单不可能具备如法律一样的长期性和稳定性。反过来说，大学行政权力清单如果不具备动态可调整，就会因僵化和固化而丧失其合法性和有效性，长久下去也不利于权力清单的建设。

具体来看，大学行政权力清单的动态调整机制至少包括两个方面：一是常态化调整机制。大学行政权力清单公布时就应该确定一个对其内容进行调整的、相对固定的时间段或时间点。当该时间点临近时，相关主体就要对其效果、问题、条件变化等进行评估和判断，主动常态化地提出调整建议，以免权力清单固化形成事实上的失效。二是清单调整触发机制。常态化调整是正常调整，触发机制调整是非常态或应急性调整，主要是为了适应在清单公布实施的某一周期内，遇到新法律的实施、原有法律的修改、国家政策的重大转变、社会经济发生的重大变化等重大不可抗力因素对大学及大学行政权力的影响，以及时将这种变化和影响调整至大学行政权力清单之中，实现与时俱进。

## 二、大学行政权力清单的基本构成

关于权力清单到底由哪些构成，学界和政府观点不一。有学者从广义理解认为应该由权力清单、责任清单和负面清单构成[①]，而负面清单又由权力清单、程序清单和责任清单构成[②]，也有学者认为权力清单和责任清单可以合并

① 刘业进. 高等教育“放管服”改革的三张清单：权力清单、责任清单与负面清单. 南京师大学报（社会科学版），2020（2）：53-67.

② 李鸿雁. 论高校负面清单管理的依据来源与政策演进. 浙江工业大学学报（社会科学版），2015（4）：384-390.

为权责清单[①]，大多数学者狭义地认为权力清单就是权力确定、运行和监督过程的明晰化。按照《指导意见》中提出的建立“权力清单制度”的八项主要任务和《试点方案》中提出的四项任务，权力清单主要包括确定行政职权的权力清单和确认行政职责的责任清单。综合政学观点并根据大学实际先易后难地推进，本书主要解决行政职权的确认清单，而将责任清单理解为权力清单的配套制度，依此提出大学行政权力清单的基本构成。

如前所述，西方大学行政权力肇始于学者权力和学术权力的让渡，随着大学的发展和国家社会对大学的需要，开始获得政府权力的部分授权，从而形成内生与外铄的结合，而中国大学行政权力则走了一条与西方大学完全不同的路径，从开始之初就与政府权力同质同构，其后更是与政府权力如影随形。从这个基础出发审视大学行政权力清单，可以将其视为政府权力清单在大学的具体落实或延伸。同时，从权力涉及的基本要素和权力清单的基本要件出发，大学行政权力清单的基本构成必须要符合基本要素和基本要件，也就是前述所说的权力内容、权力依据、权力运行和权力监督。再则，由于大学与政府毕竟分属性质不同的组织，其行政权力还存在许多不同之处，比如权力主体。如果我们从广义上将政府权力都视为行政权力，自可将其所有权力行为人都视为行政权力主体，但大学权力的特殊性和复杂性决定了行政权力行为人的复杂性和特殊性，必须将其分清楚才能制定行之有效的行政权力清单。因此，大学行政权力清单主要由权力主体、权力依据、权力内容、权力运行和权力监督构成。

### （一）权力主体

“谁在行使权力”是权力运行必须弄清楚的事情，也是权利相对人最关心权力出自谁手的问题，更涉及权力监督和权力追责问题，自然是权力清单必不可少的要件，而这对制定我国的大学行政权力清单更加重要。主要原因有三：①大学权力本身的复杂性。如前所述，大学权力到底划分为几种类型，行政权力到底指什么，不同国家不同文化不同大学传统的行政权力是否有共通之处等诸多问题从学界到实践基本上还是处于自说自话状态，这既是大学本身复杂性使然，也是大学权力客观现状，要充分认识到这种复杂性给大学行政权力主体确定带来的复杂性。②我国大学行政权力的特殊性和复杂性。我国大学行政权

---

① 朱新力，余军. 行政法视域下权力清单制度的重构. 中国社会科学，2018（4）：109-131，206-207.

力自大学肇始之日起就没有形成与政治权力、学术权力和民主权力等各种不同权力的边界和各自行使权力的传统，看似行政权力，但实际上从认知到实践都较难明确哪些是行政权力，哪些是政治权力，哪些是学术权力，行政权力与政治权力难辨，行政权力与学术权力难分，这种雾里看花、飘忽不定之状给行政权力的划分和认定带来了相当的难度，加之我国大学行政权力有时处于“是我的还是我的，不是我的我说是我的就是我的”状况，给行政权力的划分和确定带来了相当的复杂，由此给行政权力主体的认定带来了复杂。③大学章程中许多事务没有明确规定权力主体。从前述大学章程的分析中可知，许多事务主体仅做了原则性的规定，甚至没有规定，这就给实践带来一定的灵活性，而在目前大学行政权力日盛的情况下，这种灵活性给以“限权”为目的的行政权力清单主体的确定带来一定的变量，有可能不是限权反而是扩权。

因此，大学行政部门及其组成人员必然是行政权力主体，但不能因此就简单地说学者就不是行政权力主体，更科学、更客观的标准应该是首先判定该事务是行政事务还是政治事务、学术事务，依此倒推该事务涉及的相关主体。若该事务是行政事务，自然涉及该事务的有关人员都是行政权力主体，依此可以避免按身份划定带来的认知和处理不当。换言之，学者在处理行政事务时就是在行使行政权力，就应该按照行政权力的规则行事，不应该因其学者身份而将其言行理解为学术权力。同样，我国不少在学术上成就斐然的学者在承担“双肩挑”的任务，在面对“双肩挑”的任务时更要区分好行政事务和学术事务，既不能不分，也不能“串台”。因此，合理界定权力主体是大学行政权力清单不同于政府权力清单的区别所在。

### （二）权力依据

任何权力没有合法性来源和依据就不具备合法性，从本质上来讲甚至不能称之为权力，而作为权力清单制度中“权力”意指公权力，自然内含“法无授权不可为”之意。前面已分两章详细阐述了大学行政权力清单中的权力依据，外部依据来自国家法律法规规章，内部依据来自基于大学章程的内部规章制度。大学作为法定的事业单位组织，首先必须遵循国家法律法规、教育行政法规、地方性教育法规、教育行政规章和非立法性行政规范性文件等不同层次、不同内容、不同效力的法律法规，这既是大学作为一般性社会组织的遵循，也是大学作为特殊的学术组织的遵循。这些法律法规规范既赋予大学权力的合法性，也赋予大学办学自主权的合法性，也就是我们通常所说的外部合法性的硬法和内部合法性的软法。正是基于法律法规的授权和大学自身的特殊性，大学才拥有办学自主权，才能制定基于大学章程的各种内部管理制度。中国大学的合法性来源于成立之初的政府审批的合法性，这既类似于西方大学通过获取教皇或皇帝的“特许状”获得合法性，但又与之有所区别。获得这个合法性，就意味着大学承认政府管理，没有这个合法性，就没有大学的办学自治权，也就谈不上所谓的“大学章程”。因此，在确定权力依据时要弄清楚先后和主次之分，既不能把自己完全视为政府的组成部门，也不能以其特殊而“另起炉灶”。

因此，制定大学行政权力清单时的权力依据一方面来源于国家的法律法规，特别是《教育法》《高等教育法》等教育法律法规和国家教育主管部门颁布的有关规章制度，也就是前述省级教育行政部门权力清单的合法性依据。在理解和梳理这个依据时既要依据省级教育部门权力清单的法律依据，但也不能完全照抄照搬，特别是教育行政权力的分类标准，毕竟政府部门和大学还是有所区别。另一方面的依据来源于基于大学办学自主权的大学章程及依此制定的内部规章制度，这些规章制度某种程度上也是国家有关法律法规在大学的落实和体现。就大学行政权力清单的权力依据而言，内部规章制度可能是最有效也最管用的合法性依据。需要明确的是，任何大学行政权力的梳理和确定都需要有合法性依据，没有合法性依据的行政权力或者违背法律原则、与法律法规抵触的行政权力都不能纳入权力清单，也不能借权力清单的制定行扩权之实，即使这种权力有上位法和制度依据，毕竟权力清单制度只有梳理确认既有权力之功，没有确认新权之能。

### （三）权力内容

权力内容指依据上述两个合法性依据，明确和界定行政职权的界限和范围。界定之后，权力主体行使职权必须在这个范围内，超过就构成越权甚至侵权，而行政客体也只能在这个范围内行事，否则就会遇到学者经常吐槽的“事难办”“踢皮球”等情况。有了明确的权力内容，清单制度才能展开，因此权力内容是整个清单制度运行的主体。在省级教育行政部门权力清单中的权力内容表现为以“行政许可、行政处罚、行政强制、行政征收、行政给付、行政检查、行政确认、行政奖励、行政裁决和其他类别”的9+X的分类模式之下的具体行政行为，在大学行政权力清单中可能并不存在如此的分类标准，更多的是依据大学事务进行的具体界定，比如日常管理、学生管理、教学管理、科研管理、后勤管理、社会服务管理、国际合作管理等内容。由于大学管理事务的基本一致性，可能并不存在前述省级教育行政部门权力清单中分类不一致的情况，更多的是不同高校事务的深度和广度的区别。

在权力内容的确定上，大学行政权力清单需要注意以下问题：①准确理解自身职责。大学行政权力绝大多数都掌握在行政部门手中，而每个行政主体都有基于大学事务管理需要的职能职责，每个行政管理部门都有“三定”（定机构、定编制、定职能），这是理解和确定行政权力内容的基础，只有在这个基础上将其分解为具体的行政事务和行政管理行为，其权力内容才有合法性。②事非己，勿伸手。由于大学本身的特殊性，不是所有事务都是行政管理事务，这就需要在权力内容的确定时准确理解大学职责、大学使命、学术自由、学术权力、行政权力等内涵和关系，科学界定行政权力和学术权力的边界，既不要“四处插手”无所不能，也不要留下“兜底后门”无所不为。若遇到模糊不清、难以界定之事，从尊重大学、尊重学术、相信学者的角度，不妨先行搁置或留下余地。③内容划分清。随着大学的多元化和巨型化，许多大学行政事务并不单单是某一个部门的事情，需要多部门、跨部门整合和合作，在全面从严治党和严肃追责问责的背景下，此类权力内容要按照“牵头负责、各司其职”的原则，仔细准确划定内容，既要避免无人负责，也要避免推诿扯皮。

## （四）权力运行

权力运行是一个动态过程，要想规范这个过程，就必须针对这个过程设计一套规范流程，将其运行过程清晰阐明。“就权力运行本身而言，一个基本事实是权力运行不能没有自己的基本轨迹，不能让权力‘随人而为’，更不能让权力‘遇事而定’，要用制度化的法理思想来规范权力的运行程序和运行方式，让权力‘按图行事’并尽可能减少和规避权力的不当作为。”[①]因此，权力

① 谢建平. 权力清单制度：国家治理体系和治理能力现代化的制度性回应. 华东师范大学学报（哲学社会科学版），2014（6）：108-112.

只有依据一定的基本轨迹，才能确保运行方向不背离和运行过程不脱轨、不越轨。政府部门正是在意识到这些问题后，才构想出权力清单的制度设计，意图以流程图的形式将权力运行的步骤、期限、过程清晰、直白地呈现出来，以此压缩权力主体的自由裁量权，抑制权力行使的随意性，加大权力寻租的难度和风险，从而实现优化权力运行流程，实现程序控权理念。[①]

大学行政权力清单应该也必须借鉴政府权力清单中关于流程图的思想和设计，将行政权力清单的运行以流程图的形式将权力主体、运行步骤、办结期限、救济方式等信息公之于众，既让权力在预设轨道透明公开有序运行，又让权力相对人清楚知晓办事流程，查询办事进度，维护自身权益。需要注意的是，就权力运行的规范性而言，大学各级治理主体对规则和程序的理解、执行和敬畏与政府尚有较大差距，对规则和程序形成显性隐形的阻碍和消解，同时流程图以组织认可、公开透明的形式给予权力主体刚性约束和担责风险，理性人角度决定了权力主体制定流程图时的趋利避害追求，这就需要超越部门利益和个人盘算，从大学治理层面科学设计，强力推进流程图的设计，通过流程图提高治理效能，再造规范化治理，同时既不能造成权力主体的经常性风险，也不能让权力相对人在“望梅止渴”中无谓消耗。总之，权力运行的流程图事关大学治理的规范化，是大学行政权力清单中必不可少的重要环节。

### （五）权力监督

正是因为“一切有权力的人都容易滥用权力，这是万古不易的一条经验”[②]，有权必受监督才成为人类社会的公理，权力清单制度也才为此而生。要实现权力监督的全方位全过程，必须解决谁来监督、监督什么、如何监督等问题，也就是前述的监督主体、监督内容和监督方式等问题。

就大学行政权力清单制度而言，这些问题与省级教育行政部门权力清单的监督略有不同。①监督乏力的问题，这种乏力从理念、制度、内容到方式都不同程度存在。大学由于其相对封闭性和资源依赖性，“象牙塔”“知识分子”“熟人社会”等角色和定位一定程度上消解了内部成员对于监督的认知和需求，尽管党的十八大以来外部的强力监督已经逐步传导到大学内部，但长期形

---

① 王春业. 论地方行政权力清单制度及其法制化. 政法论丛，2014（6）：26-33.

② 孟德斯鸠. 论法的精神（上册）. 张雁深译. 北京：商务印书馆，1961：154.

成的传统致使在制度设计、监督内容和监督方式等方面都有待加强，这从大学章程中有关监督的设计、具体监督制度的设计以及现实中监督乏力产生的问题等可见一斑。②监督主体的问题。省级教育行政部门权力清单的监督涉及政党、立法、司法、行政、社会、公民和媒体等全主体监督，大学行政权力清单主要涉及大学内部治理，监督主体主要还是“内部人”，真正意义上的上下、左右、内外的全主体监督比较有限。这就更需要大学成员牢固树立主动接受监督的意识和强化自我监督的力度，以刀刃向内的决心和勇气树立自我监督的形象。③监督内容的问题。尽管大学事务涉及面广，只要不涉及国家安全和国家法律规定的不宜公开内容，原则上应该遵循“公开是常态，不公开是例外”的原则，按照权力清单的要素，将名称、依据、主体、内容、过程等应公开全公开，以公开接受监督，以公开让监督成为可能。④监督方式的问题，主要是综合运用上级监督、同级监督、民主监督等多种形式，在事中、事后等各环节设计信箱、邮件、面谈等不同的咨询、投诉、监督监察方式，以此形成全方位、多形式的立体监督网络。

## 三、制定大学行政权力清单的基本程序

权力清单制度本身就是一个新生事物，社会各界和各方面对此都有一个逐步认知和接受的过程，实践中更是一个逐步探索和完善的过程，政府权力清单如此，大学权力清单亦如此。就大学权力清单制定而言，目前仅见西安交通大学、江南大学、武汉理工大学等少数几所高校提出建立权力清单制度，并且后续未见相关推进和效果评估的报道。至于大学行政权力清单制度，目前在笔者目力所及的有限范围内还未窥见，这就意味着实践中究竟按照什么程序制定才更科学更规范，还是一个全新的有待探索的领域。所幸的是，政府权力清单在党中央和国务院的强力推动下，已经在全国范围内展开并取得一定实效，这为我们制定大学行政权力清单提供了很好的借鉴。

根据《指导意见》提出的建立权力清单制度要完成的“全面梳理、清理调整、审核确认、优化流程、公布清单、动态管理、责任清单、监督问责”等八项任务和《试点方案》中提出的权力和责任清单编制试点的“全面梳理、清理规范、审核权责清单、优化流程”等四项任务可以看出，这既是任务也是程

序，实则包含制定权力清单的基本程序：梳理清理→审核确认→优化流程→备案公布，有鉴于政府权力清单制度是政府强力推动的“应急性”制度变迁，这种做法高效管用，但“疾风暴雨”式推进必然有利有弊，因此在大学行政权力清单制定中还需增加调研论证的程序，即制定大学行政权力清单的基本程序是：调研论证→梳理清理→审核确认→优化流程→备案公布。至于动态管理和监督问责问题，本就是清单制度的题中之义，不宜再作为程序提出，而责任清单前述已有交代，不作为本文权力清单的主体内容，只作为权力清单的配套制度。

### （一）调研论证

大学行政权力清单的制定是一项庞杂的系统工程，因此在启动制定清单工作前要做好充分的准备，力争为清单的制定打下比较好的基础。第一，要进行充分的学习研究。有鉴于权力清单的新生性，非常有必要利用大学研究力量相对雄厚的优势，组织高等教育、行政管理、法律等学科领域的专业人士和政府教育主管部门、编制办公室等曾经参与政府权力清单编制和审核的实务人士对大学行政权力清单“是什么”“为什么”“怎么办”等基础性问题进行研讨，在弄懂的基础上提出建设性意见，为权力清单的制定提供理论支撑。同时要在全校师生中广泛开展大学行政权力清单制定的学习讨论，通过座谈会、问卷调查等形式广泛搜集师生建议，了解师生对大学行政权力清单制定的看法。这既是凝聚共识的过程，也是法治规范教育的过程，更是为后续清单的执行奠定群众基础的过程。第二，要进行广泛调研。一是要对具有权力清单制定经验的政府及其部门，特别是教育行政主管部门进行调研，总结和借鉴他们的经验，在避免“前车之覆”的基础上，为大学行政权力清单的制定提供参考。二是要对先行先试、有代表性的高校进行调研，了解它们制定权力清单的情况，避免其只在理论研究和借鉴政府的基础上“闭门造车”，引起“水土不服”，力图让制定出来的权力清单能符合实际、高效管用。第三，应当成立专门、跨部门的行政权力清单制定委员会，组织、领导整个清单制定工作。委员会应当由学校党政领导、行政部门和学术组织负责人、师生代表、校友代表和相关专家组成，其下设置各类专门工作小组，分别负责梳理清理、审核确认、优化流程、备案公布等工作，这些小组的成员应基于不同内容，尽量实现各司其职、不重复，以期实现互相补充、互相监督。

### （二）梳理清理

大学行政权力的梳理清理是清单制定的基础，也是清单制定的难点，既是“晒家底”的过程，也是“刀刃向内”的过程。梳理清理工作小组应制定统一规范的梳理清理标准，按照“应梳尽梳，应清尽清”的原则，给各梳理清理主体提出明确的梳理清理要求。第一步是梳理。按照谁行使谁梳理的原则，梳理主体应当是行政权力的行使者，主要是大学的各行政管理部门和行使行政管理职责的组织机构。大学行政权力主要掌握在具体的行政职能机构中，它们最清楚自己拥有的权力范围，因此应先由他们按照实然状态和应然状态全盘梳理各自的权力，弄清楚自己的权力家底。清理不是简单的罗列，不仅要梳理出各组织机构手中的权力数量、权力类型、权力内容，同时还要对各权力事项的合法性、合规性进行初步判断。在梳理过程中，既要根据法律法规和规章制度确定的范围和边界划定权力，也要防止各权力主体因部门利益而不肯亮权，或者因怕担责而变相削权。最佳的效果是通过梳理，既有权力的取消调整，又有可能基于法律法规的补充“扩权”。第二步是清理。各行政权力主体在全面梳理的基础上，要按照职权法定原则，对照法律法规以及大学内部规章制度对梳理出来的行政职权进行清理调整。对没有法定依据、虽有法定依据但不符合经济社会发展需要和最新教育改革要求、法定依据相互冲突矛盾、多年不发生行政管理行为、不属于本部门的行政职权，应建议取消或调整，以此推进制度的“废改立”。

### （三）审核确认

清单制定委员会负责大学行政权力清单的审核工作，其下设的审核确认工作小组要按照严密的工作程序和统一的审核标准，审核标准参见前述大学行政权力清单制定的原则，依法逐条逐项进行合法性、合理性和必要性审查，对各行政管理部门和组织机构梳理上报的行政权力的权力名称、权力主体、权力依据、权力内容、运行程序、监督方式等进行审核，确保大学行政权力清单合法合理、客观全面。①要审查行政权力的来源是否源于法律法规以及大学章程和大学内部规章制度的授权或规定，对那些确实合法、合规的职权予以确认保留，对那些无来源依据、违法违规或者自创、自授的权力予以取消，这样就可以有效防止行政权力部门从部门利益出发随心所欲设定权力。②要审查权力主体是否清晰，对于职权交叉重叠的事项，审核确认工作小组应根据有关规定以及大学管理需要，在召开相关协调会议的基础上确定权力的最终行使机构。③要审查以运行程序为载体的内容是否明确，是否清晰明了地规定了权力运行程序的各环节、各环节主体、内容和办结时限等，同时还要审查是否提供了各种形式的咨询、救济和监督方式。

需要注意的是，审核确认工作首先是形式审核，也就是审核行政权力的各要素的完备性是否符合权力清单的编制要求；其次是合法合规审核，主要审核权力是否有合法性依据；最后是全面审核，主要审核权能是否全面覆盖和实现了大学职能。换言之，审核确认工作原则上只能在权力主体的自我梳理清理的基础上审核，不能越俎代庖地进行添加审核，不能也无权承担无限确权责任。因此，在审核过程中就要充分尊重权力主体的梳理清理、充分听取师生专家意见，提出的审核意见反馈给各组织机构，并就其是否采纳或不采纳的情况进行充分沟通，汇总各方意见进行最后审核和最终确认。从审核确认结果的权威性和合法性而言，审核结果还应该报校长办公会或校务会和党委会或党委常委会审批。审核确认的过程既是一个凝聚权力共识的过程，也是各权力主体相互博弈的过程。

### （四）优化流程

将经过清单制定委员会和学校审核确认的权力事项发还各权力主体，就其权力事项进行流程图的绘制，要求各权力主体将包括职权名称、职权内容、运行环节、办理主体、办结时限、咨询方式、监督方式等涉及职权行使的整个过程清晰展现，以此实现程序控权，压缩自由裁量权，增加权力寻租难度，遏制权力主体的随意性。在操作上，权力清单流程工作小组应按照权力清单“减少工作环节，规范行政裁量权，提高行政职权运行的规范化水平”的制度要求，应减即减，宜减则减，在制作行政职权运行流程图模板时，将有关内容和要求进行详细罗列，再将模板分发到各组织机构，由其按照权力的实际运行进行本部门的流程图绘制。绘制完运行流程图后，权力清单流程工作小组进行逐项分类汇总登记，形成学校层面总的运行流程图。这种方式有利于形成全校统一的标准和格式，避免各权力主体自我探索形成的标准不一、程序不一的问题，同时可以避免各行政主体自行其是形成的“隐形门”和“弹簧门”。

### （五）备案公布

备案是指大学按照相应程序将大学行政权力清单文本以及相关支撑材料向教育行政主管部门和上级主管部门（主要指部委属高校）报送备案，并由其进行监督审查的程序。一方面，从法理上讲，大学行政权力主要来源于法律法规的授权，教育行政主管部门和上级主管部门代表政府行使法律法规赋予的行政管理职能，是行政权力链条的“上端”，作为这个链条“末端”的大学行政权力理应向其报备。另一方面，大学行政权力清单主要规制高校内部行政权力，由高校自主制定与实施，是大学办学自主权的体现，尽管有其合法性和合理性，并且也力图在大学范围内设置了制衡和监督环节，但从实际上很难实现政府权力清单制定过程中的各部门制衡监督，从本质上不能避免大学既是行政权力清单的制定者又是行政权力清单规制的对象的情况。这种既当裁判者又当运动员的嫌疑不利于大学行政权力清单的权威性和后续实施，因此需要引入外部监督。教育行政主管部门和上级主管部门作为政府管理高校的职能部门和业务部门，有责任和义务对高校进行基于尊重高校办学自主权的监管，特别是对大学行政权力的监管，因此以备案形式对大学行政权力清单进行审查监督较为合适。教育行政主管部门和上级主管部门收到大学行政权力清单文本以及相关支撑材料后应进行备案审查，审核其是否符合相关法律法规规定，如果不符合，应责令大学进行纠正。同时，因为备案程序，教育行政主管部门和上级主管部门还可以对大学行政权力清单的后续实施进行检查，监督清单的落实情况，以此推动高校的法治化规范化治理水平，提升高校治理能力和治理体系的现代化。经过备案程序的大学行政权力清单不仅提升了清单本身的规范性、合法性和权威性，也为权力清单的持久实施引入教育行政主管部门的监督保障。

公布是指将大学行政权力清单以特定的方式公之于众。公布意味着大学行政权力运行将完全呈现在师生以及其他社会公众的视线中，这是行政权力能够接受广泛监督、提高运行透明度的重要环节，因此清单的公布是清单制定不可或缺的一个环节。一是公布方式。大学应利用官方网站、校办报刊、宣传橱窗、电子显示屏等各种载体形式，最大限度地扩大权力清单的公布范围，使权力相对人以及其他社会公众能够根据自身所需了解大学行政权力的行使情况。只有最大范围、最大限度地对外公布，才能真正起到规范权力、监督权力的作用，才能真正推动大学行政权力清单的落地落实。二是公布期限。大学行政权力清单应当在完成教育行政主管部门备案审定后的一定期限及时公布，如之后又对其进行修订，也应在修订完毕之后及时公布，这样既有利于权力清单的合法性，也有利于权力清单的正常实施。

## 四、大学行政权力清单制度的基本规范

依法治国和依规行权已成为国家治理体系和治理能力现代化的基础理念和基本原则，权力清单制度正是依法治国和依规行权的具体制度设计。同样，依法治校是完善高校内部治理结构，实现高校治理水平和治理能力现代化的必然要求。大学行政权力清单制度，正是在依法治校、依规行权的背景下借鉴政府管理方式、探索高校管理方式改革的创新尝试。在依法治校的理念下，本就为解决依规行权问题而生的大学行政权力清单制度更要在规范化道路上行稳致远，否则以子之矛攻子之盾，必伤其身。鉴于教育行政部门权力清单在规范性上存在的“权力法定依据不一致、职权类型和内容不一致、执行和监督弱化”[①]等问题影响清单的权威、执行和效果，大学行政权力清单制度更要从政府权力清单制度中吸取教训，在合法性权威、规范性制定、制度性支撑等方面加强规范建设，以规范求合法，以规范求认同，以规范求效果。

### （一）以法律法规形式明确大学制定行政权力清单的职责义务

在政府权力清单制度的推行中，从学界到政府都有关于权力清单性质定位的不同认识问题，大致可分为行政信息公开说、自制规范说、规范性法律文件说[②]，还有学者将其细分为行政机关内部文件或清单说、信息说、行政自制规范说、新型行政规范性文件说、规范性法律文件说、混合说等[③]。总体而言，权力清单定性研究的争议点主要是法属性问题，即“权力清单是不是法（法律）”以及“如果是法，是何种法”。此问题直接关乎权力清单制度实践的正当

① 李从浩. 省级教育行政部门权力清单的规划化改进. 高等教育研究，2020（6）：16-25.

② 陈斯彬. 权力清单的两个面向及其效力. 求索，2018（5）：96-104.

③ 黄学贤，刘益浒. 权力清单法律属性探究——基于 437 份裁判文书的实证分析. 法治研究，2019（1）：139-151.

性来源，决定权力清单的具体适用形式，在一定程度上影响了权力清单的权威和效果，就此有学者提出应以法律或者行政法规的形式对政府权力清单制定进行规定，以此保障权力清单制度的制定与推行。[①]同时，湖北、山东、浙江、贵州等省份开始制定并由省级人民政府发布“权力清单管理办法”，希望从法律上解决权力清单的法律效力问题。可见，不管是理论界还是政府都意识到了权力清单制度的法律性质问题，希望以各种方式明确权力清单制度的性质和定位，以此保证其合法性和权威性。

大学行政权力清单制度的推行与政府权力清单制度有相似之处，也存在“性质先行”的合法性和权威性问题。因此，笔者认为大学行政权力清单制度也应当以法律法规的形式加以确立，可行之策就是在《高等教育法》中对高校制定权力清单予以明确，将其规定为高校法定职责和依单行权的法定义务，为制定大学行政权力清单提供法律依据。

原因有三：一是从政府推行权力清单制度开始，各级政府、各社会领域对权力清单的探索和实践已经远远超出了政府当初《指导意见》的制度设计，远不止于信息公开、前瞻引导[②]以及一般意义上对行政权的规制。权力清单中的新主体、新规则以及清单体系蕴藏的新型规范关系等，让权力清单既不同于无约束力的信息公开文件，也不同于无权新创规则的文件，而是产生了大量理论界和实务界共同面临的复杂的新问题。这些问题的厘清和解决尚待时日，而权力清单制度作为良法善治乃是政府治理所需、人心办事所向，等待一切理清之后再行未免晚矣，不清则行亦有“名不正言不顺”之嫌，更有“言不顺则事不成”之困。符合实际的客观选择就是暂时搁置定性争议，先赋权后实践。

二是大学行政权力清单的制定是一项复杂的系统工程。尽管经过多年持续的高等教育管理体制改革和大学内部体制机制改革，大学发生了很多深层次变革，但“全能小政府”和“全域小社会”的状况还没有发生根本性改变，大学内部行政职能部门和组织机构庞杂，权力结构复杂的局面还没有发生根本性改变，在这种情况下要对大学行政权力体系进行全面梳理清理、审核确认、备案公布具有很大难度，自我革命和刀刃向内毕竟属于知易行难之事，如果仅靠大

① 王春业. 论地方行政权力清单制度及其法制化. 政法论丛，2014（6）：26-33.

② 汪骏良. 论权力清单的构造及完善——基于省级政府权力清单的实践. 河南财经政法大学学报，2019（1）：1-12.

学自觉而没有外部力量的推动，很难保证行政权力清单能够在高校中得以推行，而此时法律的力量则是推动大学行政权力清单制定最有力的保障。如果在《高等教育法》中将制定大学行政权力清单作为高校职责，法律的强制性和稳定性能够确保大学行政权力清单的制定顺利、稳定进行。

三是尽管大学行政权力清单是基于相关硬法和软法规定的大学行政权力并以清单的形式公布出来的一种权力规范和监督形式，但本质上依然还是大学基于办学自主权的自治性规定。如若对清单的实行不做任何要求，大学可以按照自由意志选择是否实行权力清单制度，是否严格执行权力清单制度规定，这将严重影响清单效果，无法实现规范权力、监督权力的最终目的。因此，一旦法律规定高校有履行权力清单的义务，倘若不履行或者不完全履行该项义务则要承担相应的法律责任，自然大学行政权力清单就能够有效、全面、严格地执行。

### （二）以部门规章形式规范大学行政权力清单的制定

前述教育行政部门权力清单之所以在规范性上存在问题，一方面是权力清单作为新生事物，地方政府各层级和社会各领域在结合各自实际进行了很多新的有益的探索，由此带来了许多规范性问题；另一方面，更重要的原因是《指导意见》中只是原则性提出了制定权力清单的主要任务，后续没有出台专门的配套办法对规范性问题提出意见和建议，只靠地方政府在推行此项工作时发现问题之后的逐步完善，这种处理方式可能适合于权力清单在政府领域的探索，毕竟政府治理面广权大任务重，中央政府层面出台的文件不可能规定得太细。大学则不同，作为一类专门领域的社会组织，尽管大学千差万别，但基本职责和权力权限还是大致一致，这就为制定全国高校普遍适用的办法提供了基础。因此在法律原则上明确了高校制定权力清单的职责和义务，而又不可能出台专门法的情况下，可以借鉴部分省份结合各自实际出台“权力清单管理办法”的思路，以教育部部门规章或者规范性文件的形式，通过制定“普通高校权力清单实施办法”，明确其分类标准、权力内容、制定程序等，形成统一规范的制定标准，以此推动高校行政权力清单的规范制定和实行。

（1）确立大学行政权力的分类标准

《试点方案》将行政职权分为9+X共10类，各级政府依此在各自理解的基础上进行划分，形成了大致一致又有所区别的职权划分类型。政府职权的划分从理论界到实务界都达成了基本共识，并且有中央政府的原则性指导意见，各地政府在实行中尚且产生如前所述的各种不同的理解和操作。试想大学权力的划分，在不具备权力类型和划分标准共识基础，也不具备权威指导意见的情况下，若放手让大学自由理解、自主选择，很可能出现混乱的局面。大学权力如此，相对简单的大学行政权力也是如此。实践中存在的大学权力之间的相互越位、行政权力的泛化等问题，很大程度上就是因为没有相对准确和客观的权力类型的划分标准，导致各自不能准确理解和定位自己的权力类型，不清楚哪些是“自己的地”，哪些是“别人的田”，哪些是“种了别人的田”，甚至是“荒了自己的地”，各种矛盾、纷争甚至对立就会由此而起。因此，确定权力的分类标准至关重要，对大学行政权力尤其如此。若没有相对的分类标准，大学行政权力就会成为脱缰的野马，废立皆由己，由此而寄希望于自我约束，无异于奢望。

就大学的本质和权力清单的初衷而言，本书依然要重申，按照“法无授权不可为”的原则，合法授权基础上的大学行政权力之外，应该给其他权力留下更多的自由活动的空间。换言之，应该将大学行政权力限制在合法依据的基础之上，不宜随意入侵其他领域，其他领域应该留给其他权力，这既有利于大学使命的达成，也有利于限制大学行政权力的强势和越位。笔者在实践中深刻感受到大学行政权力的强势和随意，深感只有从国家制度层面上做出规定，才能为其套上制度的笼子，舍此似乎尚无更好的良方。简言之，就是要从制度上明确规定哪些是行政权力，哪些是行政事务，至于将大学行政权力是划分为“规章制度的制定权、学生管理权、教师管理权”[①]还是划分为人事权、财务权、教学管理权、科研管理权、学生管理权等类型抑或其他类型以及各自标准如何，是制定权力清单在操作层面的问题，非本书能回答的问题。

（2）统一大学行政权力清单的内容

内容是指清单应包含的各要素，也就是上述所说的权力名称、权力主体、权力来源、权力运行、权力监督等。在“普通高校权力清单实施办法”中要对其做出明确规定，不仅能够为高校制定清单提供统一的标准，规范清单形式，还能为全国高校的可比可借鉴奠定基础。权力名称就是行政职权所辖行政事

① 湛中乐. 高校行政权力与学术权力运行机制研究. 北京：北京大学出版社，2018：110-118.

务，也就是上述的权力内容，主要是载明具体行政事项。权力主体是指行政事项由谁负责，权力经由何人之手，让权力相对人清楚知道该项事务应该找何人办理，当然这也是后续监督和责任主体。权力来源主要是指权力的合法性依据，只有依据法律法规的授权和经由大学章程以及校内规章制度规定的权力才能列入清单，这既是权力合法的内在要求，也是将权力置于公众合法性审查和监督的需要。权力运行主要指运行流程图，通过合理的程序设计将行政事项的办理步骤、办理方式、办结时限、责任主体、监督方式等以流程图的形式直观明了地呈现，让权力相对人一目了然，让权力主体依图办事，既提高了办事效率，也提升了办事规范性，更限制了权力主体的随意，让“门好进，脸好看，事不办”成为过去，让“即使脸难看，也让事要办”成为可能。权力的监督方式主要是提供给公众和权力相对人表达建议和诉求，既是其权利，根本是控权。

（3）明确大学行政权力清单的制定程序

因为正当规范的程序具有“规制权力，防止恣意；提升理性；增强权力运行的权威性；保证权力运行有序和效率”[①]，因此在“普通高校权力清单实施办法”中要对清单的制定程序进行明确规定，让清单的制定按照法定程序规范有序进行，通过严格的制定程序保证清单的科学性、规范性和权威性。由于大学行政权力清单的制定事涉大学内部利益格局的调整，事涉大学稳定和发展，因此只有明确规定了每个程序、每个环节的具体内容和要求，才能保证每个主体不流于形式，不敷衍了事。制定程序建议按照上述调研论证→梳理清理→审核确认→优化流程→备案公布的程序进行。在调研论证环节，要尽可能广泛听取不同意见，进行充分调研，避免先入为主和闭门造车。在梳理清理环节，既要充分发挥各权力主体的主观能动性，又要在学校层面加强统筹协调。在审核确认环节，既要严格遵守法律法规和校内规章制度的规定，又要结合最新要求和规定提出可行的废改立建议。在优化流程环节，既要尊重行政主体的办事程序和惯例传统，又要从提高效率、强化服务的角度改进和优化流程，特别是落实“数据多跑路、师生少跑路”的要求，在“打通师生服务的最后一公里”上优化流程，展现大学与时俱进、改革创新的形象。在备案公布环节，既要按照

① 湛中乐. 高校行政权力与学术权力运行机制研究. 北京：北京大学出版社，2018：272-273.

程序规定进行备案，更要利用各种方式进行充分公布，让大学行政权力清单师生知晓、深入人心。同时，在制定程序的具体把握上，既要注重权力主体自身的运行程序，也要注重权力主体之间的合作与制衡程序。

### （三）建立大学行政权力清单制度的配套制度

从政府权力清单的实践来看，仅凭一张清单，大学行政权力清单很难实现其规制权力、规范运行、促进善治的目的，必须为此建立相应的配套保障机制，主要涉及权力清单的动态调整、权力清单执行的监督机制以及配套的责任清单等，这些机制应当在“普通高校权力清单实施办法”中明确规定，将其法制化为高校权力清单制定的重要组成部分，为清单的持续、健康执行提供法治保障。

**1. 建立动态调整机制**

随着社会发展、国家需要和大学巨型化，大学日益承担着更多责任，与之相适应的各项行政职能日益增多，大学的行政权力结构、行政权力内容也随着职能的增加和转变呈现快速调整和日益增加之势。就大学职能而言，从大学肇始之日起的传统知识中心到同时承担人才培养、科学研究和社会服务的职能，大致跨越千年有余，而如今大学在承担着这些职能的同时，文化传承与创新、国际合作交流等也成为常态。大学以前悠然自得甚至保守固执的形象在时代的强力推进下已发生根本性变化，大学行政权力在学者的大声疾呼中以不可阻挡的趋势大踏步地扩张。从纵向的大学发展历程观察大学管理发现，行政事务日益增多，变化日益加快，这个长时间轴为大学行政权力清单的动态调整提供了跨越历史的观测点。

就我国现在面临的百年未有之大变局和中华民族伟大复兴中国梦的时代背景而言，也对大学提出了更快适应这种变化的更高要求，这种变化和要求不仅体现在习近平总书记关于教育和高等教育的系列重要论述和党中央、国务院关于高等教育的系列部署，也体现在国家有关法律法规和教育政策的出台频率和适应新时代新要求的制度废改立的过程逐步加快，而这必然直接传导至大学治理和管理，使之发生快速变化，大学行政权力规定也发生相应的变化。如果我们以大学管理的某些领域的政策变化的时间长短进行历时性研究，就会发现这种变化趋势日益缩短。这种变化不仅让大学行政权力清单的动态调整成为必须，甚至调整速度过慢都可能导致权力清单的不合法。因此，为了保证大学行政权力清单的生命力和合法性，清单的各要素及时与法律法规以及相关教育政策保持同步，及时完成清单的调整程序就成为必须，建立动态调整机制就势所必然。

就大学行政权力清单制度作为新的行政规范性文件而言，本身也有有效期。这种有效期不仅体现在公布时的有效期，也体现在面临有效期失效前的评估调整。因此，建立动态调整机制既是主动应对各种问题、避免权力固化而失效的要求，也是大学权力清单制度本身严肃性、合法性和实效性的要求。

**2. 建立权力清单执行监督机制**

大学行政权力清单能否发挥作用，关键在于清单能否被真正执行，各组织机构和权力主体是否依单行权。某种程度上，监督清单的执行情况就是监督权力。因此清单的执行监督对权力监督和清单监督都显得尤为重要。就政府权力清单监督的规定和执行来看，《指导意见》只是提出“建立有效的权力运行监督机制”和“相关部门适时组织对权力清单制度推行情况的督查”，并没有明确哪个哪级组织如何监督，因此在执行中大都演变为内部有限的考核或评估。从教育行政部门公布的各种监督方式中可以发现内部监督仍是主要监督形式，而单一的内部监督能否形成有效监督，无数事例已回答了这个问题。同时，从对大学章程的研究中可以发现，对于行政权力监督的规定少且是原则性的，我们接触到的有限的实践制度规定对于监督也语焉不详，加之大学行政权力清单的制定和执行基本上处于大学内部“自说自话”。因此，在全面从严治党背景下权力监督和清单执行监督机制的完整和独立就尤为重要，应当在“普通高校权力清单实施办法”中对清单执行监督提出明确要求，对监督主体、监督内容和监督方式做出明确规定，以此建立起一套科学有效的清单监督机制。

一是监督主体的规定。如果按照大学内外来分的话，外部监督主体主要是按照《教育法》第十四条、第十五条的规定，高等教育由国务院和省、自治区、直辖市人民政府管理；国务院教育行政部门主管全国高等教育工作，统筹规划、协调管理全国的教育事业；以及《高等教育法》第十三条、第十四条的规定，省、自治区、直辖市人民政府统筹协调本行政区域内的高等教育事业，管理主要为地方培养人才和国务院授权管理的高等学校；国务院其他有关部门在国务院规定的职责范围内，负责有关的高等教育工作。因此，国务院和省级人民政府以及国务院教育行政部门以及国务院其他有关部门是大学行政权力的外部监督主体。同时，大学行政管理行为还应按照有关法律法规规定接受监督，当然还有以各种媒体的舆论监督为代表的社会公众的监督。这三类构成了大学行政权力的外部监督主体。内部监督主体主要是大学内的专责监督机构——纪检监察部门以及按照《教师法》第七条和《高等教育法》第四十三条规定的教职工代表大会以及按照《高等学校章程制定暂行办法》规定的教职工代表大会、学生代表大学以及学术委员会、学位评定委员会和办学自主权的九类事项中的监督主体。这些不同监督主体都从不同角度对大学行政权力具有法定的监督职责。

二是监督内容。按照《教育法》第十四条、第十五条、第五十五条以及《高等教育法》第十三条、第十四条、第六十条、第六十五条的规定，国务院和省级政府的监督内容主要是校领导班子任免的人事监督和作为举办方、投资方的财政监督。国务院教育行政部门和国务院其他有关部门的监督主要是以部门规章、制度、文件等进行的日常行政监督以及人事监督和财务监督，同时还有受理教师和学生的行政申诉和复议的监督。司法监督主要涉及招生、学籍管理、毕业证学位证授予等行政管理行为，主要监督行政管理行为的程序正当问题和大学自治规则的审查问题。校内的各类监督主体和社会公众主要对大学的各类日常管理行为进行全方位监督。

三是监督方式。国务院教育行政部门、省级政府、国务院其他有关部门、大学内部其他组织等监督主体对大学行政权力清单的监督，可以采取定期检查考核评估、受理投诉举报等方式，而舆论媒体或者社会公众的监督，可以采取建议、投诉或者曝光的形式进行。在监督方式上还应注意充分发挥信息技术的作用，通过互联网进行意见、投诉的征求、受理和反馈，以期对大学行政权力清单的执行情况进行随时、全面的监督。

总之，大学行政权力清单的监督机制是清单有效实施的重要保障，只有将监督机制法定化，才能形成一套稳定、科学、有效的清单监督制度体系，才能避免大学行政权力清单成为“挂在墙上，喊在口上”的“稻草人”。

### 3. 制定配套的责任清单

有权必有责、权责要一致是权力运行的基本原则。《指导意见》中明确提出：要积极推进责任清单工作，在建立权力清单的同时，建立责任清单，明确责任主体，健全问责机制。同时提出要对不按权力清单履行职权的单位和人员依纪依法追究责任。可见政府在推行权力清单时也是将责任清单视为权力清单的配套制度，本书认同并坚持这个观点。

就大学行政权力而言，之所以在运行中存在较大的任性和随意，一方面，与行政权力主体集政策的制定、执行和解释于一身有关；另一方，主要是缺乏相应的监督和责任机制，致使其头顶没有悬挂的“达摩克利斯之剑”形成的追责压力。就大学行政权力清单而言，如果各权力主体不按或者不完全按清单行权而又不用承担相应责任，权力清单最终就可能沦为一纸空文和形式上的摆设，不仅起不到规范、制约和监督行政权力的作用，反而对依法治校和法治精神等是一种巨大的贬损。因此，为了保证行政权力清单的落实，应当在制定权力清单的同时，制定配套的责任清单，并以法制的形式加以确认，公开责任主体、责任内容、追责程序、问责办法等，将权力清单和责任清单有效结合，以责任制约权力，形成系统的权力运行和责任体系，如此才能真正实现大学行政权力的规范运行。

# 参考文献


阿尔巴赫，伯巴尔，冈普奥特. 2005. 21世纪美国高等教育：社会、政治、经济的挑战. 杨耕，周作宇主审. 北京：北京师范大学出版社.

阿尔温·托夫勒. 1991. 权力的转移. 刘江，陈方明，张毅军，等译. 北京：中央党校出版社.

埃德加·莫兰. 2001. 复杂思想：自觉的科学. 陈一壮译. 北京：北京大学出版社.

埃哈尔·费埃德伯格. 2005. 权力与规则——组织行动的动力. 张月，等译. 上海：上海人民出版社.

彼德·布劳. 1988. 社会生活中的交换与权力. 孙非，张黎勤译. 北京：华夏出版社.

别敦荣. 2000. 中美大学学术管理. 武汉：华中理工大学出版社.

别敦荣. 2001. 论高等学校管理权力. 高等教育研究，(2)：36-39.

别敦荣. 2014. 我国大学章程应当或能够解决问题的理性透视. 中国高教研究，(3)：1-7.

别敦荣. 2016. 论我国大学治理. 山东高等教育，(2)：1-7.

伯顿·克拉克. 1994. 高等教育系统——学术组织的跨国研究. 王承绪，等译.杭州：杭州大学出版社.

伯顿·克拉克. 2001. 高等教育新论. 王承绪，等译. 杭州：浙江教育出版社.

蔡海龙. 2016. 论高等学校中的学术权力. 教育学报，(6)：10-16.

陈洪捷. 2006. 德国古典大学观及其对中国的影响. 北京：北京大学出版社.

陈立鹏. 1999. 学校章程. 北京：光明日报出版社.

陈敏. 2007. 我国现代大学章程的缘起与困境分析. 现代教育科学，(4)：29-32.

陈斯彬. 2018. 权力清单的两个面向及其效力. 求索，(5)：96-104.

陈向芳，邓薇. 2015. 行政权力清单制度评析及完善——以制度价值为研究视角. 广东行政学院学报，(3)：9-15.

陈昕. 高等教育变革视角下的大学治理. 湖南师范大学博士学位论文.

陈学飞. 2010. 高校去行政化：关键在政府. 探索与争鸣，（9）：63-67.
陈学恂. 1986. 中国近代教育史教学参考资料. 北京：人民教育出版社.
陈学敏. 2008. 关于大学章程的法律分析. 武汉大学学报（哲学社会科学版），（2）：169-172.
陈振明. 1995. 论政策分析. 岭南学刊，（1）：103-108.
陈振明. 2003. 政策科学——公共政策分析导论. 2 版. 北京：中国人民大学出版社.
成有信，等. 2000. 教育政治学. 杭州：江苏教育出版社.
程文浩，杨诗哲. 2014. 国家治理过程的“可视化”如何实现——权力清单制度的内涵、意义和推进策略. 学术前沿，（9）：90-95.
褚宏启. 2014. 教育治理：以共治求善治. 教育研究，（10）：4-11.
戴维 • 伊斯顿. 1999. 政治生活的系统分析. 王浦劬译. 北京：华夏出版社.
丹尼斯 • K. 姆贝. 2000. 组织中的传播和权力：话语、意识形态和统治. 陈德民，陶庆，薛梅译. 北京：中国社会科学出版社.
丹尼斯 • 朗. 2001. 权力论. 陆震纶，郑明哲译. 北京：中国社会科学出版社.
德里克 • 博克. 2001. 走出象牙塔——现代大学的社会责任. 徐小洲，陈军译. 杭州：浙江教育出版社.
邓静芬. 2009. 20 世纪 90 年代以来德国高等教育管理体制改革研究. 浙江师范大学博士学位论文.
邓磊. 2014. 中世纪大学组织权力研究. 北京：人民出版社.
丁笑梅. 2014. 大学治理结构研究：基于比较的视角. 华东师范大学博士学位论文.
董成惠. 2017.“权力清单”的正本清源. 北方法学，（2）：98-109.
董云川. 2000. 论大学行政权力的泛化. 高等教育研究，（2）：60-64.
都昌满. 2017. 从走近到走进：美国高等教育纵览. 上海：上海交通大学出版社.
范文曜，张家勇. 2008. 大学章程的治理意义：英国大学章程案例研究. 理工高教研究，（6）：1-8.
方芳. 2012. 大学治理结构变迁中的权力冲突与平衡. 当代教育科学，（3）：7-9.
菲利普 • 阿特巴赫. 1985. 比较高等教育. 符娟明，陈树清译. 北京：文化教育出版社.
冯向东. 2010. 大学学术权力的实践逻辑. 高等教育研究，（4）：28-34.
甘永涛. 大学治理结构的三种国际模式. 高等工程教育研究，（2）：72-76.
高丙中. 2000. 社会团体的合法性问题. 中国社会科学，（2）：100-109，207.
龚怡祖. 2009. 大学治理结构：现代大学制度的基石. 教育研究，（6）：22-26.
关辉. 2008. 大学学术权力偏移现象分析. 黑龙江高教研究，（11）：13-16.

郭卉. 2006. 权利诉求与大学治理：中国大学教师利益表达的制度运作. 华中科技大学博士学位论文.

郭靖超. 2016. 权力清单制度探析. 法学研究，(30)：63，66-67.

郭平. 2012. 我国公办大学内部治理结构研究. 西南大学博士学位论文.

哈贝马斯. 2000. 合法化危机. 刘北成，曹卫东译. 上海：上海人民出版社.

哈贝马斯. 2002. 作为"意识形态"的技术与科学. 李黎，郭官义译. 上海：上海学林出版社.

哈瑞·刘易斯. 2007. 失去灵魂的卓越：哈佛是如何忘记教育宗旨的. 侯定凯译. 上海：华东师范大学出版社.

韩春晖，常森，卢霞飞. 2011. 大学章程：我国大学治理模式变革的呼唤. 中国高等教育，(9)：21-23.

韩建华，叶志坚. 2010. 高校"去行政化"的理性审视. 教育发展研究，(9)：25-29.

韩水法. 2005. 世上已无蔡元培. 读书，(4)：3-12.

郝宇青，马婧. 2015. 观念·制度·社会：实施权力清单制度面临的三大难题. 晋阳学刊，(5)：120-126.

何兆武，陈启能. 2003. 当代西方史学理论. 上海：上海社会科学院出版社.

和震. 2008. 美国大学自治制度的形成与发展. 北京：北京师范大学出版社.

贺国庆，王保星，朱文富，等. 2003. 外国高等教育史. 北京：人民教育出版社.

亨廷顿. 1988. 变革社会的政治秩序. 王冠华，等译. 北京：华夏出版社.

华勒斯坦，等. 1999. 学科·知识·权力. 刘健芝，等译. 北京：生活·读书·新知三联书店.

胡娟. 2009. 厘清权利性质是落实高校办学自主权的关键. 中国高教研究，(6)：38-41.

胡敏. 2015. 大学善治视野下学生利益诉求表达机制建构. 高教探索，(10)：15-19.

胡四能. 2007. 学术权力与行政权力并非对称的概念——对学术权力与行政权力二分法的质疑. 大学教育科学，(1)：46-49.

黄彬. 2015. 论公立高校外部行政权力法治化. 教育发展研究，35（11)：49-54.

黄彬. 2016. 高校行政权力形态及其法治化路径. 现代教育管理，(2)：51-55.

蒋达勇，王金红. 2014. 现代国家建构中的大学治理——中国大学治理历史演进与实践逻辑的整体考察. 高等教育研究，(1)：23-31.

蒋德海. 2015. "权力清单"应慎行——我国政务管理之法治原则反思. 同济大学学报（社会科学版)，(5)：37-74.

蒋后强. 2006. 高等学校自主权及其限度. 高等教育研究，(2)：57-61.

杰弗里·菲佛，杰勒尔德·R. 萨兰基克. 2006. 组织的外部控制——对组织资源依赖的分析.

闫蕊译. 上海：东方出版社.
金保华，刘晓洁. 2019. 大学善治的理论逻辑与价值要素. 现代教育管理，（10）：41-46.
金东瑞，韩卓，宋婉春. 2018. 国家治理现代化视角下高校行政权力规范问题研究. 黑龙江高教研究，（1）：80-83.
金国华. 2012. 教育行政法规汇编与点评. 北京：中国法制出版社.
金铁宽. 1995. 中华人民共和国教育大事记（第 1 卷）. 青岛：山东教育出版社.
金雪花. 2015. 行政权力清单制度基本法理问题研究. 法制与社会，（29）：22-24.
克拉克·克尔. 2001. 高等教育不能回避历史——21 世纪的问题. 王承绪译. 杭州：浙江教育出版社.
李从浩. 2012. 中国大学行政权力的合法性限度. 高等教育研究，（5）：16-21，44.
李从浩. 2015. 中国大学行政权力的合法性实践. 高教探索，（5）：19-25.
李从浩. 2017. 资源依赖下的大学行为选择. 高教探索，（4）：29-36.
李从浩. 2018. 大学行政权力清单制度的几个基本问题. 高教探索，（7）：23-29.
李从浩. 2018. 中国大学行政权力合法性研究. 北京：中国社会科学出版社.
李从浩. 2019. 大学章程是制定大学行政权力清单的内在依据. 中国高等教育，（2）：50-52.
李从浩. 2020. 省级教育行政部门权力清单的规范化改进. 高等教育研究，（6）：16-25.
李从浩. 中国大学行政权力的合法性辩护. 中南民族大学学报（人文社会科学版），（1）：173-177.
李飞. 2014. 中国高校内部管理“去行政化”研究. 北京：世界图书出版公司.
李福华. 2008. 大学治理的理论基础与组织框架. 北京：教育科学出版社.
李鸿雁. 2015. 论高校负面清单管理的依据来源与政策演进. 浙江工业大学学报（社会科学版），（4）：384-390.
李健希. 2016. 大学章程建设中的内外部关系. 教学学术月刊，（9）：35-41.
李景鹏. 1995. 权力政治学. 哈尔滨：黑龙江教育出版社.
李立国. 2015. 大学治理的内涵与体系建设. 大学教育科学，（1）：20-24.
李立国. 2016. 大学治理：治理主体向治理规则的转向. 江苏高教，（1）：8-12，18.
李路路，李汉林. 2000. 中国的单位组织——资源、权力与交换. 杭州：浙江人民出版社.
李牧，关帅锋. 2019. 法治视野下高校权力清单制度探究. 江汉大学学报（社会科学版），（2）：21-31，124.
李永亮. 2016. 高等学校内部治理结构优化研究. 山东大学博士学位论文.
理查德·斯科特. 2020. 制度与组织：思想观念、利益偏好与身份认同. 4 版. 姚伟，等译. 北京：中国人民大学出版社.
林荣日. 2007. 制度变迁中的权力博弈：以转型期中国高等教育制度为研究重点. 上海：复旦大学出版社.
林善栋. 2008. 去行政化与现代大学制度的建立. 教育评论，(6)：8-10.
林孝文. 2015. 地方政府权力清单法律效力研究. 政治与法律，(7)：64-70.
刘冬梅. 2018. 章程视域下的大学治理法治化. 教师教育研究，30 (2)：21-26.
刘虹，张端鸿. 2016. 国家教育行政权力清单的规范研究——以教育部行政权力为研究对象. 复旦教育论坛，(1)：16-22.
刘林，张敏，宗晓华等. 2020. 高校学术权力与行政权力及其影响的再认识——基于教育部直属高校数据的实证分析. 江苏高教，(10)：37-42.
刘香菊，周光礼. 2004. 大学章程的法律透视. 高教探索，(3)：39-41.
刘业进. 2020. 高等教育“放管服”改革的三张清单：权力清单、责任清单与负面清单. 南京师大学报（社会科学版)，(2)：53-67.
刘益东，周作宇，张建锋. 2017. 论“大学章程现象”. 中国高教研究，(3)：21-26.
刘玉君，张济洲. 2017. 高校行政权力合法性限度及其规制探析. 现代教育科学，(10)：19-23.
龙耀. 2011. 论教育行政权力的边界——基于中国教育行政化问题的研究. 教育学术月刊，(6)：3-6.
龙耀. 2013. 行政权力三边界论. 桂林：广西人民出版社.
卢梭. 1982. 社会契约论. 何兆武译. 北京：商务印书馆.
罗伯特·伯恩鲍姆. 2003. 大学运行模式：大学组织与领导的控制系统. 别敦荣译. 青岛：中国海洋大学出版社.
罗伯特·杰克曼. 2005. 不需暴力的权力：民族国家的政治能力. 欧阳景根译. 天津：天津人民出版社.
罗春明，李和中. 2015. 完善高校行政权力监控体系的路径分析. 中国高等教育，(9)：47-49.
罗素. 1998. 权力论——新社会分析. 吴友三译. 北京：商务印书馆.
麻宝斌，贾茹. 2016. 权力清单制度的理论分析与现实检视. 探索，(3)：111-117.
马克斯·韦伯. 1999. 社会科学方法论. 杨富斌译. 北京：华夏出版社.
马克斯·韦伯. 2004. 学术与政治. 钱永祥，林振贤，罗久蓉，等译. 桂林：广西师范大学出版社.
马陆亭. 2009. 大学章程地位与要素的国际比较. 教育研究，(6)：70-76.
马廷奇. 2007. 大学转型：以制度建设为中心. 北京：社会科学文献出版社.

迈克尔·曼. 2002. 社会权力的来源（第 1 卷）. 刘北成，李少军译. 上海：上海人民出版社.
孟德斯鸠. 1961. 论法的精神（上册）. 张雁深译. 北京：商务印书馆.
米俊魁. 2006. 大学章程价值研究. 北京：中国海洋大学出版社.
米歇尔·福柯. 1999. 规训与惩罚. 刘北成，杨远婴译. 北京：生活·读书·新知三联书店.
苗素莲. 2011. 中国大学组织特性历史演变研究. 长春：吉林大学出版社.
诺贝特·埃利亚斯. 2005. 论文明、权力与知识——诺贝特·埃利亚斯文选. 刘佳林译. 南京：南京大学出版社.
欧阳光华. 2011. 董事、校长与教授：美国大学治理结构研究. 北京：高等教育出版社.
潘懋元. 2001. 多学科观点的高等教育研究. 上海：上海教育出版社.
祁占勇. 2015. 大学章程的法律性质及其完善路径. 高教探索，（1）：5-9.
覃壮才. 2010. 中国公立高等学校法人治理结构研究. 北京：北京师范大学出版社.
曲士培. 2006. 中国大学教育发展史. 北京：北京大学出版社.
全守杰，王运来. 2013. 从“大学符号”到“乐队指挥”——德国大学校长与大学内外部的关系及其演变. 高等教育研究，（1）：97-102.
让-皮埃尔·戈丹. 2010. 何谓治理. 钟震宇译. 北京：社会科学文献出版社.
茹宁. 中国大学百年：模式转化与文化冲突. 北京：知识产权出版社.
阮李全. 2015. 大学章程对高校办学自主权的界分与保障. 现代教育管理，（10）：7-13.
申海平. 2015. 权力清单的定位不能僭越法律. 学术界，（1）：126-134.
沈福俊，邹荣. 2013. 行政法与行政诉讼法. 上海：上海人民出版社.
石佑启，陈咏梅. 2016. 法治视野下行政权力合理配置研究. 北京：人民出版社.
眭依凡. 2001. 论大学学术权力与行政权力的协调. 现代大学教育，（4）：7-11.
孙华. 2010. 大学之合法性. 北京：中国社会科学出版社.
孙曙光. 2016. 如何破解我国大学章程的实施困境. 中国高校科技，（9）：48-51.
唐汉琦. 2016. 论我国高等学校内部权力的构成、来源与性质. 苏州大学学报（教育科学版），（3）：1-8.
唐纳德·肯尼迪. 2002. 学术责任. 阎凤桥，等译. 上海：新华出版社.
王飞. 2010. 制度突破与文化变迁——透视中国大学发展的百年历程. 昆明：云南大学出版社.
王国文，王大敏. 2003. 中国教育法律评论（第 2 辑）. 北京：教育科学出版社.
王海莹. 2016. 以章程为载体的现代大学治理. 江苏高教，（5）：4.
王世权，刘桂秋. 2012. 大学治理中的行政权力：价值逻辑、中国语境与治理边界. 清华大学教育研究，（4）：100-106.
王务均. 2017. 包容性治理：大学内部权力结构的新机制. 南京：南京大学出版社.
王学辉，宋玉波，等. 2002. 行政权研究. 北京：中国检察出版社.
王英杰. 2007. 大学学术权力与行政权力冲突解析——一个文化的视角. 北京大学教育评论，5（1）：11.
威廉·韦德. 1997. 行政法. 徐炳，潘世强，李湘如，等译. 北京：中国大百科全书出版社.
文少保. 2016. 权力清单推进大学治理现代化的价值、困境及路径研究. 中国高教研究，（6）：60-64.
谢建平. 2014. 权力清单制度：国家治理体系和治理能力现代化的制度性回应. 华东师范大学学报（哲学社会科学版），（6）：108-112.
谢维和. 2000. 教育活动的社会学分析. 北京：教育科学出版社.
熊明安. 1988. 中国高等教育史. 重庆：重庆出版社.
熊贤君. 2014. 中国近代教育行政史. 北京：人民教育出版社.
徐浪，王建华. 2017. 论世界一流大学建设中的清单管理. 现代大学教育，（3）：7.
徐小洲. 2007. 自主与制约——高校办学自主政策研究. 杭州：浙江教育出版社.
许杰. 2008. 政府分权与大学自主. 广州：广东高等教育出版.
许美德. 2000. 中国大学——一个文化冲突的世纪. 许杰英主译. 北京：教育科学出版社.
宣勇. 2011. 外儒内道：大学去行政化的策略. 教书育人（高教论坛），（6）：4-7.
雅克·韦尔热. 2007. 中世纪大学. 王晓辉译. 上海：上海人民出版社.
阎登科. 2017. 治理现代化视野下高校权力清单制度建设的现状及对策研究. 黑龙江高教研究，（9）：34-36.
杨天平，邓静芬. 2011. 20 世纪 90 年代以来德国高等教育管理体制改革与启示. 教育研究，（5）：102-103.
尹建锋，刘陵东，陈晴晴. 2020. 论西方大学章程的制度变迁功能：基于宏大历史叙事的分析. 扬州大学学报（高教研究版），（2）：13-19.
余怡春. 2018. 现代大学章程现状研究——基于 110 部高校章程文本的 NVivo 分析. 宁波大学学报（教育科学版），（2）：41-49.
俞可平. 2000. 治理与善治. 北京：社会科学文献出版社.
约翰·S. 布鲁贝克. 2001. 高等教育哲学. 王承绪，郑继伟，张维平，等译. 杭州：浙江教育出版社.
约翰·范德格拉夫. 2001. 学术权力——七国高等教育管理体制比较. 王承绪，等译. 杭州：

浙江教育出版社.
查永军. 2011. 大学权力冲突论. 西安：陕西人民教育出版社.
查永军. 2011. 中国大学“行政化”的文化背景分析. 高等教育研究，(7)：51-55.
詹姆斯·杜德斯达. 2005. 21 世纪的大学. 刘彤，等译. 北京：北京大学出版社.
詹姆斯·马奇，马丁·舒尔茨. 2005. 规则的动态演变——成文组织规则的变化. 童根兴译. 上海：上海人民出版社.
湛中乐. 2011. 现代大学治理与大学章程. 中国高等教育，(9)：18-20.
湛中乐. 2018. 高校行政权力与学术权力运行机制研究. 北京：北京大学出版社.
湛中乐，高俊杰. 2011. 大学章程：现代大学法人治理的制度保障. 国家教育行政学院学报，(11)：15-20.
张斌贤，李子江. 2005. 大学：自由、自治与控制. 北京：北京师范大学出版社.
张德祥. 2002. 高等学校的学术权力与行政权力. 南京：南京师范大学出版社.
张德祥，黄福涛. 2016. 大学治理：权力运行制约与监督. 北京：科学出版社.
张国有. 2011. 大学章程（第 1 卷）. 北京：北京大学出版社.
张衡. 2020. 嵌入性与复杂性：高校治理变革的现实思考与创新进路. 江苏高教，(1)：47-54.
张衡，眭依凡. 2020. 中国特色一流大学治理结构：理论基础、体系架构、变革路径. 中国高教研究，(3)：11-16.
张建新. 2006. 高等教育体制变迁研究：英国高等教育从二元制向一元制转变探析. 北京：教育科学出版社.
张姣. 2016. 高校权力清单制定及其法制化研究. 武汉理工大学硕士学位论文.
张俊宗. 2004. 现代大学制度：高等教育改革与发展的时代回应. 北京：中国社会科学出版社.
张晓冬. 2013. 高等学校内部权力制约机制研究. 华中科技大学博士学位论文.
赵泽虎，颜世颀. 2012. 从治理到善治：生态学视野中的大学治理研究. 苏州：苏州大学出版社.
郑登云. 1994. 中国高等教育史（上）. 上海：华东师范大学出版社.
郑文. 2011. 英国大学权力协调与制衡. 北京：北京大学出版社.
钟秉林. 2010. 关于大学“去行政化”几个重要问题的探析. 中国高等教育，(9)：4-7.
中共中央马克思恩格斯列宁斯大林著作编译局. 1972. 马克思恩格斯选集（第 1 卷）. 北京：人民出版社.

中共中央马克思恩格斯列宁斯大林著作编译局. 1972. 马克思恩格斯选集（第2卷）. 北京：人民出版社.

中共中央马克思恩格斯列宁斯大林著作编译局. 1972. 马克思恩格斯选集（第4卷）. 北京：人民出版社.

周光礼. 2004. 重估与理论重构——大学“学术权力”与“行政权力”二元对立质疑. 现代大学教育，（4）：31-35.

周光礼. 2014. 从管理到治理：大学章程再定位. 湖南师范大学教育科学学报，（2）：71-77.

周光礼，叶必丰. 2004.“学术权力”与“行政权力”之争的行政法透视. 武汉大学学报（人文社科版），（4）：459-464.

周继良. 2015. 法国大学内部治理结构：历史嬗变与价值追求——基于中世纪至2013年的分析. 教育研究，（3）：137-149.

周雪光. 2017. 中国国家治理的制度逻辑：一个组织学研究. 北京：生活·读书·新知三联书店.

朱家德. 2013. 权力的规制：大学章程的历史流变与当代形态. 北京：中国社会科学出版社.

朱新力，余军. 2018. 行政法视域下权力清单制度的重构. 中国社会科学，（4）：109-131，206-207.

朱有瓛. 1987. 中国近代学制史料（第2辑上册）. 上海：华东师范大学出版社.

左玉河. 2008. 移植与转化：中国现代学术机构的建立. 郑州：大象出版社.

Altbach P. 1999. The logic of mass higher education. Tertiary Education and Management，5（2）：105-122.

Anderson M. 1998. Imposters in the Temple：A Blueprint for Improving Higher Education in America. California：Hoover Ioover Institution Press.

Archibugi D，Held D. 1995. Cosmopolitan Democracy：An Agenda for a New World Order. Cambridge：Polity Press.

Baya C. 1968. Needs，wants and political legitimacy. Canadian Journal of Political Science，1（3）：241-260.

Beetham D. 1995. Max Weber and the Theory of Modern Politics. Cambridge：Polity Press.

Birnbaum B. 1991. The latent organizational functions of the academic senate：Why senates do not work but will not go away? New Directions for Higher Education，（75）：7-25.

Birnbaum R. 2000. The life cycle of academic management fads. Journal of Higher Education，71（1）：1-16.

Bogason P. 2000. Public Policy and Local Govemance：Institutions in Postmodern Society. London：Edward Elgar Publishing.

Budge I. 1996. The Challenge of Direct Democracy. Cambridge：Polity Press.

Butcher L M，Holbrook A. 1996. Uses of qualitative data analysis software in educational research：The literature，the hard questions and some specific research applications. Australian Educational Researcher，23（3）：55-80.

Charles T. 1995. To explain political processes. American Journal of Sociology，100（6）：1594-1610.

Clark B R. 1983. The Higher Education System：Academic Organization in Cross-Nationad Perspectives. Berkeley：University of California Press.

Commission on Global Governance. 1995. Our Global Neighbourhood. Oxford：Oxford University Press.

DiBiaggio J A. 1989. The president's role in the quality of campus life. Educational Record，70（3-4）：8-12.

Digeser P. 1992.The fourth face of power. The Journal of Politics，54（4）：977.

Dohan D，Sanchez-Jankowski M. 1998. Using computers to analyze ethnographic field data：The oretical and practical considerations. Annual Review of Sociology，（24）：477-498.

Dye T R. 1990. The Political Legitimacy of Market and Governments. London：JAI Press.

Finder A，Healy P D，Zernike K. 2006. President of Harvard resigns，ending stormy 5-year tenure. New York Time，（155）：A1-A19.

Foucaul M. 1977. The History of Sexuality，Power Knowledge：Selected Interviews and Other Writings（trans，Marshall L，Merpham J，Soper K）. New York：Pantheon.

Garcia-Horta J B，Guerra-Ramos M T. 2009. The use of CAQDAS in educational research：Some advantages，limitations and potential risks. International Journal of Research & Method in Education，32（2）：151-165.

Giovanni S. 1994. Comparative Constitutional Engineering：An Inquiry into Structures，Incentives，and Outcomes. London：Mac Millan.

Henkel M，Little B. 1999. Changing Relationships between Higher Educations and the State. London：Jessica Kingsley Publishers.

Hesse-Biber S，Dupuis P，Kinder T S. 1991. Hyper research：A computer program for the analysis of qualitative data with an emphasis on hypothesis testing and multimedia analysis.

Qualitative Sociology，14（4）：289-306.

Hirst P，Grahame T. 1996. Globalization in Question：The International Economy and the Possibilities of Governance. London：Polity Press.

Kickert W J M，Klijn E H，Koppenjan J F M. 1997. Managing Complex Networks：Strategies for the Public Sector. London：Sages.

Leach R，Percy-Smith J. 2001. Local Governance in Britain. New York：Palgrave.

Lindblom C E. 1988. Democracy and Market System. Oslo：Norwegian Universities Press.

Lipset S M. 1959. Some social requisites of democracy：Economic development and political legitimacy. American Political Science Review，53（1）：69-105.

Miles M B，Huberman A M. 1994. Qualitative Data Analysis：An Expanded Sourcebook. New York：Sage Publications.

Minor T J. 2004. Understanding faculty senates：Moving from mystery to models. The Review of Higher Education，27（3）：343-363.

Mlinar Z. 1992. Individuation and globalization：The transformation of territorial social organization. In Mlinared Z，Globalization and Territorial Identities. Avebury：Avebury Press.

Mooney C J. 1988. For college presidents，a loss of faculty confidence can lead to war-or dialogue. Chronicle of Higher Education，34（44）：A1-A14.

Nason J W. 1982. The Nature of Trusteeship：The Role and Responsibilities of College and University Board. Washington，D.C.：Association of Governing Boards of Universities and Colleges.

Norberto B. 1987. The Future of Democracy：A Defense of the Rules of the Game（trans，Griffin R）. Cambridge：Polity Press.

Ohmae K. 1995. The End of Nation State：The Rise of Regional Economies. New York：The Free Press.

Parsons T，et al. 1961. Theories of Society：Foundations of Modern Sociological Theory. New York：Free Press of Glencoe.

Pfeffer J，Salancik G. 1978. The External Control of Organizations：A Resource Dependence Perspective. New York：Harper and Row.

Richards L，Richards T. 1987. Qualitative data analysis：Can computers do it? Journal of Sociology，23（1）：23-35.

Rothschild J. 1979. Political legitimacy in contemporary Europe. In Benitch I（ed.），Legitimation of Regimes（p38.）. Beverly Hills：Sage Publications Inc.

Shelly A，Sibert E. 1986. Using logic programming to facilitate qualitative data analysis. Qualitative Sociology，9（2）：145-161.

Smith R. 2005. Departmental leadership and management in chartered and statuory universities：A case of diversity. AGE Publications，33（4）：449-464.

Uilliam R B. 1981. Academic Politics. Alabama：The University of Alabama Press.

Walzer M. 1997. On Toleration. New Haven and London：Yale University Press.

World Bank. 1992. Govemance and Development. Washington，D.C.：World Bank.

# 后　记

大学权力的研究自大学肇始之日起就如影随形地伴随大学始终，无数先贤和学者从不同角度进行了浩如烟海的研究，形成了众多研究成果，其中主要话题之一就是大学行政权力与学术权力的关系问题，而中外就此问题的研究似乎形成了颇为迥异的路径。国外更多关注学术权力，行政权力似乎因安其位而较少进入视野，而我国则在“向西看”的过程中在研究学术权力的同时，更多关注了行政权力难安其位带来的冲突问题，由此将行政权力的研究置于学术权力的视野之下，有意无意地忽视了本身的研究，这似乎与大学演变的历史和发展趋势、大学行政权力之于大学的作用以及大学行政权力的丰富实践难以相称。

我在读博士期间注意到了这种现象，想为此贡献一点绵薄之力，为此选择了“中国大学行政权力的合法性”作为我的研究方向，并且后续在博士论文的基础上将其完善出版了拙著。当时粗浅的想法就是想说清楚大学行政权力到底为何物、其合法性基础到底是什么、由此而及的合法性危机如何化解？但毕业多年之后和多年的大学行政管理实践发现，尽管我国大学随着大学内外部环境的变化自身在悄然发生变化，但大学权力结构和大学行政权力的合法行使的变化与社会的巨大变化相比而言甚微，这种差距激发了我进一步研究的兴趣，也就是要在论证大学行政权力合法性的基础上，如何使其合法行使制度化。于是就出现了呈现在各位读者面前的拙作。

通过研究，本书得出以下粗浅的结论：①我国大学治理的独特性、大学行政权力的合法性和大学治理的现实性决定了大学行政权力需要以清单形式进行规范和规制。我国大学治理的授权治理性质、形成平衡体系的治理目的、宜采用的嵌入式治理模式以及我国大学行政权力于西方大学不同的来源、范畴、合法性基础和政府推行权力清单制度的时代背景以及大学治理存在问题的现实需要等决定了只有大学行政权力可以并且应该实行权力清单制度。②在制定大学行政权力清单制度时要外依国家教育行政权力清单，内依大学章程。国家教育行政权力清单是各级教育行政部门按照法律授权和国家要求制定出来的教育行政职权清单，从各方面为大学行政权力清单的制定提供了外部合法性依据，而实践中存在的法定依据不一致、类别和内容不一致、执行和监督不一致等问题对于更好制定大学行政权力清单有借鉴价值。大学章程的法律性质、法律地位和法律效力决定了制定大学行政权力清单时必须将其作为内部合法性依据，但分析 75 所大学颁布的章程文本，发现权力主体规定不够明晰、权力内容规定不够明确、权力监督规定不够到位等问题提醒我们依此制定大学行政权力清单时需要注意的问题。③历史角度和横向比较有助于我们理性认识国家法律法规和内部治理结构对制定的影响。选取清末、民国和中华人民共和国成立以来的这三个历史阶段国家管理大学的法律法规角度对大学治理结构和大学行政权力的影响以及北京大学章程的演变，发现政府与大学权力的统合与界分是大学行政权力百年规制演进中的历史逻辑，从治理主体到治理规则的转变是大学行政权力规制的发展趋势，确定大学行政权力范围和制定权力清单是从理念到实践规制大学行政权力的必然选择。通过研究德国、法国、美国、英国和日本等五个国家的管理高等教育体制和大学内部治理结构发现，国家治理政策比较规范，大学权力深受章程约束，但机构设置和权力规制又各不相同。④制定大学行政权力清单时必须明确大学治理目标、治理基础、基本原则和现实的治理体系等前提问题，同时要明确制定的基本原则、清单的基本构成及基本程序。要明确大学治理的目标是善治，大学善治的基础是治理结构，大学的治理结构要坚持尊重大学常识、体现中国特色、服务大学善治等基本原则。只有在此基础上才能更好制定大学行政权力清单。制定大学行政权力清单要坚持合法且合理、公开可操作和动态可调整的基本原则，权力主体、权力依据、权力内容、权力运行和权力监督等基本内容缺一不可，同时要遵循调研论证→梳理清理→审核确认→优化流程→备案公布的制定程序。

本书的选题来源于博士论文的延伸，衷心感谢我的恩师冯向东教授。吾师以其睿智引领我努力观察世界和理解生活，以其学术素养和人格魅力涵养我对教育和师生情谊的理解。非常感谢在本书的撰写完善过程中学界同人的教诲、启发和指正以及所有本书参考和引用的各类文献的作者，正是他们缜密的思维方式和严谨的学术素养给了我丰富的启迪和借鉴。特别感谢我的双亲，是他们含辛茹苦把我从大山深处送进了繁华的都市，他们的坚韧和善良督促我不断前行，提醒着我心怀感激。爱人无私的奉献和女儿成长的过程让我时刻思考教育的真谛和意义。

本书是国家社会科学基金教育学一般项目“大学行政权力清单制度研究”（BIA170185）的最终结项成果，出版得到了中南民族大学民族学学科建设经费的资助。科学出版社的各位老师，特别是崔文燕编辑高效出色的编辑工作让本书增辉不少。要感谢的人很多，只有长留心中，努力前行才对得起他们的帮助和支持。

我深知，限于研究能力和研究水平，本书还存在许多不足之处，恳请各位同人和读者不吝赐教。

李从浩

2022年1月于武汉